—— 乡村振兴特色优势产业培育工程

中国青稞产业
发展蓝皮书

（2022）

中国乡村发展志愿服务促进会　组织编写

中国出版集团有限公司
研究出版社

图书在版编目 (CIP) 数据

中国青稞产业发展蓝皮书（2022）/ 中国乡村发展志愿服务

促进会组织编写. —— 北京：研究出版社，2023.6

ISBN 978-7-5199-1505-6

Ⅰ.①中… Ⅱ.①中… Ⅲ.①元麦 – 产业发展 – 研究

报告 – 中国 Ⅳ.①F326.11

中国国家版本馆CIP数据核字(2023)第094998号

出　品　人：赵卜慧
出版统筹：丁　波
责任编辑：谭晓龙

中国青稞产业发展蓝皮书（2022）

ZHONGGUO QINGKE CHANYE FAZHAN LANPI SHU (2022)

中国乡村发展志愿服务促进会　组织编写

研究出版社 出版发行

（100006　北京市东城区灯市口大街100号华腾商务楼）

北京中科印刷有限公司印刷　新华书店经销

2023年6月第1版　2023年6月第1次印刷

开本：710毫米 × 1000毫米　1/16　印张：15.5

字数：231千字

ISBN 978-7-5199-1505-6　定价：78.00元

电话（010）64217619　64217652（发行部）

乡村振兴特色优势产业培育工程丛书

编委会

本书编写人员

主　　编：王凤忠

副 主 编：吴昆仑　佘永新　杨希娟　佟立涛　孙致陆
　　　　　范　蓓

编写人员：（按姓氏笔画排序）
　　　　　包奇军　史定国　刘廷辉　刘丽娅　孙　晶
　　　　　孙致陆　孙培培　李雪萍　李敏权　杨希娟
　　　　　吴昆仑　佟立涛　佘永新　张文会　陈　静
　　　　　周素婷　郝建秦　党　斌　唐亚伟　曹芳芳
　　　　　焦　逊　曾亚文

本书评审专家
（按姓氏笔画排序）

王　琼　仇　菊　白亚娟　朱大洲　张　亮

编写说明

习近平总书记十分关心乡村特色优势产业的发展，作出一系列重要指示。2022年7月，习近平总书记在新疆考察时指出："要加快经济高质量发展，培育壮大特色优势产业，增强吸纳就业能力。"2022年10月，习近平总书记在陕西考察时强调："产业振兴是乡村振兴的重中之重，要坚持精准发力，立足特色资源，关注市场需求，发展优势产业，促进一二三产业融合发展，更多更好惠及农村农民。"2023年4月，习近平总书记在广东考察时要求："发展特色产业是实现乡村振兴的一条重要途径，要着力做好'土特产'文章，以产业振兴促进乡村全面振兴。"党的二十大报告指出："发展乡村特色产业，拓宽农民增收致富渠道。巩固拓展脱贫攻坚成果，增强脱贫地区和脱贫群众内生发展动力。"

为认真贯彻落实习近平总书记的重要指示和党的二十大精神，中国乡村发展志愿服务促进会认真总结脱贫攻坚期间产业扶贫经验，启动实施"乡村特色优势产业培育工程"，选择油茶、油橄榄、核桃、杂交构树、酿酒葡萄，青藏高原青稞、牦牛，新疆南疆核桃、红枣9个特色优势产业进行重点培育。这9个产业，经过多年的发展，都具备了加快发展的基础和条件。不失时机地采取措施，促进高质量发展，不仅是必要的，而且是可行的。发展木本油料，向山地要油料，加快补齐粮棉油中"油"的短板，是国之大者。发展杂交构树，向构树要蛋白，加快补齐肉蛋奶中"奶"的短板，是国之大者。发展青藏高原青稞、牦牛和新疆南疆核桃、红枣，加快发展西北地区葡萄酒产业，是脱贫地区巩固拓展脱贫攻坚成果和实现乡村产业振兴的需要，也是增加农民特别是脱贫群众收入的重要措施。中国乡村发展志愿服务促进会将动员和聚合社会力量，通过培育重点企业、强化科技支撑、扩大市场销售、对接金融资源、发布蓝皮书等工作，服务和促进9个特色优势产业加快发展。

发布蓝皮书是培育工程的一项重要内容，也是一项新的工作，旨在普及产业知识，反映产业状况，推广良种良法，介绍全产业链开发的经验做法，营造产业发展的社会氛围，促进实现高质量发展。我们衷心希望，本丛书的出版发行，能够在这些方面尽绵薄之力。丛书编写过程中，得到了各方面的大力支持。我们诚挚感谢所有参加蓝皮书编写的人员，感谢在百忙之中参加评审的专家，感谢为丛书出版提供支持的出版社和各位编辑。由于是第一次组织特色优势产业蓝皮书的编写，缺乏相关经验和参考，加之水平有限，疏漏谬误在所难免，欢迎广大读者批评指正。

丛书编委会

2023年6月

代　序

乡村振兴特色优势产业培育工程实施方案

中国乡村发展志愿服务促进会

2022年7月11日

民族要复兴，乡村必振兴。脱贫攻坚任务胜利完成以后，"三农"工作重心历史性转到全面推进乡村振兴。为贯彻落实习近平总书记关于粮食安全的重要指示精神，落实《国家乡村振兴局 民政部关于印发〈社会组织助力乡村振兴专项行动方案〉的通知》（国乡振发〔2022〕5号）要求，中国乡村发展志愿服务促进会（以下简称促进会）认真总结脱贫攻坚期间产业扶贫经验，选择油茶、油橄榄、核桃、酿酒葡萄、杂交构树，青藏高原青稞、牦牛，新疆南疆核桃、红枣9个特色优势产业进行重点培育，编制《乡村振兴特色优势产业培育工程实施方案》（以下简称《实施方案》）。

一、总体要求

（一）指导思想

以习近平新时代中国特色社会主义思想为指导，全面贯彻习近平总书记关于"三农"工作的重要论述，立足新发展阶段，贯彻新发展理念，构建新发展格局，落实高质量发展要求。按照乡村要振兴、产业必先行的理念，坚持"大食物观"，立足不与粮争地，坚守18亿亩耕地红线，本着向山地要油料、向构树要蛋白的思路，加快补齐粮棉油中"油"的短板、肉蛋奶中"奶"的短板，持续推进乡村振兴特色优势产业培育工程。立足帮助优质农产品出村进城，不断丰富市民的"米袋子""菜篮子""果盘子""油瓶子"，鼓起脱贫地区人民群众的"钱袋子"。立足推动农业高质高效、乡村宜居宜业、农民富裕富足，为全面推进乡村振兴、加快农业农村现代化提供有力支撑。

（二）基本原则

——坚持政策引导，龙头带动。以政策支持为前提，积极为产业发展和参与企业争取政策支持。尊重市场规律，发挥市场主体作用，择优扶持龙头企业做大做强，充分发挥龙头企业的示范带动作用。

——坚持突出重点，分类实施。突出深度脱贫地区，遴选基础条件好、带动能力强的企业，进行重点培育。按照"分产业、分区域、分重点"原则，积极推进全产业链发展。

——坚持科技支撑，金融助力。加强对特色优势产业发展的科研攻关、科技赋能作用，促进科研成果及时转化。对接金融政策，促进企业不断增强研发能力、生产能力、销售能力。

——坚持行业指导，社会参与。充分发挥行业协会指导、沟通、协调、监督作用，帮助企业加快发展，实施行业规范自律。充分调动社会各方广泛参与，"各炒一盘菜，共办一桌席"，共同助力产业发展。

——坚持高质量发展，增收富民。坚持"绿水青山就是金山银山"理念，帮助企业转变生产方式，按照高质量发展要求，促进产业发展、企业增效、农民增收、生态增值。

（三）主要目标

对标对表国家"十四五"规划和2035年远景目标纲要，设定到2025年、2035年两个阶段目标。

——到2025年，布局特色优势产业培育工程，先行试点，以点带面，实现突破性进展，取得明显成效。完成9个特色优势产业种养适生区的划定，推广"良种良法",建设一批生产基地。培育一批龙头企业、专业合作社和家庭农场等市场主体,建立重点帮扶企业库,发挥引领带动作用。聘请一批知名专家,建立专家库,做好科技支撑服务工作。培养一批生产、销售和管理人才,增强市场主体内生动力,促进形成联农带农富农的帮扶机制。

——到2035年,特色优势产业培育工程形成产业规模,实现高质量发展。品种和产品研发取得重大突破,拥有多个高产优质品种和市场占有率高的产品。种养规模与市场需求相适应,加工技术不断创新,产品质量明显提升,销售盈利能力不断拓展,品牌影响力明显增强。拥有一批品种和产品研发专家,一批产业发展领军人才和产业致富带头人,一批社会化服务专业人才。市场主体发展壮大,实现一批企业上市。联农带农富农帮扶机制更加稳固,为共同富裕添砖加瓦,作出积极贡献。

二、重点工作

围绕特色优势产业培育工程目标,以"培育重点企业、建立专家库、实施消费帮、搭建资金池、发布蓝皮书"为抓手,根据帮扶地区自然禀赋和产业基础条件,做好五项重点工作。

(一)培育重点企业

围绕中西部地区,特别是三区三州和乡村振兴重点帮扶县,按照全产业链发展的思路遴选一批产业基础好、发展潜力大、创新能力强的企业,建立重点帮扶企业库,作为重点进行培育。对有条件的龙头企业,按照上市公司要求和现代企业制度,从政策对接、金融支持、消费帮扶等方面进行重点培育,条件成熟的推荐上市。

(二)强化科技支撑

遴选一批品种研发、产品开发、技术推广、工艺研究等方面的专家,建立专家库,有针对性地对制约产业发展的"卡脖子"技术难题进行联合攻关。为企业量身研发、培育种子种苗,用"良种良法"助力企业扩大种养规模。加强产品研发攻关,提高产品品质和市场竞争力。充分发挥企业家在技术创新中的重要

3

作用，鼓励企业加大研发投入，承接和转化科研单位研究成果，搞好技术设备更新改造，强化科技赋能作用。

（三）扩大市场销售

帮助企业进行帮扶产品认定认证，给帮扶地区产品提供"身份证"，引导销售。利用促进会"帮扶网""三馆一柜"等平台和载体，采取线上线下多种方式销售。通过专题研讨、案例推介等形式，开展活动营销。通过每年发布蓝皮书活动，帮助企业扩大影响，唱响品牌，进行品牌销售。

（四）对接金融资源

帮助企业对接国有金融机构、民营投资机构，引导多类资金对特色优势产业培育工程进行投资、贷款，支持发展。积极与有关产业资本合作，按照国家政策规定，推进设立特色优势产业发展基金，支持相关产业发展。利用国家有关上市绿色通道，帮扶企业上市融资。

（五）发布蓝皮书

组织专家编写分产业的特色优势产业发展蓝皮书。做好产业发展资料收集、整理、分析工作，加强国内外发展情况对比分析，在总结分析和深入研究的基础上，按照蓝皮书的基本要求组织编写，每年6月前对外发布上一年度产业发展蓝皮书。

三、保障措施

（一）组建项目组

促进会成立项目组，制定《实施方案》并组织实施。项目组动员组织专家、企业家和有关单位，分别成立9个项目工作组，制定产业发展实施方案并组织实施。做好产业发展年度总结，编写好分产业特色优势产业发展蓝皮书。

（二）争取政策支持

帮助重点龙头企业对接国家有关产业政策、产业发展项目。协调相关部门，加大帮扶工作力度，争取将脱贫地区重点龙头企业的产业发展规划纳入国家有关部门和有关地区的专项发展规划并给予支持。争取各类金融机构对重点帮扶龙头企业给予贷款、融资优惠,助力重点帮扶企业加快发展。

(三)坚持典型引领

选择一批资源禀赋好、发展潜力大、市场前景广的种养基地作为示范种养典型,选择一批加工能力精深、技术先进、效益良好的龙头企业作为产品加工示范典型,选择一批增收增效、联农带农富农机制好的市场主体作为联农带农富农典型。通过典型示范,引领特色优势产业培育工程加快发展。

(四)搞好社会动员

建立激励机制,让热心参与特色优势产业发展的单位和个人政治上有荣誉、事业上有发展、社会上受尊重、经济上有效益。加强宣传工作,充分运用电视、网络等多种媒体,加大舆论宣传推广力度,营造助力特色优势产业培育工程的良好社会氛围。招募志愿者,创造条件让志愿者积极参与特色优势产业培育工程。

(五)加强协调促进

充分利用促进会在脱贫攻坚阶段取得的产业发展经验和社会影响力,协调脱贫地区龙头企业对接产业政策,动员产业专家参与企业技术升级和产品研发,衔接金融资源帮助企业解决资金难题。发挥行业协会的积极作用,按照公开、透明、规范要求,帮助企业规范运行,自我约束,健康发展。

四、组织实施

(一)规范运行

在促进会的统一领导下,项目组和项目工作组根据职责分工,努力推进9个特色优势产业培育工程实施。项目组要根据产业特点组织制定专家库、重点帮扶企业库的建设与管理办法、产业发展培育项目管理办法,包括金融支持、消费帮扶、评估评价等办法,做好项目具体实施工作。

(二)宣传发动

以全媒体宣传为主,充分发挥新媒体优势,不断为特色优势产业培育工程实施营造良好的政策环境、舆论环境、市场环境,让企业家专心生产经营。宣传动员社会各方力量，为特色优势产业培育工程建言献策。

（三）评估评价

发动市场主体进行自我评价，通过第三方调查等办法进行社会评价。特色优势产业培育工程项目组组织有关专家、行业协会、企业代表，对9个特色优势产业发展情况、市场主体进行专项评价。在此基础上，进行评估评价，形成特色优势产业发展年度评价报告。

CONTENTS | 目录

第一章
青稞产业基本现状 / 001

I

第四章

青稞产业典型发展模式与代表性企业分析 / 103

第五章

产业发展预测（至2025年）及投资机会分析 / 149

附录 / 175

青稞产业基本现状

第一节　青稞产业基本情况

一、青稞产业发展历史沿革（发展背景）

（一）青稞种植历史演变

中华人民共和国成立70多年来，随着社会的进步，以往青藏高原地区刀耕火种、靠天吃饭的自然生产状态得到了根本改变。藏南、藏东、环（青海）湖、甘南、甘孜等产区先后经历了3~5次生产品种更换。2020年，青稞良种覆盖面已达到85%左右，灌溉、施肥、病虫害防治和农机、化肥、农药等现代生产技术得到了全面应用，全区域青稞平均单产由20世纪50年代的550千克/公顷左右，至"十三五"末期，提高到3450千克/公顷左右，是1951年的6倍多；在主体消费群体藏族人口增加一倍以上、总播种面积减少近20%、人均面积不足1亩的情况下，近年来，藏族人均青稞拥有量达到200千克以上，比中华人民共和国初期净增加150千克。随着全程机械化技术的应用，劳动投入减少50%以上，目前，人工成本由200元/亩减少至100元/亩，生产资料投入由250元/亩减少至150元/亩。

（二）青稞营养与经济价值

青稞具有促进人体健康长寿的合理营养结构，具备"三高两低"（高蛋白、高纤维元素、高维生素和低脂肪、低糖）的特点，营养全面，具有极高的营养和食疗价值，是谷类作物中的佳品，经常食用可调节人体营养缺乏症。青稞籽粒纤维素含量约1.8%，低于小麦但高于其他谷类作物。矿物质和维生素均高于其他谷类作物。脂肪含量偏低，糖类低于其他谷类作物。青稞含有18种氨基酸，尤以人体必需氨基酸较为齐全，经常食用对补充机体每日必需氨基酸有重要意义。青稞中含有铜、锌、锰、铁、钼等12种微量元素，青稞中矿物质元素种类较齐全，含量相对于其他谷物较为丰富。青稞中可溶性纤维和总纤维含量均高于其他谷类作物，膳食纤维具有清肠通便，清除体内毒素的良好功效，是人体消化系统的清道夫。青稞籽粒中所含的β-葡聚糖是青稞最具开发利用价值的生理功能元素,对人类多种疾病具有特殊疗效。β-葡聚糖是存在于青稞糊粉层和胚乳细胞壁中的一种多糖。20世纪60年代,研究逐渐发现β-葡聚糖具有降血脂、降胆固醇和预防心血管疾病的作用,随后β-葡聚糖的调节血糖、提高免疫力、抗肿瘤的作用也陆续被发现,引起了全世界的广泛关注。越来越多的医学研究已证实β-葡聚糖对肿瘤、肝炎、糖尿病等疑难病都有良好的治疗作用。此外,青稞还具有丰富γ-氨基丁酸,在保健品领域具有重要的应用前景,极具开发价值。

(三)青稞产业链的形成与延伸

按照农业生产发展规律,青稞精深加工作为种植生产的自然延伸,既是发展产业化经营选择,也是实现青稞产区外消费的必要条件。随着对青稞所具有的生理保健功能认同和加工技术研发进步,通过精深加工转化增值已经成为青藏高原地区青稞种植业者的强烈愿望和普遍行动。同时,由于现代交通运输建设的持续推进,青藏高原通行能力不断提升,拉近了与内地发达地区的经济、技术和市场联系。过去神秘、偏远、艰苦的青藏高原成为国内外游客趋之若鹜的胜地,同时使青稞成为集绿色、天然、保健等众多概念于一身的、最具高原特色的作物,奠定了现代青稞精深加工开发的市场基础。目前全区域青稞精深加工规模达到20万吨以上,形成了"合作社种植+龙头企业加工生产+电商物流企业流通销售"的全产业链开发模式。通过产业链发展,不仅促进一、二、三产业深度融合,带动全区域农牧民充分就业,增加收入,也促进了区域内休闲旅游、餐饮、物流等关联产业的发展,产业形态逐渐成型。

(四)青稞产业在乡村振兴战略中的地位

青稞是青藏高原最具地域特色和文化内涵的优势作物,生态和农业战略地位独特且不可替代,也是青藏高原藏族人民赖以生存和发展的重要生计来源,具有突出的战略意义,是青藏高原的"生命之粮、稳定之粮、致富之粮"。由于青稞富含有健康价值的高营养生理活性成分,使青稞极具开发利用价值。因此青稞被赋予了保证藏族地区粮食安全、维护藏族地区社会稳定和增加藏族地区农牧民收入、推动藏族地区经济发展的多重任务，有"青稞增产，粮食增产，青稞增值，农民增收"的说法。同时，青稞作为藏族人民的主要食物和藏族文化的重要载体，对于藏文化的传承具有重要意义。

近年来，随着青稞种子繁育基地、青稞商品粮生产基地和青稞加工专用原料生产基地建设力度的不断加大，青稞优良品种和实用技术得到广泛的推广和应用。青稞产业在高寒地区乡村振兴中显示出了独特的优势和特点，已成为巩固脱贫攻坚成果和乡村振兴的优选产业。

二、青稞产业现状

（一）青稞种植情况

1. 青稞种植区域分布

青稞的种植范围包括位于整个青藏高原地区的西藏自治区和青海、四川、甘肃、云南4省藏族地区，共20个地、州、市。"十三五"末期，青稞播种面积550万亩左右，占藏族地区耕地面积近1/3，占藏族地区粮食播种面积的60%左右，年产量130万吨左右。由于地势高峻，群山连绵，不足3%的耕地散布在大约250万平方千米的广袤区域，使青稞种植区域分散。此外，临近青藏高原的云南迪庆、丽江地区，四川凉山州以及和青海、甘肃接壤的河西走廊一带的军垦农（牧）场也有青稞种植。根据地理环境和生态条件大致分为河谷盆地地区、草原沟坡雨养旱地、高寒偏草甸农牧过渡带和海拔相对较低的偏湿温农林交错带。各产区之间的地理距离少则几百千米，多则数千千米，农田海拔高度从1400~4700多米。全区域的青稞种植比例由外向内逐步加大并随海拔高度增高而增加，在海拔高度4200米以上的农田，青稞是唯一的种植作物。

2. 青稞品种选育

青稞品种选育研究始于20世纪60年代，经历了以地方品种评选、改良品种和以进一步提高产量为基础加强品质改良等三个阶段。育成了以昆仑1号、昆仑14号、藏青320、藏青690、藏青2000、北青3号、北青6号、甘青4号、康青6号、柴青1号等为代表的一大批多抗、高产、优质主栽品种，青藏高原先后经历了

3～5次生产品种更换。2022年,青稞优良品种覆盖度达到90%以上,青海等较高的地区达到96%以上。

青稞现阶段总体育种目标可分为以下几种。①粮、草双高青稞品种:选育以早熟、抗倒、丰产,植株繁茂性好、生物学产量高为主要目标的青稞新品种,在满足青稞用粮的基础上,为农区和农牧交错区畜牧业的发展提供饲料支撑。②籽粒高产青稞品种:选育以中早熟、半矮秆、高产、抗倒、抗病、耐寒为主要目标的青稞新品种,为保证藏族地区的粮食安全提供支撑。③优质加工专用青稞品种:选育高产、适合精深加工用的优质青稞新品种,以满足青稞精深加工对原料的需求为主,通过青稞精深加工提高青稞附加值。

3. 青稞绿色高产高效栽培模式与技术

西藏推广应用青稞测土配方施肥、苗期—分蘖期水肥管理、青稞病虫草害综合防除等技术;青海持续推进绿色有机农畜产品示范省建设步伐,大力推广有机肥替代化肥和农药减量使用技术;甘肃甘南州开始逐步推广有机肥替代化肥技术,川西(四川甘孜州和阿坝州等)推广应用测土配方施肥、青稞田禾本科杂草防除等技术;滇西北河谷林地青稞种植区推广应用青稞测土配方施肥、青稞病虫草害综合防除等技术。青稞生产综合机械化率达到85%以上,青海等机械化率较高的地区已达92%以上。

目前在常规的丰产、抗旱栽培技术研究的基础上,重点开展青稞创新耕作栽培模式、农牧结合节本增效生产技术研究,推进高原农业绿色发展。通过规范田间管理、肥水调控和病虫害综合防控等配套技术措施,创新集成出青稞"粮草双收"饲用生产主推技术,技术生产效益显著提高。

4. 青稞原料品质评价分析情况

目前青稞原料品质评价涉及籽粒品质、籽粒磨粉后的粉体特性、淀粉品质、蛋白品质和食用品质评价。主要涉及不同品种、不同地区、不同籽粒颜色的青稞品质评价。青稞全粉和制粉后粉体特性评价指标主要对休止角、滑角及堆积密度、振实密度,黏度特性、溶解度、膨胀度、持油性与持水性、冻融稳定性等指标进行测定。考察了石磨、碾减磨粉、超微粉碎制粉方式之间的差异以及青稞全粉和面粉之间的差异，明确了不同制粉方式、不同粒度青稞粉的应用领域。青稞淀粉品质主要评价指标涉及淀粉透光率、膨胀度、溶解度、吸水率、糊化特性、持力学特性和凝胶特性，与小麦淀粉相比，其具有较好的透光率和冻融稳定性，且增稠能力较强；蛋白质品质评价主要包括蛋白组分含量、沉淀值、谷蛋白溶胀指数，青稞品种的沉降值为3.5~45毫升，平均值为13.79毫升，青稞的谷蛋白溶胀指数平均仅为3.24%，青稞蛋白质质量较差，不利于面包的烘焙加工；青稞食用品质评价主要涉及青稞米、青稞炒面、青稞挂面、青稞面包、青稞蛋糕、青稞饼干等产品的加工品质测定。建立不同青稞产品的加工适宜性评价模型，并对不同品种青稞进行分类评价。

（二）青稞加工与利用情况

青稞含有丰富的膳食纤维和生理功能元素以及特殊的淀粉物质，在保健品、食品、酿酒等加工领域具有重要应用前景，产业开发前景广阔。2022年，全国青稞食品加工企业约130家。从青稞加工产业发展现状看，西藏和青海是青稞产业化加工转化做得较好的省区。西藏青稞年总产80万吨左右，加工转化约13万吨，加工转化率17%左右。青海青稞年总产23万吨左右，加工转化约10万吨，加工转化率43%左右。青海因为有互助青稞酒的带动和支撑，青稞产业化规模和水平较高。西藏的主要青稞加工产品为糌粑粉（西藏藏族人口比例98%，糌粑的消费量虽然呈减少的趋势，但基于较大的传统食品消费人口基数，总体上仍能保持一定的规模）。但去除青稞酒和糌粑粉后，两省区在现代工业化青稞产品的产业化开发方面都存在缺乏拳头产品、规模小、缺少龙头企业等共性问题。整体上，青海、西藏两省区青稞的规模化加工仍以"青海的酒、西藏的粉"等传统产品为主，现代化产品的开发和产业化亟须加强。

1. 青稞粉（包括糌粑）

青稞是藏族同胞的主要粮食，以青稞为主食的藏族同胞占涉藏地区总人口的80%以上。青海省青稞面粉的生产已具规模，形成了年产6万吨的青稞面粉生产能力。涌现出青海大垚生态农业发展有限公司、青海新丁香粮油有限责任公司、青海新绿康食品有限公司、青海可可西里生物工程股份有限公司等一批生产加工企业,部分生产加工设备为国际先进设备,保证了青稞面粉的质量,在青稞产地初加工方面取得了一定的成效,为青稞后续精深加工产品生产提供了保障。糌粑是藏族人民的主食,因其营养丰富、口感好、方便食用等特点深受消费者的喜爱,在工业化生产中以"可可西里"牌青稞糌粑饼最具代表性,形成年产1000吨的生产规模。目前,青海省已实现青稞制粉、糌粑等传统民族青稞食品的产业化、标准化、自动化的生产。此外,在以青稞粉为主导的青稞面制品的生产方面,涌现出以"丁香""青海大垄"为主打品牌的青稞挂面以及"青穗"牌青稞速食面产品。青稞挂面产品中青稞面粉添加量达到51%~70%,青稞速食面中青稞面粉含量达到70%~100%,已建成了年产3000吨青稞挂面和年产3000吨速食面生产线。

2. 青稞酒

青稞酒在我国有着悠久的酿造历史,是青藏高原的特色饮品。目前青稞酒种类多样,既有非蒸馏型的青稞呷酒,也有蒸馏型的青稞烤酒、青稞白酒、青稞啤酒、青稞清酒以及调配青稞酒等。传统的青稞酒几乎都是家庭自制,而目前青海青稞酒已经形成了工业化生产。截至2021年8月,注册的青稞酒企业共有2132家。以青稞酒加工企业为典型,青海省青稞酒加工能力强,打造了一批高原特色酒类品牌产品,青海互助青稞酒已成为国家地理标志产品,年产原酒3万吨,需要消耗青稞9万吨,现已形成如"天佑德""世义德""永庆和"等多个品牌,销售效益较好,很大程度上拉动了青海省青稞产业化的发展。此外,青稞啤酒融合了普通啤酒的优点与青稞的芳香和保健功效,年销量可以达到2万吨。而调配酒通常是以蒸馏酒为酒基,加入其他辅料混合而成,市面上主要是添加中药材、藏药材或蔬菜、花果等,这类的青稞酒具有很好的药用价值和使用价值。

3. 青稞方便休闲食品

青稞不含面筋蛋白,适合作为低面筋产品的生产原料,此外青稞口感粗糙,添加适当的油脂可改善青稞的粗糙口感。鉴于此,青海省内近年来涌现出一批方便休闲类产品,其中"沃垚"牌青稞饼干系列产品和"高寒"牌青稞麦片、膨化青稞片、青稞蛋卷等青稞营养早餐类产品在市场上崭露头角。此外，由于青稞含有β-葡聚糖、黄酮类化合物、γ-氨基丁酸、酚类等多种功能性因子，可以作为保健型方便休闲食品的原料。目前，市面上已经有通过喷雾干燥工艺制备的青稞速溶粉、青稞酥油茶/奶茶、青稞固体饮料、青稞β-葡聚糖饮料、青稞麦绿素饮料、青稞SOD饮料等，这些产品不仅有特殊的保健功能，还具有青稞独特的香味，是时尚的健康饮品。青稞的方便休闲食品正在我国冉冉升起，并深受国内消费者喜爱。

4. 青稞米

目前青海省青稞米的生产已经初具规模，形成了年产2万吨青稞米的生产能力，涌现出青海华实科技投资管理有限公司、青海青藏部落农牧开发有限公司、青海新丁香粮油有限责任公司、青海鑫宁生物科技有限公司、青海高原御果生物科技有限公司等一批生产加工企业。此外，针对青稞米皮层坚硬、粗纤维含量高、口感粗糙、难加工、难贮存等问题，目前已有部分企业改良青稞米品质及复配其他辅料开发的新产品，满足了不同消费人群的需求，为青稞后续精深加工产品生产提供了保障。

5. 青稞加工副产物

青稞麸皮是青稞加工粉碎过程中的主要副产物，其具有丰富的膳食纤维、蛋白质、矿物质和维生素等营养物质。目前，青稞麸皮的年产量约2万吨，相关人员通过对麸皮的改性，已研发出青稞高纤面包、青稞麸皮曲奇饼干及青稞麸皮油茶等产品。此外，青稞初级加工后的青稞秸秆柔软香嫩，适口性好，营养价值高，而加工中的破碎粒也是理想低脂低糖的优良饲料，冬季可以晒干或加工青饲草，是高原家畜最好的饲草饲料。青稞秸秆及破损粒的利用，对解决畜牧业饲草饲料供应、发展集约养殖、扩大青稞饲用量大幅增长具有重要意义。

另外，青稞酒糟作为青稞白酒的副产物，含有蛋白质、氨基酸、可溶纤维、有机酸及香味物质等。青稞酒糟的年产量约5万吨，其营养物质丰富，酸度高。酒糟的利用主要集中在制作肥料或饲料、酿造食醋、研发青稞酒糟饮料、培养食用菌、提取蛋白、多肽、木糖、β-葡聚糖以及发酵产生有机酸、木糖醇等。目前,青海互助青稞酒股份有限公司针对青稞酒糟资源利用率不高、产品附加值低的问题,已研发出酒糟面膜,并于2020年6月起推向市场。目前,根据市场需求量预计每年生产青稞酒糟面膜系列产品超过200万盒,为公司创造效益超过5000万元,增加税收超过1000万元,新增就业岗位50余个,对促进乡村振兴具有重要意义。

三、青稞产业发展与乡村振兴

(一)促进产业兴旺

青稞是藏族同胞长期赖以生存的基本食物,糌粑和青稞酒作为一种传统饮食习惯和民族文化的组成部分,青稞食品主体消费群体会随藏族人口的增加而持续扩大。其次,青稞中β-葡聚糖、多酚等集保健和药用价值于一体的生理保健成分,其相关提取利用技术的开发早已引起国内外的关注。全球数以十数亿计的冠心病、高血压、肥胖症、糖尿病以及癌症患者均是青稞医药健康品的潜在消费者,产品具有广泛的市场发展空间。

(二)联农、带农、富农

在巩固现有的订单制、租赁制、雇佣制、托管制的基础上,引导农户以土地为纽带,通过向合作社、公司以土地入股等方式,将青稞产业向农村纵深延伸,并带动实地就业。产业发展产生收益后,公司、合作社、农户折股量化按股分红,让农户获得更多的一、二、三产业发展带来的增值。通过技能培训、岗位开发、入股分红、产业壮大、消费帮扶等联结方式,促进群众稳定增收,提升群众发展致富能力。

(三)带动地方经济

围绕"净土青海·高原臻品"等公共品牌,大力宣传推介各地青稞品牌,借助"农交会"等平台,通过线上线下结合推介青稞品牌和产品,依托青藏高原生态旅游业,打造以青稞观光为主的旅游基地,蕴藏深厚藏韵文化积淀的青稞食品被赋予了天然、绿色、保健等诸多概念。通过带动区域内手工艺、唐卡绘制、商铺开发、物流运输等生产服务业发展,青稞产业已初步形成集生产、加工、物流、研发、示范、休闲等多种功能于一体的大产业，带动地方经济发展。

（四）促进生态改善

通过青稞新品种和高产高效栽培技术的推广应用，使青稞生产水平明显提高，进而促使部分劣质的边际耕地有效退出农作体系，实行退耕还草，壮大生态建设工程。此外，青稞秸秆又是藏族地区牛、羊等牲畜的优质饲料，青稞产量的提高还伴随综合生物产量的同步增长，扩大了饲料饲草来源，减轻草场载畜负荷，促进了生态工程建设的顺利进行和生态区植被的就地保护。

（五）繁荣乡村文化，助力乡村治理

藏族文化又被称为青稞文化、糌粑文化、望果节文化等，青稞产业的发展带动了对藏族文化的挖掘，使原始、神秘、理想化色彩浓厚的藏族文化的价值得以进一步彰显。促进乡村文化的繁荣与发展，助力乡村治理。

第二节　青稞产业存在问题分析

一、青稞种植存在问题分析

（一）青稞品种选育方面

青稞育种仍基于传统方式，还处在依靠简单的表型性状和经验的阶段，还没有把生物学、统计学、遗传学等知识充分应用于育种工作。虽然青稞育种单位掌握有大量而丰富多样的青稞种质资源，但没有系统地鉴定筛选，实际育种中难以推广利用。在青稞新品种培育中，多注重产量性状的提高，青稞在不同生态条件下的粮饲通用型、加工专用型、营养健康等专用型等多元化品种方面研发不足。此外，以往青稞育种目标主要是针对加工农牧民的基本食品糌粑、青稞酒等的需求，未能从深加工、营养保健食品、酿酒开发等专用品种方面进行研究，也没有制定相关质量标准，这些都严重制约了青稞专用新品种的选育和开发利用。近年来，相关科研单位已开展青稞优良基因挖掘、分子育种技术研究，但总体来讲，青稞育种还是以传统育种为主。因此，为了青稞品种的更新

换代、满足生产的需要，要充分利用小孢子培养、分子辅助育种、设计育种等技术体系以及智能化表型鉴定手段，引进、创新、构建青稞现代生物智能育种技术体系，使定向育种、快速育种技术应用于青稞育种。

（二）青稞高产高效种植方面

农田装备和农业设施相对落后，青稞生产设施装备的保障程度差，抗御自然灾害能力弱。由于青藏高原特殊的自然条件、特有的文化特征以及历史原因，很多种植户仍沿用过去传统的自给自足种植模式，缺乏市场参与意识，科学种田的意识不足，许多种植户不能将良种良法配套使用，也缺乏科学的田间管理，导致产量低、效率低。生产机械化程度受客观生产条件和从业人员能力影响，仍以传统的小规模、粗放生产方式为主，机械化生产多数只在特定区域、部分生产环节施行，整体处于传统生产方式逐步向机械化生产方式过渡的起步期，生产效率和效益均较低。以户为单元的分散化、碎片化种植导致土地成本、机械设备、人工成本及管理成本较高，青稞生产成本普遍较高。青稞种植关键技术创新不足，以高标准农田建设和耕地质量提升为基础，强化坡耕地合理耕层构建、土壤有机质提升、良种布局、精量播种、肥水调控、绿色防控、高效减损收获等技术研究，挖掘青稞增产潜力，提高耕地综合生产能力。

二、青稞加工与利用存在问题分析

（一）青稞初加工存在问题

青稞加工的产品主要有青稞白酒、青稞啤酒、青稞米、青稞饼干、糌粑等，青稞资源优势没有得到充分的开发利用。加工的产品大多是初级产品加工，精深加工产品很少，附加值低。粗加工能力过剩，低水平重复建设严重。加工技术落后，缺乏明确的质量标准，产品质量参差不齐，缺乏保鲜和包装技术，产品技术含量低，低水平重复建设严重。

（二）青稞精深加工存在问题

青稞加工企业辐射带动范围小。青稞加工规模有限，青稞转化率较低，精深加工产品少、技术含量低、对农户的辐射带动作用有限。青稞加工还是以糌粑、青稞粉及青稞面等初级产品为主，许多都是根据市场现有的青稞产品进行模仿，没有系统地开展加工品质与精深加工技术研究。目前青稞加工企业还是以小规模生产为主，产品类同问题严重，品牌效应弱、标准体系缺乏。

（三）青稞副产物综合利用存在的问题

青稞副产物在综合利用方面，由于青稞产业起步晚、对青稞体系性综合研究缺乏，导致对青稞副产物梯次加工与高值化综合利用还需进一步提高。必须引进一批副产物综合利用新技术、新工艺、新设备，开发一批高附加值新产品，提升资源化利用水平。培育一批以低成本、低能耗、低排放、高效率为特征的副产物加工企业，推动青稞副产物的综合利用。

第三节　青稞产业周期性分析

一、从青稞产业发展历程看青稞产业周期性

青稞是青藏高原地区藏族地区群众的传统口粮，产、销区均集中在青藏高原及其周边地区。由于没有外贸进口且国内其他地区极少生产，青稞供需以产区内相互调剂、自给自足为主。从我国青稞产业发展历程来看，大致可划分为以下四个阶段。

一是中华人民共和国成立后至改革开放前，长期处于供不应求状态。在该阶段，由于青藏高原位置偏远、气候环境恶劣，社会发展程度差，农田耕种技术落后，青稞生产水平较低，产量严重不足，加上地形阻隔，青稞供求一直处于短缺状态，供需失衡。1950年，全国青稞种植面积约为36.7万公顷，总产量约为41.3万吨，平均单产仅为1125千克/公顷。例如西藏和平解放初期，年人均青稞拥有量仅100千克左右，藏族地区人民长期处于食不果腹的饥饿状态。中华人民共和国成立之后相当长一段时期内，一方面，由于人口增长快于青稞产量增长，各级政府为尽快解决温饱问题，大力扩种小麦和玉米等高产作物，使得青稞种植面积下降30%~50%，单产长期低位徘徊；另一方面，由于缺少流通支

持政策，交通成本高昂，导致各区域之间物流不畅，大部分地区产、销长期供给不足。同时，青藏高原东北部一向有饲用传统的青海海北州、海东地区和甘肃甘南州等地的青稞饲用和有数百年青稞酿酒历史的海东地区的青稞酿造利用均大幅萎缩。"供给不足"和"以食挤饲"是该阶段全国青稞供求失衡的主要特征。

二是改革开放后到20世纪末，供求总量趋于平衡，区域短缺和积压并存，民间贸易主要为主产区之间的调剂。在该阶段，全国青稞种植面积从1980年的30.8万公顷下降到1992年的30.3万公顷，但总产量从63.0万吨增加到77.4万吨。主要原因在于大幅推广青稞良种，平均单产从2045千克/公顷提升至2815千克/公顷，使得青稞在种植面积略有下降的情况下，产量增加23%。从青稞销售来看，自20世纪80年代起，随着藏族地区经济发展和市场逐步放开，具有外销传统的青海环湖、甘肃甘南等产区的青稞民间贸易迅速兴起，当地回民商贩从经销自产青稞开始，沿青藏线等大批量贩运青稞到藏北、藏东北地区，在较短时间内解决了该地区长期的青稞短缺问题。20世纪80年代中后期开始，西藏大力推广青稞良种，实现了连续14年（1978—1992年）高速发展，青稞单产增加40%以上，总产量增加60%以上（见图1-1）。尽管西藏青稞产量大幅提升，仍然存在"海青稞藏销"的现象。主要原因在于西藏境内主产区和主销区交通不便，青稞生产成本和运输成本较高，导致全区第一大"藏南河谷产区"青稞大量积压，而那曲、昌都（北部）青稞短缺矛盾依旧。

三是21世纪初到2010年，大规模退耕还草、还林、还牧政策导致产销变化明显。在该阶段，全国青稞种植面积从2000年27.8万公顷下降到2009年的25.0万公顷，产量从92.5万吨增加到94.0万吨，单产从3599千克/公顷增加到2009年的4141千克/公顷。随着国家加大生态保护力度，青藏高原边缘（外藏）地区实施了大规模退耕还草、还林、还牧政策，导致海北、海东、甘南和甘孜、迪庆等自给区或外销区的青稞种植面积和产量减少，各产销区之间的贸易流通形式发生了较大变化。海北青稞外销比重大幅下降，原来的省内"青稞老大"让位于海南、海西新产区，海东及海北青稞以往的白酒原料主导地位亦被甘肃河西、天祝和海南、海西青稞取代。甘南产区虽因自身生产规模大幅萎缩而由外销区变为短缺区，但由于回族商贩的经商传统和地理位置连接海南、海西与川西等因素，成为"青海青稞贩川"的中转基地。"退耕"在一定程度上造成了牧民青稞生产和供给不足或"无'稞'供给"。旅游业引导农牧民"弃耕转商"，同时带动了青稞"咂酒"（半蒸馏）的加工扩张，从而使原料青稞需求增加，造成供求紧张、价格上涨，为青海、甘肃商贩从事青稞贩运提供了机会和市场。甘孜产区虽然相对平稳，但也由"自给有余"退为"基本自给"，以往的少量外调变为个别县份从邻近区域外购补充不足。迪庆藏族自治州退耕后因面积减少1/3而成为短缺区，而且因为发展"咂酒"（半蒸馏）产业，导致青稞原料供求紧张，曾一度不得已而远购"青海青稞"，然而近几年通过"春"改"冬"发展秋播青稞使产量大增，实现了自给有余并外销周边。总的来说，这些变化使产区调剂和"海青稞外销"的范围扩大并成为全区域平衡的重要保障。但由于民间自由贸易中价格起伏大，也部分影响了偏外销产区生产规模的稳定。随着青稞消费的发展，周边地区销往西藏的青稞也从主要是补充口粮不足，逐渐转变成了以加工原料供给为主，交换方式也由传统的以物易物转变为现代贸易。

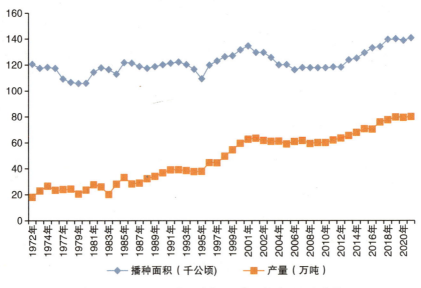

图1-1　1972—2020年西藏自治区青稞播种面积和产量

四是2011年至今，种植面积和产量实现大幅增长，但区域经济和特色产业发展拉大产需缺口，供给平衡面临压力和挑战。2011—2022年，全国青稞种植面积从26.7万公顷增长到38.7万公顷，总产量从104.8万吨增长到128.6万吨。青稞产量和种植面积的增长主要因为青稞市场需求的快速增长。最近十几年来，在中央政府和全国各地长期支持下，整个青藏高原地区进入了快速发展期，高原传统产业和现代特色产业发展使青稞生产供求形势发生了新的变化。一方面，近年来，地方政府大力发展高原特色畜牧产业，对于青稞的饲用需求不断增长；另一方面，随着科技发展和青藏高原地区旅游业的发展，促进了传统的青稞白酒、青稞红酒和青稞啤酒生产的快速扩张，城市居民膳食结构的转型升级使得集天然、绿色、保健等众多功能于一身的青稞食饮品加工产业快速发展，对青稞的需求也在不断上涨。以青稞主产区西藏为例，2018年青稞酿酒用量约30万吨，糌粑需求量约15万吨，精饲料约10万吨，用于流通和加工的青稞约为18万~20万吨，青稞秸秆占农区饲料总量的45%以上。目前，青稞特色产品销售更偏重于区域外，因而使得传统青稞消费开始向非藏族地区和非藏族群体拓展。这些变化，进一步加大了青稞产需缺口，给藏族地区青稞供求平衡带来了较大挑战，但也是一个促进青藏高原地区青稞产业发展的良机。应加大政策支持力度，引导青稞消费趋势，提升青稞生产供给能力，改善贸易流通条件，促进青稞产业高质量发展。

二、品种多元化和专用品种筛选对青稞产业周期性影响

在农业农村部和财政部的支持和领导下，国家大麦青稞产业技术体系在2008年建立，目前围绕青稞的种质资源收集、育种技术、种子扩繁、专用品种育种、环境与土壤管理、节水栽培、养分管理、耐旱耐盐栽培、产地环境修复、栽培生理与调控、病虫害防控、生产机械化、营养评价、加工、饲草与副产物综合利用、产业经济等方面设立了18个岗位，还在各个青稞产区设立了10个试验站，在青稞品种选育和试种示范方面发挥了非常重要的引领和促进作用，推动培育了"昆仑""康青""藏青""北青"等系列青稞优良品种。近年来，随着育

种技术的提高和穿梭育种的广泛应用，根据"粮草双高、优质卫生、资源高效、特色专用"的育种目标，国家大麦青稞产业技术体系采取多种杂交组合方式，结合青稞常规育种，创新性地进行了青稞小孢子培养单倍体育种，选育出的青稞品种的产量、品质和抗性迅速提升，各项指标均能满足生产和企业加工的不同需求，生物量大、抗倒性强、耐寒性好、抗病性广、籽粒和干草产量双高的青稞优良品种日益增多，在生产上发挥了重要作用。截至2018年，国家大麦青稞产业技术体系已经选育出18个青稞新品种，并通过省级以上审定和登记。其中，藏青2000、康青8号、昆仑15号、北青9号等青稞新品种，已在西藏、青海、四川等省区的青藏高原地区大面积推广种植，满足了藏族群众和食品加工业对优质青稞的需求。18个青稞新品种已经累计推广种植870万亩。

青稞新品种的培育，对青稞产业的稳定发展起到了不可或缺的支撑作用。以昆仑15、昆仑16、藏青2000等青稞粮草双高优良品种为例，其育成和生产应用，显著提高了西藏、青海、甘肃、四川、云南等5省产区的青稞良种使用率和青稞生产水平，有力地保障了藏族地区粮食安全。2017年，青海省青稞种植面积较3年前增加近一倍。结合青稞粮丰工程，西藏自治区大力开展青稞新品种的示范推广，2016年，藏青2000种植面积超过100万亩，占全区青稞种植面积的50%，成为西藏自治区历史上种植面积最大的青稞品种。

三、青稞产业链延伸对青稞产业周期性影响

近年来，随着青稞加工需求的增加和加工技术的提升，我国青稞产业链不断延长，对青稞产业发展起到了很好的促进作用。青稞作为青藏高原地区的主要粮食作物，早期主要作为口粮来满足藏族群众的食用需求，加工链条短，产业增值不大。随着经济社会的发展、藏族地区旅游业的兴起和青稞加工技术的提升，具有绿色、健康等特点的青稞加工食、饮品日益受到广大消费者的认可和青睐，青稞加工需求在青稞消费中所占的比重越来越高，青稞产业链也随之不断延长，产业增值越来越大。目前，青稞加工食品不仅包括青稞传统食品，还包括青稞大众食品、青稞精深加工食品、青稞保健医药产品、青稞发酵产品、青

稞休闲食品等。产业链的持续延伸使得青稞产业的产值和经济效益不断增长，青藏高原地区农户种植青稞的积极性也随之提升，全国青稞种植面积和产量近年来稳中有增，带动了当地农户增收致富。近年来，越来越多的加工企业关注和投资青稞产业，越来越多的青稞加工产品出现在市场上，这些都有力地促进了我国青稞产业的高质量发展。

第四节　青稞产业政策及发展环境分析

青稞具有耐寒性强、生长期短、高产早熟、适应性广等特性，是高海拔高寒地带可正常成熟的主要粮食作物，是青藏高原地区特色优势产业，是全面实施乡村振兴战略、保障粮食安全和重要农产品有效供给的重要抓手。青稞作为青藏高原地区特色优势农产品，在保障藏族地区粮食安全、实现边疆长治久安等方面发挥了重要作用。

一、国家层面对青稞产业的促进政策

2004—2023年，国家连续20年发布以"三农"为主题的中央一号文件，显示出"三农"在中国的重要地位，也体现出国家对"三农"工作的高度重视。2023年2月13日发布《中共中央、国务院关于做好2023年全面推进乡村振兴重点工作的意见》，锚定建设供给保障强、科技装备强、经营体系强、产业韧性强、竞争能力强的农业强国目标。文件从粮食和重要农产品稳产保供、农业基础设施建设、农业科技和装备支撑、巩固拓展脱贫攻坚成果、乡村产业高质量发展、农民增收致富、宜居宜业和美乡村建设、乡村治理体系建设等方面提出了细化的工作重点和政策措施。文件提出：深入实施种业振兴行动，扎实推进国家育种联合攻关；推进西部地区农牧业全产业链价值链转型升级，大力发展高效旱作农业、节水型设施农业、寒旱农业，积极发展高原绿色生态农业；实施农产品加工业提升行动，支持家庭农场、农民合作社和中小微企业等发展农

产品产地初加工，引导大型农业企业发展农产品精深加工，在粮食和重要农产品主产区统筹布局建设农产品加工产业园。

青稞是青藏高原地区最主要的粮食作物，也是藏族群众的主要口粮。将青稞产业建成高原特色优势产业，对于青藏高原地区扩大高品质农产品市场供给、更好地满足人民美好生活需要，巩固拓展脱贫攻坚成果、全面推进乡村振兴，支撑国家粮食安全战略、治边稳藏具有重要意义。因此，国家一直高度重视青稞产业的发展，围绕科研育种平台建设、良种繁育基地建设、科技创新能力建设、良种补贴、新品种推广、机械化技术推广、全产业链技术指导等方面制定了一系列的支持政策。

从科研支持政策看，一是依托西藏自治区农牧科学院，支持建设农业农村部藏族地区青稞生物学与遗传育种重点实验室和省部共建青稞和牦牛种质资源与遗传改良国家重点实验室建设，着力选育高产优质抗病青稞品种，青稞被列入国家64个特色物种攻关项目之一。二是大力推广高产优质抗病青稞品种，将青稞列为第二批国家区域性良种繁育基地的品种之一，西藏自治区扎囊县和青海省共和县入选。三是为了解决大面积提高青稞的产量和品质、资源利用率及生产效益的关键技术问题，提升国家和区域创新能力，加强农业科技自主创新能力，保障国家粮食安全、食品安全，实现农民增收和农业可持续发展，农业农村部和财政部在2008年启动建设了国家大麦青稞产业技术体系。

从生产支持政策看，一是在2011年设立了青稞良种补贴；2012年，青稞良种补贴在四川、云南、西藏、甘肃、青海等省（区）的藏族地区实现全覆盖。二是将青藏高原地区划定为"保护发展区"，以生态保育型农业为主攻方向，保护基本口粮田，稳定青稞等高原特色粮油作物种植面积，确保区域口粮安全，努力建成国家重要的高原特色农产品基地。三是积极推广青稞种植、收获机械化技术，特别是在作为长江、珠江等江河的上游生态屏障地区的西南地区，因地制宜推广轻简栽培及小型机具，稳定当地藏族地区青稞种植面积。四是围绕西藏特色发展的具体需求，依托国家大麦青稞产业技术体系，组建了青稞全产业链技术指导专家组，做到产业需求与技术服务精准对接。

"十四五"期间，国家将着力打造西藏、青海、四川、甘肃、云南等青稞传统优势区，大力推行青稞与豆类、油菜等作物轮作的种植模式，集成应用种子包衣、合理密植、宽幅匀播、节水旱作、病虫草害绿色防控、机械化耕种收等不同生态区优质高产技术模式，强化青稞黑穗病、条纹病及地下害虫、蚜虫、杂草等病虫草害防治。推动产业化开发，以全产业融合发展为引领，以加工龙头企业为纽带，大力发展农产品仓储保鲜、初加工、冷链物流，促进原料产区和特色优势区农产品就地加工转化增值，推进产加销有机融合。到2025年，将全国青稞种植面积稳定在400万亩。

二、各级政府层面对青稞产业的促进政策

近年来，各地方政府结合当地青稞产业实际情况，从种业发展、耕地保护、绿色高效生产、加工业发展、产业化经营、技术支撑等方面制定了支持政策措施。补齐产业短板、促进产业转型升级、推动产业基础高级化和产业链条现代化，推进青稞产业高质量发展，为将青稞产业建成高原特色优势产业发挥了重要的促进作用。

西藏自治区编制了《西藏自治区"十四五"青稞产业发展规划》，提出以推动青稞产业高质量发展为目标，以"一江两河"粮食生产功能区为核心，落实"藏粮于地、藏粮于技"，稳步推进青稞良繁基地、高标准农田、青稞生产基地和青稞产业带建设。建设百万亩高标准青稞生产基地，强化种业科技支撑，健全青稞种质精准鉴定与区域化品种选育、优质高产栽培、精深产品加工等环节的科技研发体系，统筹推进青稞初加工、精深加工和综合利用，推动品牌创建与领军企业培育，促进绿色发展。健全青稞产业支持政策体系，完善仓储物流保障设施，建设一批青稞产业园和产业强镇，将青稞产业打造成高原特色优势产业。

青海省编制印发了《青海省农业种质资源保护与利用中长期规划》和《"十四五"现代种业提升工程建设规划》，依托青海省农林科学院和青海省农作物原种繁育基地，续建国家作物种质资源青海复份库，建设青海省农作物

种质资源库（圃），强化青稞种质资源的普查与收集、保存、特异性状挖掘、育种中间材料创制与前沿技术研究。在印发了《牦牛和青稞产业发展三年行动计划（2018—2020年）》和《关于加快青海省青稞产业发展的实施意见》（2020年）的基础上，青海省编制了《打造青海绿色有机农畜产品输出地专项规划（2022—2025年）》。推进青稞标准化种植，提升青稞精深加工水平，推进青稞产业园区和产业集群建设，打造青海青稞农产品区域公用品牌，将青海打造成为全国最大的青稞良种繁育基地、绿色有机青稞生产加工基地、青稞功能性食品研发基地。

甘肃省甘南藏族自治州编制了《甘南州"十四五"推进农村农业现代化规划》，启动实施青稞产业化良种繁育体系建设项目，建设青稞新品种选育基地，建设原种繁育、品种展示、提纯复壮田、原种繁育田和良种繁育基地；推行全程机械化耕作、绿色病虫害防治、有机肥替代化肥、秸秆还田、轮作倒茬等绿色高效技术集成示范，为青稞全产业链开发及全过程提质增效提供科技支撑；通过招商引资、扶持龙头企业推进青稞粗加工向精深化发展，打造青稞酒、青稞加工食品、β-葡聚糖等精深产品，实现青稞产业提档升级。

云南省迪庆藏族自治州编制了《迪庆州"十四五"农业农村现代化发展规划》和《迪庆州农业现代化三年行动方案（2022—2024年）》。围绕青稞种质资源保护利用与品种创新和良种联合攻关，启动农作物种质资源圃建设、优质种子种苗生产基地建设、区域性良种繁育基地等项目。实施科技增粮措施，推进良种良法配套，推广配方施肥、病虫害综合防治等关键技术；实施农产品加工提升工程，统筹推进青稞精深加工和初加工协调发展，支持企业加快技术改造和装备升级，向产业链中高端延伸，提升加工转化增值能力。

四川省甘孜藏族自治州编制了《甘孜藏族自治州"十四五"现代农业产业发展规划》。建设青稞种质资源圃，在甘孜、炉霍、理塘、道孚4个重点县建设青稞良繁基地；深入开展耕地质量保护和提升行动，加大测土配方施肥、秸秆还田、增施有机肥、绿肥种植、绿色防控等技术推广力度；培育得荣藜麦现代农业园区，建立南部青稞特种生产基地和甘孜县青稞现代农业园区，布局建设一批农产品加工园区。引进和培育扶持一批精深加工业龙头企业,支持加工企业技术改造,完善加工设施设备,改进和提高加工工艺与技术。

三、相关协会、社会团体对青稞产业的帮扶与促进

为推进西藏自治区青稞产业发展,2016年,西藏自治区青稞产业协会成立。在西藏自治区脱贫攻坚指挥部、质监局、农牧厅等单位的指导下,该协会在2018年牵头制定了西藏青稞产业标准体系。为了使西藏自治区青稞产业标准体系尽可能完善,该协会组织区内青稞产业龙头企业和行业专家完成了区内青稞系列标准的收集、整理、完善和摸底,这些标准涵盖了青稞从种植、加工、产品到销售的全产业链,一些青稞新产品例如藏晶青稞米、青稞脆脆、青稞米稀、青稞麦绿挂面、青稞麦绿鲜湿面、青稞麦苗粉等产品也形成了新的标准。目前,该协会共起草发布了青稞种植、加工、产品、销售标准35个,将进一步促进西藏自治区青稞产业的健康发展。

西藏自治区在2019年启动了"西藏青稞"区域公用品牌创建工作,西藏农牧产业协会牵头制定了《"西藏青稞"区域公用品牌使用管理办法》,强化品牌管理,提升区内青稞加工产业生产规范的监管和品牌影响力,积极推动农业区域公用品牌发展,构建属于西藏地区的区域农业竞争优势;与第三方国内领先的专业农业品牌咨询机构合作,策划了"西藏青稞"区域公用品牌,成为西藏自治区发布的第一个农牧业行业区域公用品牌,并成功入选农业农村部"2022年农业品牌精品培育计划"。下一步,该协会将积极配合西藏自治区农业农村厅开展品牌培育工作,通过凝聚品牌发展共识,促进品牌发展壮大,持续扩大"西藏青稞"的覆盖面,让西藏更多农牧企业享受到品牌带来的好处。

青海省青稞产业联盟成立于2019年,在青海省农业农村厅牵头下,由150多家种植专业合作社、国有农场、加工企业等青稞产业链主体共同组成。联盟通过与中国农业科学院、全国农业技术推广服务中心、青海大学等科研机构"产学研"深度攻关和战略合作,共同推进"统一青稞技术标准、统一青稞基地提升、统一智能化建设、统一区域品牌战略、统一生产加工标准,制定出符合规

范的青海青稞企业标准、地方标准、行业标准、国家标准"，依靠技术创新提升青稞综合价值，提升青海省青稞产业整体水平。联盟成立后，青海省青稞产业在良种繁育、标准化生产、精深加工等方面加大技术投入，借助已有的生产基础、社会条件、资源优势和生态优势，强化科技支撑，突破产业共性关键技术，突破青稞技术瓶颈。

四、消费者对青稞及其相关产品的认知与需求

青稞主要分布在海拔2600米以上的高寒地区，其营养价值丰富、养生保健作用突出，富含β-葡聚糖、可溶性纤维和总纤维、支链淀粉、微量元素（钙、磷、铁、铜、锌、锰、硒等）、维生素（维生素B族、维生素C等）、氨基酸、亚油酸等成分，是β-葡聚糖含量最高的麦类作物，具有降低胆固醇、预防心血管疾病、控制血糖防治糖尿病、提高免疫力、抑制胃酸过多等功效。青稞不仅是藏族同胞的传统口粮，还是食品加工、酒类酿造、饲料加工的重要原料，更是开发营养保健类产品的朝阳产业。

长期以来，青稞在我国是区域性很强的自给消费型特色粮食作物，青藏高原地区藏族群众是其消费主体。近年来，随着青藏高原地区旅游业的快速发展和人们对青稞保健功能的认同以及青稞加工技术研发的进步，青稞特色食品、青稞白酒与啤酒、青稞保健产品等青稞加工行业发展迅速，青稞加工产品不断走出藏族地区，消费群体不断扩大，正在逐步进入中东部省区，特别是北京、上海等大城市，青稞市场需求持续增长。例如，2019年，在西藏自治区青稞产业协会和上海市政府的牵头下，成立了上海日喀则农产品产销联盟，助力西藏青稞加工产品全面进入上海市场，通过第一食品、城市超市、叮咚买菜等电商平台进行直接销售。在2022年全国"两会"上，习近平总书记强调，要树立大食物观，"在确保粮食供给的同时，保障肉类、蔬菜、水果、水产品等各类食物有效供给，缺了哪样也不行"，以更好地满足人民群众日益多元化的食物消费需求。未来的食物需要多元化，而青稞作为生长在青藏高原地区的特色粮食作物，资源稀有，功能独特，具有非常广阔的市场前景。

五、青稞产业发展环境总体分析

目前，我国青稞产业具有很好的发展环境，主要体现在生产布局优化、种业创新加强、加工能力提升、组织环境改善四个方面。

从生产布局看，西藏自治区青稞主要种植区分布于日喀则、昌都、拉萨、山南等地市，其中日喀则和昌都青稞种植面积占西藏自治区的2/3以上，拉萨和山南青稞种植面积占西藏自治区的1/4左右，空间布局不断优化。青海省青稞种植区主要位于海南、海北、海西和玉树4州，种植面积占全省的90%以上，且进一步向海南、海北两州集聚，形成了以海南州、海西州、海北州粮食青稞为主，玉树州黑青稞为辅的种植格局。甘肃省青稞种植区主要位于甘南藏族自治州。云南省青稞种植区主要位于迪庆藏族自治州。四川省青稞种植区主要位于甘孜藏族自治州和阿坝藏族羌族自治州。

从种业创新看，西藏自治区青稞良种繁育体系初步建立，形成了云南元谋青稞南繁加代、国家扎囊青稞原良种繁育、自治区级良种生产繁育基地等三级青稞良繁体系，成立了"省部共建青稞和牦牛种质资源与遗传改良国家重点实验室"，先后选育推广春青稞、冬青稞新品种22个。青海省依托国家麦类改良中心青海青稞分中心、省青稞遗传育种重点实验室等科研平台，选育出昆仑、北青、柴青等系列品种，是藏族地区适应性与稳产性最好的青稞品种；共和县入选国家区域性青稞良种繁育基地和全国青稞制种大县，青海省被认定为全国北繁制种基地。甘肃省甘南藏族自治州围绕青稞增产关键技术问题，选育了甘青、黄青、康青等系列14个品种。云南省迪庆藏族自治州选育和推广了云青、迪青等系列品种，使青稞产量大幅增加。四川省甘孜藏族自治州培育出了康青系列等优良品种，建有国家青稞原种基地、国家青稞良种繁育基地、四川省青稞育种基地。

从加工能力看，据不完全统计，西藏自治区目前共有青稞加工企业52家，年加工青稞原粮13万吨以上，加工转化率达17%以上。创建了一批自治区级品牌，研发了青稞精深加工产品4大类80多个品种，建成了以日喀则为核心的国家级青稞优势产业集群和白朗县国家现代农业产业园（青稞）。青海省目前共有青稞加工企业58家，年加工青稞原粮10万吨以上，加工转化率60%以上，形成了以海东（西宁）为核心的青稞白酒生产带和海南州为核心的青稞米面、速食食品生产带的产业格局，创建了以门源县为核心的青稞国家现代农业产业园。甘肃省甘南藏族自治州目前有规模化青稞加工企业10余家，生产的青稞麦索、青稞保健米、青稞炒面、青稞饼干等系列加工产品形成一定规模。云南省迪庆藏族自治州和四川省甘孜藏族自治州的青稞加工产品主要是青稞米、青稞面粉、青稞面条、青稞茶、青稞饼干、青稞鲜花饼、青稞酒等。

从组织环境看，在全国层面，建立了国家大麦青稞产业技术体系，将全国科研单位、高等院校、国有农场等主体的青稞科研力量有机地整合在一起，深入开展青稞产业关键技术问题的协同攻关；在地方层面，成立了西藏自治区青稞产业协会、青海省青稞产业联盟等行业协会和组织，有力地推动了行业标准制定、区域公用品牌创建和"产学研"合作，让农户、国有农场、加工企业等主体形成有组织的利益共同体。

青稞产业市场情况分析

第一节　青稞产业市场现状及分析

一、青稞种植业市场现状分析

我国青稞产区主要位于青藏高原的西藏、青海、甘肃甘南州、云南迪庆州、四川甘孜州和阿坝州，新疆、江苏和湖北也有少量种植。作为5省藏族地区历史悠久的特色粮食作物，青稞种植面积约有400万亩，合计占全国的98.4%，而西藏青稞常年种植面积保持在300万亩，占全国青稞种植面积的70%以上，是全国最大的青稞集中种植区。2014—2018年，全国青稞种植面积从527万亩增至579万亩，青稞平均单产从每亩228千克提高到239千克，青稞产量从120万吨增至139万吨。近年来，随着青藏高原地区生态环境保护力度不断加大，以及地区内耕地面积总量有限，在农业区域结构性调整和农业科技投入不断加大的背景下，我国青稞种植面积稳中有降，青稞单产大幅提升，仅2019年，西藏青稞产量就达到80万吨以上。目前，青稞种植主体仍以小规模农户为主，大规模合作化经营不多。在西藏昌都，种植面积在50亩以上的农户有近5000户，低于10亩的有近8万户；青海海北有近3万农户种植青稞，但种植面积超过45亩的仅约450户；四川甘孜有近12万农户种植青稞，但大多数农户种植面积不到10亩。由于种植分散，规模不一，难以有效保障青稞的产量与质量做到品种和技术的统一，因而难以满足市场对青稞产量和质量的需求。

现在及未来，青稞生产的主要目标是稳定面积、提高单产、提高品质和提高效益。青稞种植业作为藏族地区主要农业之一，得到国家和地方政策的大力支持，加强了青稞品种选育和绿色增产模式的科技攻关，加大了良种繁育基地建设和耕地综合治理力度，以及农业机械化水平提升。通过良种良法良田配套、农机农艺结合等综合措施，充分挖掘增产潜力，从而促进青稞产量提高和品质提升，实现均衡增产。育种技术水平的提高增加了品种的单产潜力，也加快了青稞主要产区品种更换的步伐。2013年开始大规模推广的藏青2000等，平均亩产比一般品种增产16.5千克，目前藏青2000、喜拉22号、冬青18号、山冬7号等新品种种植面积有185.07万亩。然而，由于长期以来品种产量和适应性是青稞育种的主要目标，忽视了青稞品质改良，尤其优质专用品种的缺乏难以满足多元化青稞加工的需要。面对日渐多元化的青稞产品和市场需求，应进一步加强青稞新种质与基因资源，特别是优质加工型种质与基因资源的发掘和利用。

（一）青稞种子市场需求分析

青稞育种通常分为杂交育种、诱变育种、加倍单倍体育种、分子标记辅助育种和转基因育种等。我国青稞主要种植在高寒、贫瘠、盐碱、干旱等气候、地质问题严峻地区和农牧交替地区，同时青稞用途极其广泛，需要多种多样的青稞品种类型，再加上原先基础和底子薄弱，导致品种选育创新难度较大。国家大麦青稞产业技术体系建立以来，以推动我国青稞产业发展和提升农民效益为宗旨，紧密围绕我国青稞生产实际和国际发展趋势，针对不同生态条件、耕作制度和用途需求，开展青稞重要育种目标性状遗传规律解析、分子基因挖掘和育种技术创新等前瞻性研究，进行优质、高产、抗病、抗逆的啤用、饲用、食用和加工用等专用青稞新品种选育。取得了一系列重大育种技术和品种创新成果，为青稞产业的发展提供了源头保障。

我国青稞遗传资源十分丰富，国家库保存有青稞遗传资源上万份，但对资源的挖掘利用和创新明显不够。国家大麦青稞产业技术体系针对我国青稞育种的需要，重点对肥水高效利用的资源、抗环境和土壤灾害的资源、抗病虫害的资源、高营养成分和优质的资源进行了逐级鉴定、利用与创新。

针对青藏高原不同生态区的青稞生产需求，以粮草双高为育种目标，采取多种杂交组合方式，结合青稞常规育种，创新性进行了青稞小孢子培养单倍体育种，生物量大、抗倒性强、耐寒性好、抗病性广、籽粒和干草产量双高的青稞优良品种日益增多。国家大麦青稞产业技术体系成立10多年来，已经选出18个青稞新品种并通过省级以上审定和登记，藏青2000、康青8号、昆仑15号、北青9号等青稞新品种，已在西藏、青海、四川等高原地区大面积推广种植，累计推广种植870万亩，满足了藏族人民和食品加工业对优质青稞的需求。

青稞是青藏高原地区重要的粮食作物，也是重要的饲料、加工和酿造原料作物。2016—2018年，青稞产值从140.2亿元增加到161.6亿元，产值规模不断扩大。青稞主要在青藏高原地区种植并主要由藏族群众消费，其供需也大多发生在该地区，对外贸易极少，供需关系完全取决于地区内青稞产量，流通主要在青藏高原各青稞产区之间进行，以调剂各产区供求余缺，具有强烈的区域性特征。作为藏族群众口粮，食用是青稞最主要用途，包括制成糌粑和加工成食品、青稞酒等。近年来，青稞食用消费约占总消费的80%，其中直接食用约占70%、间接食用约占10%；作为种用和储备粮的青稞占比约为15%，而作为畜牧业饲料的消费约占5%。

青藏高原青稞种植面积中约95%为种植春青稞，冬青稞的种植面积不足5%；青藏高原青稞种植总面积为27.4万公顷，主要种植于高原东部及南部地区。各农业区中，青稞种植面积从大到小依次为青甘农牧区、藏南农牧区、川藏农林牧区、青藏高寒牧区和陇中青东丘陵农业区，分别占比31.09%、28.91%、23.23%、11.86%和4.91%。西藏自治区的青稞种植面积占青藏高原青稞种植面积的47.46%，全区青稞种植面积13万公顷；青海省的青稞种植面积占33.41%，全省青稞种植面积9.15万公顷；四川省的青稞种植面积占12.53%，全省青稞种植面积3.43万公顷；甘肃省和云南省的青稞种植面积的占比仅为6.61%，青稞种植面积均不足1万公顷。一般情况下，青稞种植每亩需要20～40斤（1斤=500克，全文特此说明）种子，则西藏自治区每年需要青稞种子1.95万～3.9万吨，青海省每年需要青稞种子1.37万～2.75万吨，四川地区每年需要青稞种子0.51万～1.03万吨，甘肃省和云南省每年需要青稞种子0.2万吨左右。由于青藏高原复杂多样的地理环境和气候条件，不同地区青稞种植基本上使用的是各自育种单位育成的推广品种，生产用种主要来自区内良种繁育基地或者是农户自留种，青稞用种基本上实现自给自足，极少有跨区域的商品化种子销售。

（二）青稞原料市场现状分析

青稞的主要用途是作为粮食或加工原料。从表观消费量来看，青稞总消费量从2014年的120万吨逐渐增加到2018年的139万吨。根据2018年市场调查，22.6%的青稞用于藏族地区传统特色食品糌粑的加工制作，20.24%的青稞用于传统青稞酒的酿造，16.55%的青稞用作青稞挂面、青稞饼干、青稞速食面等系列大众化食品、方便食品和休闲食品加工的原料。近年来，青稞直接食用消费趋于下降，加工消费在平稳增长，价格也有小幅上涨。以西藏和青海为代表的青稞主产区加大了青稞白酒和啤酒的开发力度，青海互助青稞酒股份有限公司的互助青稞酒入选国家地理标志产品，未来对酿酒青稞优质原料的市场需求将快速增长。此外，由于人们生活水平的提高和膳食结构的改善，以及藏族地区旅游业的发展，近年来，以青稞为主要原料的绿色健康食、饮品和高附加值保健品更加受到人们的青睐，市场对营养健康、绿色有机青稞原料的需求空间较大。高原环境赋予青稞独特的产业特色和生态资源优势，随着乡村振兴战略重大部署的逐步实施，青稞产业将迎来精深加工转型升级的发展新机遇。

二、青稞加工业市场现状分析

青稞中的蛋白质、氨基酸、淀粉、纤维、脂肪酸、维生素、灰分、矿物质以及β-葡聚糖、母育酚、γ-氨基丁酸、多酚类化合物等是青稞营养和功效物质的组成部分，直接影响青稞食品的营养功效和加工特性。

青稞栽培历史悠久，距今已有3500多年，主要分布在我国西藏、青海、四川的甘孜州和阿坝州、云南的迪庆、甘肃的甘南等海拔4200～4500米的高寒地区。在大自然赐予的这片高原净土上，伴随着充足阳光和雪水滋润，珍贵的青稞千百年来养育了世世代代青藏高原的人民，形成了内涵丰富、极富民族特色的青稞文化。美丽的青稞已经成为藏族人民一直珍视的文化信仰。

传统藏药认为，烘烤的青稞粉（糌粑）是最安全、最营养的食品，被称作"白色的药物"。青稞是西藏四宝之首糌粑的主要原料，有着丰富的营养以及药用价值。青稞食品已经融入藏族人民以及其他民族的日常生活。作为区域特色农产品，青稞是我国粮食生产不可或缺的组成部分。青稞营养均衡，富含β-葡聚糖等多种特殊营养功能成分，对高血压、糖尿病、心血管病、肥胖症和阿尔茨海默病等有预防和缓解作用，在保障食物多样性和营养健康方面起着关键作用。目前，生产和销售规模较大的青稞产品主要有青稞粉、青稞米、青稞酒、青稞休闲食品和青稞副产五大类。西藏奇正青稞健康科技有限公司是集青稞种植、研发、加工、营销于一体的产业化公司，已成为"国家杂粮加工技术研发分中心""国家粮食产业（青稞深加工）技术创新分中心"。该公司与国内外知名院校及机构合作，坚持以西藏青稞为原料且青稞添加量不少于20%的标准开发特色产品，形成了青稞原料粮系列、青稞功能健康食品和青稞即食方便食品三大系列产品。仅2019年，公司开发的30多种青稞产品销售额就达1080余万元。

随着人们生活水平的提高和生活理念的转变，青稞的保健、药用价值日益被国内外所关注与认同，与之不对称的是，国内青稞加工产业发展缓慢。生产青稞米、青稞粉仍然是目前青稞加工的主要方式，在粗加工基础上进一步增加制品风味的多样性、提高其经济附加值的青稞深加工明显不足。至今，青稞酒仍是青稞深加工农产品领域的领头羊，青稞的食品加工也主要以传统、简单的藏族传统食品为主（如糌粑、甜醅等），青稞挂面、馒头、保健茶和烘焙制品等市场占比相对较少。如何深挖青稞的深加工潜力，研发满足消费者需求的新产品，成为摆在研发人员面前的难题。此外，如何加快推进青稞产业的标准化、规模化、品牌化建设，也是影响青稞产业高质量发展的重要因素。

（一）青稞粉市场现状分析

青稞粉是一种以青稞为原料制作的粉状食品，因其营养丰富、易于消化吸收而备受青睐。随着人们对健康饮食的重视和青稞粉的广泛宣传，青稞粉市场逐渐扩大。目前，中国青稞粉行业已经发展成为一个规模较大的产业，在全国范围内拥有众多的生产企业和销售渠道。青稞粉市场主要分布在西藏、青海、四川、云南等地区，这些地区是青稞的主产区，也是青稞粉的主要生产地。此外，青稞粉在全国范围内的销售也逐渐扩大，成了一种广受欢迎的健康食品。青稞粉在市场上的销售情况良好，受到了越来越多消费者的青睐。随着人们对健康饮食的关注度不断提高，青稞粉的市场需求也在不断增加。同时，青稞粉的营养价值和功效也得到了广泛认可,这也成为其在市场上受欢迎的重要原因之一。

目前,青稞粉的经营模式主要包括生产厂家直销、批发和零售等多种模式。生产厂家直销模式是目前青稞粉市场上的主要经营模式之一,其优点是可以让消费者购买到价格更为优惠的产品,同时也可以保证产品的质量。批发和零售模式则主要是通过各种销售渠道将产品推向市场。市场上青稞粉主营的品牌有很多,其中最受欢迎的品牌包括青"稞源""金稞""可可青稞""稞米香"等。这些品牌的产品质量好、口感佳且价格实惠,深受广大消费者的喜爱。

根据相关统计,近5年来,青稞粉的产量和销量均呈现逐年增长的态势。其中,2019年的青稞粉总产量为5.8万吨,同比增长8.4%;销量为5.7万吨,同比增长7.9%;2020年,受疫情影响,青稞粉的产销量有所下降,但总体上仍保持增长态势。

综上所述,中国青稞粉行业发展前景广阔,市场需求不断增加。同时各大品牌也在不断推陈出新,以满足消费者不断变化的需求。

（二）青稞酒市场现状分析

藏族人民饮用青稞酒的历史源远流长,青稞酒是用青稞酿制的度数较低的酒,青稞酒的制作工艺很独特。先将青稞洗净煮熟,待温度稍降,便加上酒曲,用陶罐或木桶装好封闭,让其发酵,两三天之后,加入清水盖上盖子,隔一两天后便成青稞酒了。青稞酒色泽橙黄,味道酸甜,酒精成分很低。

20世纪90年代以来,青海青稞酒的发展进入了一个新的阶段,很多大型酒企开始了新品开发的漫漫征程,青海省的青稞酒先后向市场推出了青稞金酒、青稞原浆酒、青稞啤酒、青稞橡木桶酒等一系列产品。除了青海省,云南省也是青稞酒生产大省。香格里拉市是云南省青稞酒主要产地之一,1984年,云南全省名酒品评中,青稞酒名列第三。香格里拉现已开发出青稞窖酒、青稞礼品酒、青稞虫草酒、青稞红景天酒、青稞低度酒等一系列产品。2007年,青稞酒及其酿造技术被评为云南省第二批一类非物质文化遗产。

目前，青海互助青稞酒公司是以青稞酒的研发、生产和销售为主的企业，其中主要生产"互助""天佑德""八大作坊""永庆和""世义德"等多品牌的青稞酒。该企业是我国西北地区最大、最有吸引力的青稞酒生产企业，也是西北地区白酒行业领头羊，在西北地区享有"中国青稞酒之源"的美誉。历史悠久的酿造传统、天然无污染的原料、独特的酿造工艺及先进的检测技术造就了"天佑德"青稞酒上乘的品质，成为中国高原青稞酒第一品牌。

根据2023年5月1日更新的排行榜123网，依托全网大数据，根据品牌评价以及销量评选出了2023年青稞酒十大品牌排行榜。前十名分别是"天佑德""八大作坊""藏极""甄缘""泸州老窖""互助""藏佳纯""网易严选""安兆坊""百老泉"。

（三）青稞休闲食品市场现状

青稞休闲食品是以青稞为原料，经过加工制成的一类休闲食品，具有营养丰富、口感独特、有益健康等优点。随着人们健康意识的提高，青稞休闲食品逐渐受到人们的青睐。目前，青稞休闲食品市场发展较快，市场规模逐年增长。青稞休闲食品的市场分布主要集中在西藏、青海、四川、云南等青稞种植区域，同时也在其他省份的大型超市、商场等销售。随着青稞休闲食品的知名度提高，其市场分布也在不断扩大。

目前，青稞休闲食品在市场销售的现状表现良好。随着人们对健康食品的需求不断增加，青稞休闲食品的市场需求也在不断增加。同时，青稞休闲食品的品种也在不断丰富，满足了不同消费者的需求。

青稞休闲食品的经营模式主要包括品牌加盟、直营店、电商平台等多种形式。品牌加盟是较为常见的一种经营模式，通过加盟商的加盟，实现品牌的快速扩张。直营店则是直接由生产企业开设的销售店铺，电商平台则是通过网络销售青稞休闲食品。市场上青稞休闲食品的品牌较多，根据市场研究机构的数据显示，2019年，中国青稞休闲食品市场规模超过20亿元，预计到2025年将达到50亿元以上。市场规模的扩大主要得益于消费者对健康食品的需求增加，以及青稞休闲食品在口感和营养价值上的优势。其中比较受欢迎的品牌有"格尔木青稞""青稞王子""圣地青稞"等。其中,"格尔木青稞"品牌的销量最为突出,其产品涵盖了多种口味,且价格适中,深受广大消费者的喜爱。

(四)青稞米现状分析

青稞米是一种高原特产食材,主要产于中国西南地区的青藏高原和四川盆地。青稞米富含蛋白质、氨基酸、维生素和矿物质等营养物质,具有清热解毒、滋阴润燥、强身健体等功效,是健康饮食的重要组成部分。随着人们健康意识的提高,青稞米的市场需求逐年增长,成为中国食品行业的一个重要品类。青稞米的主要产地是青藏高原和四川盆地,其中西藏、青海、四川、云南等地是青稞米的主要产区。这些地区的气候条件和土壤环境都非常适宜青稞米的生长,因此产量很高。此外,青稞米也被广泛种植于陕西、甘肃、新疆等地。这些地区的青稞米品质也很好,在市场上具有一定的竞争力。

随着人们健康意识的提高,青稞米的市场需求逐年增长。根据国家统计局数据,中国青稞米的销售量从2015年的约23万吨,增长到了2019年的约35万吨,年均增长率达到了10%以上。青稞米的销售市场主要集中在大中城市和高端消费群体,同时也逐渐进入了农村市场。目前,青稞米已经成为一些高档餐厅和酒店的重要食材。

目前中国青稞米市场规模不断扩大,青稞米企业数量众多,市场竞争激烈。其中排名前10的企业包括以下几家:

(1)青海青稞王生态农业科技有限公司。"青稞王"是中国青稞米的知名品牌之一,该企业是中国青稞米行业领先企业之一,据统计,"青稞王"品牌的年销量已经超过了10万吨,产品销售网络遍布全国。

(2)青海云南青稞有限公司。该企业是一家专业从事青稞加工和销售的企业,产品远销海内外,以其高品质的青稞米深受消费者喜爱。

(3)青海银川青稞米业有限公司。该企业是一家集青稞种植、收购、加工和销售于一体的综合型企业,产品销售网络遍布全国。

(4)青海藏原生态农业发展有限公司。该企业是一家生态农业综合型企业,致力于青稞种植、加工和销售,以其独特的生态种植和加工技术打造出高品质的青稞米产品。

（5）青海藏乡青稞有限公司。该企业是一家专业从事青稞种植和加工的企业，产品质量得到市场认可，拥有广泛的销售渠道。

（6）青海雅兰青稞有限公司。该企业是一家专业从事青稞种植、加工和销售的企业，产品以其高品质和独特口感受到了广大消费者的青睐。

（7）青海藏峰青稞有限公司。该企业是一家专业从事青稞种植、加工和销售的企业，以其独特的种植技术和加工工艺生产高品质的青稞米产品。

（8）青海藏珠青稞有限公司。该企业是一家专业从事青稞种植、加工和销售的企业，产品以其高品质和独特口感深受消费者喜爱。

（9）青海珍稞农业科技有限公司。该企业是一家专业从事青稞种植、加工和销售的企业，产品以其高品质和独特口感受到了广大消费者的欢迎。

（10）青海青稞源生态农业有限公司。该企业是一家专业从事青稞种植、加工和销售的企业，产品以其高品质和独特口感在市场上具有一定的竞争力。

以上是青海在全国青稞米市场排名前10的企业，这些企业在市场上具有一定的竞争力，其产品质量得到市场认可，销售网络遍布全国。

青稞米的经营模式主要有两种：一种是直接销售，另一种是加工后销售。直接销售主要是指将青稞米包装后直接出售给消费者，这种模式的优点是价格相对较低，同时也能够保证青稞米的原始品质。加工后销售主要是将青稞米加工成各种食品，如青稞米酒、青稞米饼干、青稞米粉等，这种模式的优点是可以增加产品附加值，丰富产品种类，同时也能够满足不同消费者的需求。

（五）青稞副产物产品市场现状分析

随着人们生活水平的提高和生活理念的转变，青稞的保健、药用价值日益被国内外所关注与认同，与之不对称的是国内青稞加工产业发展缓慢。生产青稞米、青稞粉仍然是目前青稞加工的主要方式，在粗加工基础上进一步增加制品风味和多样性、提高其经济附加值的青稞深加工明显不足。至今，青稞酒仍是青稞深加工农产品领域的领头羊，青稞的食品加工也主要以传统、简单的藏族传统食品为主（如糌粑、甜醅等），青稞挂面、馒头、保健茶和烘焙制品等市场占比相对较少。如何深挖青稞的深加工潜力，研发满足消费者需求的新产品，成为摆在研发人员面前的难题。此外，如何加快推进青稞产业的标准化、规模化、品牌化建设，也是影响青稞产业高质量发展的重要因素。

三、新型销售及消费情况

网络时代，全球性和区域性的文化并存。文化的多样性带来消费品位的融合，影响人们的消费心理和消费行为。新型消费文化下，消费需求升级加快，新型消费增速明显，商业模式正在向线上线下融合，鼓励发展新业态、新场景，促进定制、体验、智能、时尚等新型消费转变。数据显示，在新零售市场，年轻人更倾向于购买健康食品。2021年，有机食品的同比增长幅度均超过200%，在进口食品、茗茶、粮油调味、饮料冲调和休闲食品五大类核心品类中，休闲食品的消费金额最高。在当下快节奏的都市生活中，轻速食类食品的消费增速大幅提升，七大食品种类的增速基本都维持在100%及以上。青稞有着丰富的营养和突出的医药保健作用，是药食同源的理想作物。《青海省牦牛与青稞产业发展三年行动计划》将重点扶持青稞β-葡聚糖、青稞γ-氨基丁酸、萌芽黑青稞粉等系列高端产品的加工企业，打造青稞知名品牌，构建从田间生产到精深加工的青稞全产业链，提升青稞产业化发展水平。面对市场的主要消费群体，加工企业联合科研院所加强对青稞高附加值产品开发的技术攻关，推出了青稞麦片、青稞酸奶、青稞奶茶、青稞速食米饭等系列产品。2020年，青海汉和生物科技股份有限公司建成世界首条萌芽黑青稞粉生产线，投产后企业旗下各种黑青稞高附加值产品预计产值超过3.6亿元。

围绕不同群体多元化、多层次消费需求，国内农产品通过网络营销等多种新型销售模式，助力消费提升。例如，通过抖音、快手、产品展示会和推介活动等加大产品的宣传力度，利用淘宝等电商平台、网络直播带货、社群营销等便捷方式促进产品的销售和流通，利用政策补贴叠加商家优惠等提高产品的市场份额。随着数字经济的迅速发展，除了传统实体店，借助电商平台、扶贫特色农产品集中采购等多种销售方式大大增加了青稞产品的销量和范围，在一定程度上缓解了青藏高原地区因交通条件制约对产品销售和经济发展带来的不利影响。

四、旅游及其他市场

青藏高原民风独特，旅游资源丰富且具有独特魅力，成为大多数旅游爱好者的理想目的地。随着基础设施的不断完善，观光旅游、民俗旅游、生态旅游，以及徒步、探险等专项旅游不断推陈出新，客源市场潜力巨大，旅游业正成为促进藏族地区经济社会文化发展的支柱产业。青稞在青藏高原有着3500年的栽培历史，是藏族人民生存的必需主食。青稞在物质文化以及精神文化领域都形成了内涵丰富、极富民族特色的青稞文化，是藏族文化不可替代的重要物质载体。在青藏高原农耕文明中，青稞是藏传佛教祭祀活动中必不可少的祭品，形成了多样化的青稞农事节庆活动。"农事+旅游"已成为带动农业增效、农民增收、农村发展，促进二、三产业融合发展的一种重要方式。结合青稞传统农产品和现代加工产品展示，打造集"农业观光、休闲度假、农耕体验"为一体的青稞节庆品牌，将带动农业、旅游业、服务业深度融合，实现经济效益与社会效益双丰收。随着人们对高品质生活的追求，产品的质量和价值将成为消费者考虑的重要因素，尤其注重产品的品牌和其蕴涵的文化价值。从青稞加工、产品包装设计以及商业宣传，着力体现青稞独特的文化价值，通过标准化、品牌化建设，将青稞从区域农特产品打造成为青藏高原文旅产业发展的重要媒介，加快青稞产业的高质量发展。

由于高原青稞独特的种植环境及特殊的营养、药用价值，青稞天然具有绿色健康原料的优良特性，针对糖尿病人、心血管病人等特殊人群，还可以开展青稞专用食品的研发，进一步拓宽青稞消费的应用空间。此外，随着对外开放力度的不断加大，结合藏族地区边境优势，青稞外贸将成为青稞产业的另一个增长点。西藏旺达青稞食品有限责任公司是西藏首家出口深加工糌粑的企业，2020年，该公司首次以一般贸易方式，将一批总重5吨、价值10万元的糌粑自西藏吉隆口岸顺利出口至尼泊尔。

第二节　青稞产业竞争结构分析

一、现有企业间竞争

青稞是青藏高原少数民族聚集区的主要粮食作物,也是重要的饲草来源。青稞是一种膳食纤维含量极高的谷类食材,而膳食纤维进入人体以后,很难被消化,它能够加快肠胃的蠕动,并能让肠胃中的有害物质吸附在它们表面,随大便排出体外。青稞米对人体的血糖有明显的调节作用,它含有天然的β-葡聚糖,这种物质进入人体以后,能延缓血糖的释放,而且人们食用青稞米后,还可以增加饱腹感,可以减少身体对其他高糖食物的摄入。青稞是一种营养丰富的谷类食材,它含有多种微量元素,可以提高人体的免疫力。青稞中含有多种人体必需的矿物质,其中铁、钙、锌以及磷的含量很高。另外,它还含有丰富的天然抗癌成分矿物质硒。

但因青稞产业存在产需不均衡,精深加工产业与产品在国内外缺乏市场竞争力,不能满足人们因追求健康生活而对产品的多元化需求等问题。开展以青稞为主要原粮的健康功能产品的研发与市场营销迫在眉睫。

(一)青稞单一产品企业间竞争

虽然青稞本身具有蛋白质、淀粉、生育酚、β-葡聚糖等营养均衡的特点,具有其他大田作物所不具备的降血糖、降血脂、预防直肠癌等特殊功能成分,但是其产品研发与市场竞争力薄弱,产品市场占有率极低,附加值不高。目前西藏青稞产品主要以传统食品糌粑为主、青稞米酒为辅的发展模式在低质低效发展,而青稞米、青稞曲奇、青稞面条等低附加值较低的产品也逐步发展、渐有起色,但多以工艺简单、产品单一的小型企业为主,盲目跟风式发展,缺乏充分的市场需求度调研,导致青稞传统与精深加工企业发展低质低效。加之市场营销模式简单粗放,企业与企业之间形成青稞单一产品的无序、恶性竞争,严重制约青稞加工产业的发展。因此青稞企业难以形成拳头产品,市场竞争力低下，导致企业间竞争进入死循环，严重制约青稞加工企业的高质量发展。

（二）青稞产品兼具型企业间竞争

青稞精深加工产品的市场竞争是一个多层次、多方位的系统，具有品质、功效、价值、市场等要素，也是生产企业间竞争的重要着力点。青稞产品的要素组合要求有效、合理、高质，通过青稞精深加工产品的功能及效果来达成，产品竞争策略包括产品创新、产品竞争、产品效益、产品质量、产品价值观等一系列的市场策略。产品竞争策略还包括正确的经营方向和提高经济效益以及社会效益的全局观念和思想。青稞产品兼具型加工企业，要以科技为支撑，全产业链协作，形成"政府部门+农户（基地）+合作社+加工企业+科研单位+物流电商平台"的农业产业化经营新模式，突破传统青稞生产与加工经营模式中产业链过短或衔接不紧密、市场主体关系脆弱、履约率低等局限性。青稞现代产业化经营新模式有利于促进区域特色产业融合，加速专用型、特殊品质型、营养健康型等优质青稞产品产业化经营，延长并完善全产业链，不断提升和激发青稞产品兼具型企业的市场竞争力与发展活力。

二、潜在进入者分析

（一）青稞粉潜在进入者分析

青稞粉是日常生活中常见的食物，营养价值比较高，适量食用对人体的健康有好处。青稞粉味甘性平，含有大量的膳食纤维素，膳食纤维可促进人体肠胃蠕动，加速人体排出体内多余的毒素以及废物，具有一定清肠排毒的作用，适宜便秘人群食用。青稞粉中含有一定量的β-葡聚糖，β-葡聚糖是一种非淀粉类食物的碳水化合物，属于低糖分、低脂肪的物质，可帮助减缓血糖值，提升饱腹感，具有平稳血糖值的功效，适宜糖尿病患者食用。青稞粉的热量以及脂肪含量是比较低的，适量食用利于排出胆固醇，从而抑制血细胞中胆固醇的升高。青稞粉中含有大量的蛋白质、维生素、纤维素、糖分以及钙、铁、磷等成分，适量食用可以帮助提高人体免疫力。

正是因为青稞面粉、糌粑等作为健康食品具有降血糖、提升免疫力、预防结肠癌、降血脂等独特功效，不论是作为单一的传统食品糌粑，还是青稞面包粉、小麦配方粉等均具有巨大市场。

（二）青稞酒潜在进入者分析

1. 传统青稞酒潜在进入者分析

高原传统青稞酒是用青稞发酵，不需蒸馏而直接酿制成的饮品，与云南米酒、浙江黄酒工艺类似，主要原料为青稞。青稞酒具有清香醇厚、绵甜爽净及饮后头不痛、口不渴的独特风格。因其中含有膳食纤维、支链淀粉等成分，故青稞酒具有缓解便秘、中和胃酸、补充能量等功效。青稞酒中含有较多的膳食纤维，膳食纤维有助于肠道蠕动，故适量饮用青稞酒可帮助缓解便秘等症状。青稞酒中含有支链淀粉，支链淀粉中含大量凝胶物质，加热后呈弱碱性，有助于中和胃酸，故适量饮用青稞酒可帮助缓解胃酸过多而导致的胃灼热、嗳气等症状。青稞酒中含有硫胺素，是人体将碳水化合物转变成能量所必需的物质。硫胺素帮助身体产生焦磷酸硫胺素，进而将食物转变成能量，故适量饮用青稞酒有助于补充能量，可帮助缓解疲劳。

2. 青稞白酒潜在进入者分析

青稞白酒与五粮液、茅台等著名白酒酿造工艺基本一致，只是青稞白酒主要以青稞为酿造原料，因此具有与其他白酒基本相同的功效。少量地饮用白酒能够消除大脑和中枢神经的疲劳、松弛神经；能够增进食欲、促进食物消化；能够促进血液循环、促进人体新陈代谢；具有活血化瘀、舒筋通络的功效。

因此不论是传统青稞酒，还是青稞白酒，都具有缓解便秘、中和胃酸、补充能量、活血化瘀、舒筋通络等功效，未来市场前景广阔。

（三）青稞休闲食品潜在进入者分析

正是因为青稞原料本身具有调节血糖、降血脂、增强免疫力等功效，并且是一种营养均衡的健康食品。现代人生活与工作压力普遍较大，很多人都处于亚健康状态，想预防出现亚健康状态，最好多吃一些碱性食品。而青稞制成的麦片、曲奇、饼干等就是典型的碱性食物，能加快身体内多种酸性物质代谢，并能维持人体内部环境的酸碱平衡，从根源上改善亚健康状态。同时青稞制成的麦片、曲奇、饼干等保留了新鲜青稞中的大部分营养，含有对人体有益的营养成分超过200种，仅氨基酸就高达18种。除此以外维生素和矿物质以及多糖等营养物质在青稞中含量都很高，食用后可以加快身体代谢，也能提高身体素质。青稞休闲食品虽然味道比较甜，但含有的却是低脂葡聚糖，能净化血液，清理血液中的胆固醇和甘油三酯，并能软化血管，促进血液循环，能预防血压、血脂升高并能降低动脉硬化和冠心病的发病率，因此适量食用青稞制成的麦片、曲奇、饼干等对心血管有明显保护作用。青稞制成的麦片、曲奇、饼干等含有的葡聚糖在进入人体后可维持肠道菌群平衡，并能防止细菌和病毒在肠道中滋生繁殖，能维持人类肠道健康，也能降低肠炎和肠癌以及便秘、痔疮的发病率，因此食用青稞休闲食品还能维持肠道健康。

由于现代人对健康生活的现实需求，青稞制成的麦片、曲奇、饼干等休闲食品的市场极为广阔。

（四）青稞米潜在进入者分析

青稞米能为人体提供糖分、纤维素、微量元素和维生素，但是不建议贫血患者食用。青稞米是一种低糖低热量的食品，富含β-葡聚糖，能有效减少肠系膜黏膜与致癌物质的接触。青稞米还含有大量的膳食纤维，能有效促进肠道蠕动。青稞含有较高的钙、铁、铜离子，能促进新陈代谢。食用青稞还能抑制胃酸分泌过多，适用于脾胃虚弱、大便溏薄的患者。青稞米作为与大米类似的传统食品，食用方便，营养更为均衡。

因此，青稞米市场潜在进入者将在未来大幅增加。

（五）青稞副产物产品潜在进入者分析

青稞麸皮是青稞生产加工中的副产品，含量大约占青稞加工总量的8%，每年我国大约生产4.8万吨青稞麸皮，由于青稞麸皮中含有各种酶和碾磨过程中的环境污染物，很快会变酸腐败。因此，在西藏每年都有大量的青稞麸皮被简单地用作牲畜饲料或者堆肥。尽管青稞麸皮存在这些缺点，但由于青稞麸皮含有丰富的粗纤维、淀粉、β-葡聚糖、油脂等营养成分，因此可以采用合理的工艺进行综合利用来提高它的附加值。如用青稞麸皮作原料制备青稞麸皮油、乳酸和乙醇、蛋白饲料。

三、替代品分析

（一）不同杂粮粉的营养特点及相互替代潜力分析

通过对不同杂粮作物与大米、小麦等主粮作物在营养元素、维生素、矿物质等方面的差异进行综合分析，大部分杂粮在热量、碳水化合物等方面差异不是特别明显，但矿物质中人体必需的钙、钾、铁明显优于大米、小麦，而杂粮粉之间具有一定的替代性。而青稞中的β–葡聚糖是大米、小麦的几十倍之多，并且优于其他杂粮作物，同时钙、磷、钾、铁等矿物质居最高，因此青稞粉具有营养均衡的特点，更有利于人体健康（见表2–1）。

表2–1　主要杂粮作物营养品质

作物种类	主要营养元素含量						维生素				矿物质					
	热量（卡）	蛋白质（克）	脂肪（克）	碳水化合物（克）	膳食纤维（克）	烟酸（毫克）	维生素A（毫克）	维生素B1（毫克）	维生素B2（毫克）	维生素E（毫克）	钙（毫克）	磷（毫克）	钾（毫克）	镁（毫克）	铁（毫克）	锌（毫克）
燕麦	367	15	6.7	61.6	5.3	1.2	420	0.3	0.13	3.07	186	291	214	177	7	2.59
荞麦	324	9.3	2.3	66.5	6.5	2.2	3	0	0	4.4	47	297	401	258	6.2	3.62
青稞	342	8.1	1.5	75	1.8	6.7	0	0	0	0.96	113	405	644	65	40.7	2.38
谷子	358	9	3.1	75.1	1.6	1.5	17	0.33	0.1	3.63	41	229	284	107	5.1	1.87
藜麦	368	14.1	6.1	64.2	7	1.52	1	0.36	0.32	2.44	47	457	563	197	4.6	3.1
薏米	357	12.8	3.3	71.1	2	2	0	0.22	0.15	2.08	42	217	238	88	3.6	1.68
籽粒苋	102	3.8	1.6	18.7	2.1	0.23	0	0.01	0.02	0.19	47	148	135	65	2.1	0.86
黍子	349	14	3	68	4	1	0	0	00	—	30	244	201	116	6	3
大米	346	7.4	0.8	77.9	0.7	1.9	0	0.11	0.05	0.46	13	110	103	34	2.3	1.7
小麦	340	11.9	2.5	72	10.8	4	0	0	0	1.82	34	325	289	4	5.1	2.33

（二）不同杂粮米的市场格局分析

随着我国进入老龄化社会，人们对健康越来越重视，特别是年轻人也开始注重养生，使得小杂粮在食品消费市场越来越受欢迎。在以批发市场为主渠道的销售模式之外，数字化也带来销售渠道和供应链体系的变革，商超入驻、订单销售、电商销售、直播带货等多样化、现代化的流通体系都为小杂粮市场带来较快发展。

根据目前杂粮米的国内市场来看，小米的市场占有率最高，农贸市场、小商店、超市均有小米在销售，并且产销量逐年递增。青稞米作为小米的同类产品，市场份额也将逐步上升。

（三）不同杂粮酒的适用人群分析

随着现代人生活和工作压力的不断增大，人们越来越多地出现亚健康状态。胃肠不好、消化功能差的人，饮食以"软烂"为宜，煮粥吃利于消化，也不会增加消化系统的负担，因此胃肠不好的人适合吃小米、大黄米。青稞、燕麦、糙米和豆类等杂粮作物，可预防由高血脂引发的心脑血管疾病，还有利于控制血糖、体重，因此血糖、血脂高或身体肥胖的人适合吃青稞、燕麦、糙米和豆类等。青稞具有降血脂、降血糖、提高免疫力等功效，因此"三高"人群、糖尿病患者、便秘患者等人群适宜长期食用青稞加工食品。薏米有利尿去水肿的作用，而红豆中含有利尿作用的钾，非常适合容易水肿的人。肥胖是人体内的水湿、痰饮、脾肾阳虚所致，追求纤体美体的人群，适宜食用青稞、玉米、燕麦、赤小豆、薏米、红薯、黑豆等食物。

（四）植物蛋白饮料创新替代品分析

中国的乳制品替代品目前以植物蛋白饮料为主，还有更多的乳制品类有待"植物基"化。在人们越来越注重健康的趋势下，乳品替代品正经历着不断扩大、革新的过程。燕麦奶是其中最受关注的品类，其他坚果和谷物——大麦、青稞、亚麻籽、开心果和荞麦制成的乳品替代品，也同样备受期待。燕麦之所以成为焦点，是因为它可以促进健康和补充营养，同时适用于过敏体质人群。而且，燕麦符合消费者对产品可持续和环境友好的要求。中国的乳品替代品原料多样化，但是大多产品还是以植物奶的形式呈现，也有植物酸奶，可依然尚未拓展到奶酪等其他品类。

相较于动物蛋白，植物蛋白优劣共存，有传统蛋白质含量高、脂肪质量优、不含乳糖以及粗纤维、维生素与矿物质含量丰富等优点。但是，植物蛋白并不等于优质蛋白。通俗来说，植物蛋白补充蛋白质的效率没有动物蛋白高。然而，缺点挡不住新型植物蛋白的开发应用。亚麻籽蛋白、蔓越莓种子蛋白、奇亚籽蛋白、南瓜籽蛋白、亚麻蛋白、海藻蛋白、豌豆蛋白、大米蛋白、发芽糙米蛋白、朝鲜蓟蛋白、葵花籽蛋白、蘑菇蛋白等等，这些是已经运用到国外部分食品中的新型植物蛋白。国内当前需求仍以大豆蛋白为主，豌豆蛋白、大米蛋白等增长较快，已有用大米、玉米、荞麦、青稞等制成的谷物蛋白饮料。

青稞植物奶不仅保留了青稞的自然麦香，还带有一股淡淡的自然清甜，入口顺滑醇厚，回味甘甜不腻。奇正青稞2023年上市的新品青稞植物奶，其零乳糖的特点对于乳糖不耐受人群来说非常友好。因青稞植物奶是以青稞为原料的植物基饮品，含植物蛋白和膳食纤维，不含乳制品，对于乳糖不耐受人群来说，在补充蛋白质等营养的同时，又不会造成任何不适，是牛奶替代品的一个不错选择。

四、供应商议价能力

经济新常态下，企业面临市场国际化、竞争激烈化、需求多样化，仅依靠企业内部资源进行产品创新和服务转型，难以创造出竞争优势。为立足长远发展，制造业企业越来越注重通过增强同供应链上下游企业交易中的议价能力来增加自身的利润。自新冠肺炎暴发至反复扩散，我国制造业企业发展态势呈现出环境不确定性上升、保护主义带来的供应链收缩、关键技术封锁、原材料断供、消费意愿低迷等特征。在此背景下，加剧了制造业企业与供应链上下游伙伴对资金的争夺，这对企业与供应链伙伴关系协调提出巨大的挑战。迈克尔·波特的五力分析模型将供应商与客户的议价能力作为影响企业盈利能力的两大关键因素。而供应商、客户集中度过高将引发风险：其一是供应链上下游企业因集中度过高引发商业信用危机，导致核心企业产业链、资金链断裂；其二是供应商、客户集中度过高会产生议价能力强而致使核心企业经营成本升高、盈利水平降低。供应商议价能力主要取决于供应商数量、替代品数量和转移成本。供求关系实力结构方程表明，话语权掌握在数量少的一方，根据关系契约理论，供应商与核心企业之间交易契约的执行表现为原材料的交付和采购货款的支付，在此过程中存在机会主义倾向，处于优势地位的一方有可能对劣势的一方进行"敲竹杠"。当供应商集中度过高时，企业仅在少数（或单个）供应商处购买原料，此时，企业对供应商的依赖程度和迁移成本较高，其供应商的议价能力强。一般来说，供应商为增加经营利润选择提高原材料的价格或者偷工减料降低质量以缩减成本，而核心企业采购投入所涉及的成本可占公司运营预算的75%，成本升高和产品质量下降都将导致核心企业财务绩效不佳，这无疑影响着企业的盈利能力。一旦企业与供应商合作关系断裂，企业将面临资产专用性套牢风险。当企业拥有数量较多的供应商，企业可在每个供应商产品中筛选物美价廉的产品，降低对供应商的依赖程度，此时，供应商的议价能力较低；对于供应商总供给而言，企业在各家供应商采购部分产品时，供应商之间的竞争较为激烈，为了输出总供给以及在竞争环境中脱颖而出，不得不降低自身要求为核心企业让步，此时，企业的采购成本降低而盈利水平提高。

就目前而言，基于青稞种植的分散程度及技术水平，能够达到质量要求的青稞产量仍无法满足国内青稞加工产业的发展需求，青稞原料市场处于供不应求阶段。同时国家相关政策支持力度较大，青稞原料均价逐年小幅增长，西藏地区青稞均价在2元/斤，云南曲靖市马龙区青稞达到3.6元/斤，青海西宁市城东区青稞3.3~3.8元/斤，青海海南藏族自治州贵南县青稞2元/斤。而对于蓝青稞、紫青稞、黑青稞等特殊品种，价格相对更高。

一方面，青稞的生产主要集中于青藏高原地区，产区集中；另一方面，青稞种植技术相对落后、地块较分散，偏远地区常年以自留种的方式进行耕种，缺乏标准化的管理，导致青稞品质参差不齐、品种不纯、品质退化等现象，降低了供应商议价能力。

五、客户议价能力

客户的议价能力关键在于数量、集中度、产品成本信息掌握程度。当客户在核心企业购买的产品数量所占比例较大时，企业的客户数量减少，对客户的依赖性增强，进而客户议价能力增强。此时，企业为了销量、产品流转速度及利润总额，以降低产品价格的方式留住客户。除此之外，当客户集中度较高时，企业对接的客户是少数几家或一家，此时，数量较少的一方优势较大，即客户的议价能力较强。客户可提出更多有利于自身盈利的要求，必要步骤就是在谈判中降低产品购买成本，此时，客户的利润空间挤占企业的利润空间，整体来说，企业的经营利润变低。客户集中度越高，企业的成本结构灵活性越低，流动成本比值也越低。另外，影响客户议价能力的另一重要因素就是企业的潜在客户数量，当潜在客户数量较多时，客户可替代性增大，客户议价能力较小，可协调的价格区间缩小，企业的盈利能力增强。

近几年，随着青稞精深加工企业的崛起，青稞加工产品也花样层出，市场对于青稞原料的供应以及品质也提出了更高的要求。大型企业实行青稞种植、研发、加工、营销于一体化的产业化发展模式，在全产业链都有较高的话语权以及控制力，制定有利于企业本身的规则，在原料端作为消费者降低了供应商议价能力，在产品端作为供应商降低了消费者议价能力。

第三节　青稞产业集中度分析

产业集中度是针对特定产业而言的集中度，是用于衡量产业竞争性和垄断性的最常用指标。

产业集中通常是指在社会生产过程中，企业规模扩大的过程。它表现为全部企业中仅占很小比例的企业或数量很少的企业，积聚或支配着占很大比例的生产要素。因此，集中又可以分为工业集中与产业集中。工业集中是以整个工业为考察范围，对各个不同产业生产能力分布状况的一种综合反映。产业集中是以某个具体的产业为考察对象，反映产业内资源在不同企业间分布的状况。集中度即集中的程度。

传统产业组织理论以产业集中度作为反映市场竞争程度高低的最重要的

指标,它的基本逻辑是: 较高的集中度表明更多的销售额或其他经济活动被很少一部分企业所控制,从而这一小部分企业拥有相当的市场支配力,特别是价格支配力,使市场的竞争性较低。但非传统的产业组织理论对这一逻辑提出了质疑。该理论认为,市场的竞争性不仅与单个企业的市场份额有关,还与市场进入障碍等其他因素有关。正如保罗·萨缪尔森所指出的那样,一个由单个企业构成的产业的集中度可能为100%,但是如果潜在的供给弹性足够大的话,该厂商的垄断势力可以为零。如果存在着一种能带来垄断利润的价格,那么现有的垄断就会受到新进入者或该产业中原有边际厂商扩张引起的冲击。也就是说,在特定的市场条件下(如潜在的供给弹性足够大),集中度高并不意味着市场的竞争性弱,高集中度可能与激烈的竞争并存,尤其是在当今国际竞争的大环境下。

具体来说,产业集中度是指市场上的某种行业内少数企业的生产量、销售量、资产总额等方面对某一行业的支配程度,它一般是用这几家企业的某一指标(大多数情况下用销售额指标)占该行业总量的百分比来表示。一个企业的市场集中度如何,表明它在市场上的地位高低和对市场支配能力的强弱,是企业形象的重要标志。

一般情况下,集中度反映了产区的竞争程度,集中度越高,表明该地区生产效率及产品质量越高。影响集中度的因素众多,包括自然环境、人文环境、消费群体、技术储备等。就经济发展来说,国内需求的总量增长,是产业快速发展的根本原因。中国巨大的国内需求也吸引了跨国公司开发中国市场,加剧了产业内的竞争。但中国城乡、东中西地区经济发展的不平衡形成了多层次的市场需求,往往会削弱品牌的集中程度。在政策环境方面,政府采取行政手段对某些产业的发展进行调整,对产业集中度具有一定的影响。一般情况下,技术要求不高的行业,集中度往往较高。市场激烈的竞争会淘汰许多落后的企业,可以使产业集中度有一定程度的提高,企业之间的并购也可促使产业集中度的提高,与此同时,已经形成规模的企业投入一定的资金用于技术研发,相关企业可建立某种形式的联盟,同样可以为提高产业集中度创造条件。

青稞有着丰富的营养价值,含丰富的β–葡聚糖以及其他的营养成分和微量元素,被视为保健粮食。随着加工技术的不断革新,青稞产品研发取得了长足的进步,逐渐从过去传统青稞食品向着保持营养的青稞精细食品方向发展,呈现多元化发展趋势。

目前,通过改良青稞传统食品及提高其加工效率,青稞传统食品已经开始工业化。此外,青稞营养精细食品的研发也在不断尝试和扩大之中。虽然人们对青稞营养和功能效果的认识日益加深,但由于青稞食品的特殊口感和口味,非青稞产区的某些人群会感觉口感差。因此青稞加工产业的研究趋势之一是更好地解决产品口感和功效的有机结合,开发出高营养、好口感的青稞精细食品。为了扩大产品的适应群体,人们将青稞与其他一些优良作物原料如豌豆、芝麻、核桃、糯米等掺和加工制作"花色糌粑"等营养精细食品。并且可以根据非青稞产区的人群口味偏好,通过调节成分比例、添加辅料等方法,制成适合非藏族地区人群的青稞营养精细食品,如添加牛奶、酥油茶等可以改善青稞食品的柔软性,提高口感。青稞营养精细食品不但深受藏族人民的喜爱,而且也符合了非青稞产区居民的饮食喜好。

以青稞为原料,利用较先进的设备加工生产青稞大众食品,既保持青稞的主要营养,又适当改良了食品的口感。现在已有大量的青稞精细食品研制成功,如青稞精米(麦仁)、青稞精粉、青稞自发粉、青稞挂面、青稞馒头、青稞营养粉、青稞年糕、青稞麦片、青稞面包、饼干糕点等食品,青稞茶、青稞露、青稞八宝粥、青稞汁、青稞麦芽饮料等饮品。

我们从青稞生产和销售市场两方面分析青稞产业的集中度现状,以期为青稞产业的合理发展提供帮助。

一、青稞生产集中度分析

(一)青稞粉生产集中度分析

青稞粉是青稞食品加工的基础,是产品研发和精深加工至关重要的原料,磨粉方式主要有石磨磨粉、钢磨磨粉等。根据加工工艺的不同,青稞粉可分为全粉（未去皮）和精粉（去皮）。受种植环境的限制以及饮食习惯的影响，青稞粉的生产主要分布于青藏高原地区的藏族人民聚居区，以"糌粑"的形式活跃于藏族群众的日常生活中。

目前，成规模的青稞粉生产企业主要集中在西藏地区，据不完全统计，约有31家注册资金在百万以上的生产企业生产青稞粉或青稞糌粑。青海、甘肃甘南州、四川甘孜州等地区主要以合作社或者小加工作坊为主，少有成规模的青稞粉生产企业。其他地区受原料、运输、市场等限制，基本没有青稞粉生产活动。

（二）青稞酒生产集中度分析

西藏传统青稞酒与其他发酵酒的最大不同在于酿造原料为青稞，并利用藏曲糖化发酵而成。西藏青稞酒主要有两种，一种是经蒸馏的青稞白酒，酒精度一般在35°以上，采用"清蒸清烧四次清"的工艺，四次发酵、四次蒸馏，在特制的窖池中发酵。发酵总周期超过80天，达到发酵周期的酒醅再经蒸馏、陈酿、勾兑等工序，最终完成酿造。另一种是传统的低酒精度发酵酒，以青稞为原料，以藏曲为糖化发酵剂酿造而成，不经过蒸馏，属于发酵酒。

传统的青稞酒几乎都出自家庭自制，通过简单的酿造工序，筛选饱满青稞、清洗、晾干、蒸煮、晾去水汽、拌曲、密封发酵一段时间即得。中国自明朝起，随着青藏地区与中原地区的联系越来越紧密，今青海省互助县、平安县、贵德县等农业生产区，成为汉藏文化交流的主要地区，青稞酒的酿造工艺也随着经济文化交流的深入得到了长足的发展。青海省互助县的土族人民是青稞酒的最早发明者，县人民政府于1952年在整合"义兴成""永胜和"等八大作坊的基础上组建了国营互助酒厂，而后青稞酒企业相继问世。截至2021年8月，在全国范围内注册的青稞酒企业共有2132家，可将青稞酒企业的发展分为3个阶段：在2000年以前，每年成立的青稞酒企业未超过10家，1986—1999年，总计企业数37个；2000—2009年，每年成立的青稞酒企业未超过50家，总计企业数205家，达到前一个阶段的5倍以上；2010—2021年，每年成立企业数达50家以上，总计企业数1889家，是2000—2009年的9倍以上。可见，从2010年起，青稞酒迎来了飞速发展，且在2015年成立企业数达到最大，成立294家，而后呈现递减趋势。青稞酒企业的注册资本主要集中于100万元以下，约占总注册企业的90%，而其中涉及批发和零售业的青稞酒企业就占了85%，制造业仅有12%。而注册资本在100万~200万元的青稞酒企业，批发和零售业的青稞酒企业的占比为67%，制造业上升为23%。随着青稞酒企业注册资本的上升，批发和零售业的占比呈下降趋势，制造业占比则呈上升趋势。注册资本低于200万元的青稞酒企业主要集中在批发和零售业，而注册资本高于200万元的青稞酒企业主要涉及的是制造业，且批发和零售业也占40%左右。

全国青稞酒产业目前登记在业、续存的企业共有1264家，分布在28个省区，以青海和甘肃两省为高值中心。其中甘肃和青海省分别有317家和303家企业，两省约占总数的50%。总体呈辐射状向四周阶梯式递减，低值中心位于东北及沿海等省份，比较成功的在业或续存的青稞酒企业数量很低。批发和零售业类青稞酒企业约占总数的79%，制造业约占18%。可见在业、续存的青稞酒企业仍以批发和零售业、制造业为主，而77%的青稞酒酿造企业分布在青稞的主产地甘肃、青海、四川、云南和西藏。

青稞酒是青稞加工产业最大的一个集群，传统青稞酒的酿造分布于青藏高原的各个角落，成规模的蒸馏青稞白酒生产企业主要集中于以青海互助青稞酒股份有限公司为代表的青海地区、以西藏藏缘青稞酒业有限公司为代表的西藏自治区、以香格里拉市寿久青稞资源开发有限公司为代表的云南地区，以及甘肃地区。据不完全统计，西藏自治区年产值1000万元以上的青稞生产企业有9家，主要集中在拉萨、日喀则、山南地区；云南地区的青稞酒生产企业主要分布在迪庆藏族自治州，以香格里拉市为主，其次是维西县；在甘肃甘南藏族自治州等地区也有扎尕那青稞酒业有限公司等中小型青稞酒生产企业，在该地区青稞酒产业发展中发挥着重要的支撑作用。

目前，对青稞酒，尤其是传统青稞酒的研究缺乏系统性，青稞酒的生产标准不统一、生产规模普遍较小，导致成品青稞酒的质量参差不齐，部分青稞酒中杂醇含量较高，饮用后导致身体不适。由于传统青稞酒的独特发酵条件，导致青稞酒存在风味特征不明确、功能微生物认识不清、发酵过程调控难等问题。因此深入研究并解决这一系列问题，对全面提升传统青稞酒的品质，加快青稞酒生产形成规模化、现代化，具有重要的现实意义。

（三）青稞休闲食品生产集中度分析

青稞中丰富的营养成分及多种功能活性物质有着独特的保健功能，使得青稞具有良好的开发前景。开发青稞休闲食品，提高青稞的附加值、经济效益以及商品率，扩大青稞的接受度，并向多品种、系列化、精深加工等方向发展，满足市场多样化需求，能够最大限度地挖掘青稞的增值潜力。

与传统加工食品相比，休闲食品需要更高的加工技术和更复杂的加工工艺，在一定程度上限制了它自身的发展。青稞休闲食品、青稞功能食品等的商标持有人可能在藏族地区，但有一部分以委托生产的方式将产品生产放在加工产业比较发达的江苏、浙江一带，山东、河南也有分布。西藏昌都市龙头企业君亲农业科技开发有限公司的主打休闲食品"青稞小麻花"，其青稞原料产自西藏地区，产品加工却委托重庆市御邦食品有限公司；甘南云端羚城食品科技有限公司的主打产品"青稞藜麦谷物水果燕麦片"委托山东某公司代加工，经常会面临断货风险。相对来说，青海地区和四川地区的青稞自主加工能力相对更强，有青稞奶茶、青稞饼等具有一定市场竞争力的青稞休闲食品。

青稞红曲是以青稞为原料，接种红曲菌，经固态发酵而成的功能性红曲，具有药、食兼用的特性。青稞红曲是红曲的新品种，既有传统红曲降血脂、降血压、抗炎、抗肿瘤、抗氧化等作用，也有青稞清肠、调节血糖、降低胆固醇、调节免疫等保健功效。青稞作为红曲的发酵基料，可以为红曲生长提供更优的营养成分，有利于红曲活性成分的提高，同时，红曲的生长也对青稞中的功能物质起到转化作用，有更多不易为人体吸收的物质得到释放，或者在功能上得到增强，这是一种原料与微生物相互作用的过程，属于双向固态发酵的具体应用。目前，也出现了青稞红曲茶、青稞红曲醋等产品。

随着国家政策的推广以及地方政府的推动与支持，藏族地区也逐步建成了多品类的青稞休闲食品、青稞功能食品的生产线，在青稞主产区海南、海北、海西等地重点遴选扶持具备一定精深加工能力、科技含量高、产品研发能力强的青稞精深加工企业。建成青稞糕点粉、青稞麦纤素（β-葡聚糖初级提取加工品）、青稞饼、青稞麦片、青稞麻花、青稞固体饮料、青稞β-葡聚糖健康饮品等生产线，改变原先青稞食品小作坊生产模式。基于青稞自身的特殊风味口感，进一步研发创制营养价值高、口感佳的青稞新产品，从而促进青稞食品为广大消费者群体所接受。

（四）青稞米生产集中度分析

作为一款比较受欢迎的青稞加工产品，青稞米的加工工艺相对简单，因而其生产企业分布相对分散，但仍集中分布在藏族地区。据不完全统计，在西藏地区以青稞米为主要产品、生产规模达到百万以上的生产企业有10家，包括西藏春光食品有限公司每年需要消耗560吨以上青稞原料，西藏奇正青稞健康科技有限公司每年需要消耗600吨以上青稞原料，西藏德琴阳光庄园有限公司每年需要2万吨以上青稞原料等，占据了主要的青稞米生产份额。其次是青海地区、四川地区，由于具有更成熟的加工技术、更便利的运输条件等原因，也有多家中小型青稞米生产加工企业。在甘肃甘南等地，则多以合作社、小型加工作坊为主，规模化企业也正在逐步走上正轨。

（五）青稞啤酒生产集中度分析

青稞啤酒是指添加青稞或者青稞麦芽原料酿造的啤酒，有不同的酿造工艺，主要是指以青稞麦芽和大麦麦芽为主料酿造的新型营养型啤酒。1999年，青海大学农牧学院教授焦迎春开始研制青稞啤酒的工艺；2002年，我国拉萨啤酒厂开始投产青稞啤酒，酿造出拉格型保健啤酒，一经推出就受到消费者青睐。因青稞麦芽制备困难，技术不成熟导致生产规模较小，后续跟踪报道也较少。总的来说，国内外对于用青稞酿造啤酒的研究较少，仅有的研究成果是以企业的研发成果为主。

我国啤酒生产企业、啤酒品牌众多，整个市场呈现出企业数量多，区域割据严重化、品牌数量多且分散、整体消费量低等问题。啤酒属于嗜好品、易耗品，同时也是可替代性强、同质差异小、品牌忠诚度低的产品。青稞是藏族地区研发功能食品创收的最佳原料，具备高原特色的青稞啤酒是值得该地区强力打造的特色品牌产品。目前，我国青稞啤酒生产企业也逐渐发展起来，产业主要集中在西藏地区和云南香格里拉地区，包括西藏银河科技发展有限股份公司（西藏天地绿色有限公司）、西藏青稞啤酒有限公司、云南香格里拉市高原精酿工艺啤酒有限公司等。

（六）青稞副产物产品生产集中度分析

目前，青稞副产物产品生产集中度相对较低，主要原因是青稞副产物的利用方式较为单一，大多数企业只生产一种或几种副产物产品。另外，青稞副产物的市场需求相对较小，企业规模较小，难以形成规模化生产。青稞副产物产品的生产主要分布在青藏高原青稞主产区，其中以西藏和青海的生产规模较大。青稞麦芽、青稞麸皮等副产物产品主要用于饲料、食品添加剂等领域，市场需求相对较小。青稞酒糟则主要用于饲料领域，有一定的市场需求。未来，随着青稞副产物的利用途径不断拓展，青稞副产物产品的生产集中度有望提高。企业可以通过技术创新和市场拓展，不断扩大产品的应用范围和市场份额，实现规模化生产。同时，政府可以加大对青稞副产物产品研发的支持力度，推动青稞副产物产业的发展。

二、青稞销售市场集中度分析

西藏青稞种植还是各自为战，在良种的推广使用上存在短板，导致青稞单产较低，商品率较低。除农牧民自给自足外，可供出售的青稞数量较少，这在一定程度上也制约了西藏青稞加工产业的发展。目前西藏年加工青稞用量5000吨以上的企业较少，多数青稞加工企业年生产规模设计较大，与实际生产量有一定差距。除部分糌粑加工企业和青稞酒生产企业正常运行外，因原料短缺问题，导致区内近一半的青稞加工企业及合作社处于半生产状态。农户分户细碎化的土地经营，很难生产出标准一致、品质一致的优质青稞原料，特别是给加工优质、高端的青稞产品带来极大的难度。调研发现，只有少数生产规模大的企业有专用青稞生产基地，有原料有机认证，但原料基地青稞用于产品加工仅占全年青稞加工量的 20%~30%，多数企业没有原料基地，原料收购主要来自日喀则、拉萨、山南等地，加工原料品种不统一，制约了企业做强做优。区内企业及合作社由于加工设备落后，缺少技术支撑，青稞加工产品种类少，主要产品仍是以糌粑、青稞米、青稞饼干、青稞麦片、青稞挂面等产品为主，同质化现象突出。虽然有一些技术水平先进、现代化水平高的加工企业，但是总体上存在原料供给不足、产业链条短、商品率低、产业化程度不高、产品品种少等情况，缺少高附加值产品。企业基础研发设施条件差，新产品研发资金投入少，缺少专业技术研发人员，技术研发能力弱。西藏各地市青稞加工信息不畅，企业间及企业与科研单位之间缺乏沟通和交流渠道。青稞企业营销手段不足，产品宣传力度不够，区内市场同质化严重，区外市场尚未打开，政府在宣传引导方面做得还不够，青稞产品在内地消费市场的认知度不高。

由于西藏特殊的自然条件、特有的文化特征及历史原因，很多种植户仍沿袭过去传统的自给自足种植模式、缺乏市场参与意识，而青稞产量普遍偏低，这极大地限制了青稞原料的供给，导致青稞原料价格要高于小麦等粮食作物；而藏族地区交通不发达、山高路远、运输不便，又进一步增加了产品的运输成本和流通效率。多方面的综合影响，导致青稞加工产品的主要销售市场仍集中于青稞产地，而随着交通运输条件的改善、旅游业的蓬勃发展、电商物流的普及以及广大消费者健康意识的提高，青稞产品的销售也由藏族地区辐射至全国各地，并以在内地代生产、代销售、代发货等形式，更加便捷地将产品及时地送到消费者手中。

（一）青稞粉市场集中度分析

青稞作为西藏的主要粮食作物之一，在西藏具有重要的战略意义，长期以来都是藏族地区主要的栽培作物，播种面积和总产量始终位居前茅。青稞具有高蛋白质、高纤维、高维生素、低脂肪、低糖等特点，其蛋白质含量平均为11.37%，高于小麦等其他粮食作物，并含有18种氨基酸，其中人体必需的8种氨基酸较为齐全，尤其是谷物中所缺乏的赖氨酸，其含量高达0.36克/100克。青稞富含维生素E、维生素C，还有β-葡聚糖，其中β-葡聚糖占籽粒质量的4%~8%，是食物中可溶性纤维的最佳来源。淀粉作为重要的碳水化合物，影响着谷类作物的加工品质和食用品质，同时也是青稞籽粒中含量最多的化合物，占籽粒质量的50%～67%。青稞淀粉成分独特，支链淀粉含量74%～78%，部分蜡质淀粉品种中支链淀粉甚至接近100%。淀粉的质量、功能特性和应用领域受到淀粉含量、直链／支链淀粉比率的直接影响。如高直链和低直链淀粉与普通的淀粉比较，其膨胀力和黏度都具有极端的表现，这些特点使其在食品和非食品行业中都具有特殊的用途。

目前，青稞粉主要以"糌粑"的形式活跃在藏族人民日常生活中，是大部分藏族地区牧民的主要口粮，也是藏族地区旅游景点最常见的地方特产、藏族餐厅必点的地方特色美食。糌粑作为一种具有高原生态背景和文化特色的藏族人民传统的主食，其具有热量高、营养丰富、酥软香甜、携带方便、易于保存和制作等优点，深受广大农牧民喜爱。

青稞由于面筋蛋白含量低、支链淀粉含量高，胶蛋白和麦谷蛋白比例不协调，使得其延展性和弹韧性极差，这些特点导致了青稞的加工特性差、产品口感粗糙，不能像小麦面粉那样加工成延展性、弹韧性、面筋网络蛋白结构完整、口感好的面食产品，需要在青稞的混合粉中加入一定添加剂，才能生产出青稞挂面、鲜面条等青稞面食产品。青稞本身具有面筋含量低、蛋白含量高等特点，使其可以成为制作饼干的良好材料，再加上可以合理地进行试验设计并优化的原料配比和工艺参数，能够制作出感官好、口感好、品质好的青稞饼干和青稞酥饼等产品。

如何生产出青稞含量高、口感及储存稳定性好、便宜并且方便的面包或馒头等主食化产品，是研究人员面临的一个新的挑战，对传统面制品的工业化提出了更高的要求。青稞是功能性食品开发的最佳原料之一，随着我国居民生活消费水平的不断提高及对膳食营养健康问题的重视，青稞产品及相关产业的未来开发与发展应向营养健康及产品的功能性方向延伸，开发出更多能满足特殊人群营养需要的青稞制品，从而提升青稞的附加价值。在市场需求的不断拉动下，青稞产业将会有更大的发展空间。

（二）青稞酒市场集中度分析

青稞酒非在业、续存的企业870个，约占总青稞酒企业数量的41%，而其中批发和零售业、制造业青稞酒企业共有853个，占98%。据市场统计，有56.8%的消费者认为青稞酒的包装过于陈旧，有62.5%的消费者认为青稞酒质量更新较慢。相比其他白酒，青稞酒质量难以满足消费者的需求。青稞酒企业主要聚焦青、藏、甘、川市场，除此之外，积极探索和开发陕西、河南、宁夏、新疆等具有一定清香型白酒消费基础的市场，青稞酒企业的发展战略与全国青稞酒企业的分布基本一致。

目前，青稞酒已经成为中国白酒市场中不可忽视的一部分。其主要产地集中在中国西北地区，主要分布在青海、甘肃、四川、云南、西藏等省区。其中，青海省是中国青稞酒的主要产区之一，其产量和品质均在国内处于领先地位。此外，青稞酒也在中国东北、华北、华南等地区有一定的市场份额。

随着中国白酒市场的不断发展，青稞酒在市场销售的份额也在逐步扩大。尤其是近年来，随着消费者对于传统酒品的追求和对健康饮食的关注，青稞酒的市场表现更加突出。根据中国酒业协会的数据，2019年，中国青稞酒产量达到了54.8万吨，同比增长5.8%，市场销售额达到了206.4亿元，同比增长7.9%。

青稞酒企业的经营模式主要分为两种：一种是以青稞酒为主打产品的专业酒企，另一种是以青稞酒为辅助产品的综合型酒企。专业酒企通常以生产高端青稞酒为主，品质和价格都比较高。综合型酒企则更注重产品的多元化，青稞酒只是其中的一个系列。此外，在一些旅游景区和民俗村落，也出现了一些小规模的家庭式青稞酒作坊，这种经营模式也在一定程度上推动了青稞酒的市场销售。

青稞酒市场中，品牌竞争十分激烈。目前，市场知名的企业和品牌主要有青海省酒厂、兰州黄河、定西老窖、昆仑山、甘肃陇鑫、云南红河、四川古酒、西藏春城、青海华酒、青海春酿等。这些企业和品牌在产品品质、市场销售、品牌影响力等方面都比较突出，是中国青稞酒市场的领军企业。相关数据显示，近5年来，中国青稞酒市场排行前十的企业产值和销售业绩均有不同程度的增长。

其中，青海省酒厂、兰州黄河、定西老窖、昆仑山等企业的产值和销售业绩增长较快，品牌影响力也在不断提升。同时，随着国内消费者对青稞酒的认知度和接受度不断提高，消费升级趋势明显。消费者对于青稞酒的品质、口感和健康价值等方面的要求不断提高，对于高品质、高端化的青稞酒产品有着更高的认可度和购买意愿，青稞酒市场的前景也更加广阔。

总体来说，青稞酒市场具有较大的发展潜力和广阔的市场前景。随着中国白酒市场的不断发展和消费者对于传统酒品的追求，青稞酒市场有望继续保持稳定增长态势。

（三）青稞休闲食品市场集中度分析

随着我国全面建成小康社会，藏族地区和内地生活消费水平都大大提高，因各种食物的相互渗透，饮食结构发生了明显改变，藏族人民的饮食中米、面的比重大大增加，青稞占到了1/3。大健康产业是国民消费的热门领域，青稞具有"三高两低"（高纤维、高维生素、高蛋白、低脂肪、低糖）的特性，非常适合"三高"和需要控糖、瘦身的人群，在大健康领域具有很大的发展潜力。

目前，市面上的青稞休闲食品还是以青稞饼、青稞麦片、青稞麻花、青稞奶茶为主，主要消费群体仍集中在藏族地区，包括西藏、青海、四川的甘孜和阿坝地区、甘肃甘南地区、云南迪庆等。而随着淘宝、网络直播等新兴渠道的兴起，青稞休闲食品也逐渐销往内地。

（四）青稞米市场集中度分析

目前在青稞米市场上，一些品牌已经逐渐崭露头角，如谷经百汇（克U JIN克 BAI HUI）、十月稻田、京荟堂、品冠膳食、鹤来香、藏地金稞、一禾谷香、祁连裕农、吾爱吾谷、李小谷（LIXIAO克U）等。这些品牌的产品在市场上的占有率越来越高，品牌集中度也随之提高。青稞米的销售渠道主要包括超市、电商平台、厂家自营等多种形式。在这些渠道中，部分大型超市和电商平台已经开始占据较大份额，渠道集中度也逐渐提高。但是青稞米的价格波动比较明显，因此价格的集中度相对较低，但是随着品牌和渠道集中度的提高，价格集中度也会逐渐提高。通过综合分析发现，青稞米市场的集中度正在逐渐提高，品牌、渠道集中度较为突出，价格集中度相对较低。

（五）青稞副产物产品市场集中度分析

青稞副产物是指青稞的加工和生产过程中所产生的废料或未被利用的部分，这些副产物中含有大量营养成分和活性物质。目前，青稞副产物产品市场集中度较低，主要原因是青稞生产主要分布在青藏高原地区，由于土地分散，人口稀少，导致生产企业分散、规模小，难以形成集中竞争格局。青稞副产物作为一种特殊的农副产品，其开发利用门槛相对较低，很多小型制造商通过简单的工艺和技术就能生产出相应的副产物产品。这导致了市场中出现大量规模较小，品牌和知名度较低的企业，进一步降低了市场集中度。由于青稞副产物生产与利用起步较晚，行业标准和规范也相对滞后。市场上很难找到符合国家质量标准的优质、安全的品牌产品，消费者难以作出选择。但随着国家对农村经济的持续扶持，以及人们健康理念的不断提升，青稞副产物市场将会逐渐走向规模化、专业化和品牌化，市场集中度也会得到提高。

青稞产业科技创新发展分析

第一节　青稞创新技术分析

一、青稞种植新技术

青稞新品种选育，高产是永恒主题，品质改良是重点，病虫害抗性是选择，逆境是方向，养分高效利用是目标，适宜机械化作业是时代特征。高产、稳产、优质、适应机械化是现代农业对各种作物品种的共同要求，是国内外作物育种的主要目标，同时也是作物优良品种必备的基本条件。只有实现农艺农机融合配套，才能做到机械播种、机械施肥、机械收获。

（一）青稞品种选育新技术

国内青稞育种还停留在以常规杂交育种为主，小孢子育种为辅，分子标记辅助育种、全基因选择、分子设计育种等前沿技术应用相对不足且仅停留在基因功能验证阶段，小孢子育种技术相对成熟，尤其是上海农科院小孢子技术为全国青稞育种单位提供技术支持和服务，培育出一批优质高产青稞品种（系）。但全基因组选择、基因编辑、分子设计等育种前沿技术还处于探索与研发阶段，尚未应用到品种的定向高效遗传育种及种质改良当中。

1.杂交育种

杂交育种是通过不同品种间杂交获得杂种，继而在杂种后代进行选择，以育成符合生产要求的新品种，这是国内外广泛应用且卓有成效的一种育种途径。现在各国用于生产的主要作物的优良品绝大多数是通过杂交育种的方法选育而成。

杂交育种在我国的作物育种工作中占据很重要的位置。如我国选育的藏青2000等藏青系列品种，甘青8号、甘青9号等甘青系列品种，昆仑14、昆仑16等昆仑系列品种，陇青1号等绝大多数青稞品种为杂交育种选育而成。由此可见，杂交育种方法在作物育种中的重要意义。

杂交育种通过杂交、选择和鉴定，不仅能够获得结合亲本优良性状于一体的新基因型,而且由于杂种基因的超亲分离,尤其是那些和经济性状有关的微效基因的分离和累积,在杂种后代群体中还可能出现性状超越任一亲本,或通过基因互作产生亲本所不具备的新性状的基因型。

但是,杂交仅仅是促使亲本基因组合的手段,由于杂合基因的分离和重组,必须在这一过程中选择出符合育种目标而且纯合定型的重组类型,再通过一系列试验,鉴定所筛选出品系的生产能力、适应性以及品质等,使之成为符合育种目标的新品种。因而,杂交、选择和鉴定成为杂交育种不可缺少的主要环节。为了达到杂交育种的具体目的,发挥其创造性作用,在育种开始以前,必须拟订杂交育种计划,包括育种目标、亲本选配、杂种后代的处理等。

杂交后代的选择方法有系谱法、混合法、衍生系统法、单籽传法等。

2. 小孢子育种

小孢子培养技术是近年来发展起来的一项高效的单倍体育种手段,与花药培养相比,小孢子培养由于去除了药壁组织,解除了小孢子个体之间的营养和空间竞争,因而培养效率更高。目前青稞育种为常规杂交育种,育种手段落后且耗时较长,一般需要10～14年,小孢子育种大大缩短了育种年限。如近年来甘肃省农科院、上海农科院、甘南州农科所合作利用小孢子培育技术成果选育出陇青2号、陇青3号等青稞新品种,其小孢子培育步骤如下:

a. 选择优质种质资源,人工杂交组配杂交组合,获得足够的杂交种子,籽粒成熟时统一混合收获,风干保存,收获杂交种子即为F0代。

b. 将F0代种子种植到田间即为F1代,成熟时收获F1代种子,风干保存。

c. 将F1代种子种植到田间即为F2代,F2代大量分离,待孕穗时选取健壮无病植株进行小孢子培育。

d. 将F2代供体植株在白天15℃,夜晚12℃下,选择旗叶距为2～10厘米的穗,用解剖刀轻轻地切下,再从穗顶切下芒,将70%酒精喷到穗子上,将穗放在工作台70%酒精湿纸巾上,让酒精挥发。

e. 酒精挥发30分钟后,开始取花药,用两个细镊子在显微镜下从每个小花中取出3个花药,然后将花药放在培养皿中的预处理培养基上,用石蜡封口膜密封培养皿。在培养皿上贴上标签，置于24℃黑暗条件下培养3～4天，然后将花药研磨，培养液以150克离心10分钟，提取小孢子。

f. 将小孢子置于诱导培养基中，在24℃的暗室中培养12～14天。

g. 将愈伤组织在再生培养基中，在24℃下，光照16小时、黑暗8小时，荧光白炽灯的光强度为200μE/（m²·s）、70%～80%相对湿度的生长室培养10～18天，得到嫩苗。

h. 将嫩苗在生根培养基中，在20～25℃下，光照14～18小时、黑暗6～10小时生根14～30天培养，得到生根植株。

i. 用细水雾移栽到土壤中保持水分或水培2周继续培育，在16小时光照/8小时黑暗、24℃的条件下生长，获得高产青稞的稳定株系。

3. 分子标记辅助选择育种

分子标记（Molecular Markers），是以个体间遗传物质内核苷酸序列变异为基础的遗传标记，是DNA水平遗传多样性的直接的反映。DNA分子标记的优越性有：大多数分子标记为共显性，对隐性的性状的选择十分便利；基因组变异极其丰富，分子标记的数量几乎是无限的；在生物发育的不同阶段，不同组织的DNA都可用于标记分析；分子标记可揭示来自DNA的变异；表现为中性，不影响目标性状的表达，与不良性状无连锁；检测手段简单、迅速。随着分子生物学技术的发展，DNA分子标记技术已有数十种，被广泛应用于遗传育种、基因组作图、基因定位、物种亲缘关系鉴别、基因库构建、基因克隆等方面。国内青稞育种中分子标记技术应用相对不足且仅停留在功能验证阶段。

4. 转基因技术与作物育种

作物转基因育种就是根据育种目标，从供体生物中分离目的基因，经DNA重组与遗传转化或直接运载进入受体作物，经过筛选获得稳定表达的遗传工程体，并经过田间试验与大田选择育成转基因新品种或种质资源。它涉及目的基因的分离与改造、载体的构建及其与目的基因的连接等DNA重组技术，通过农杆菌介导、基因枪轰击等方法使重组体进入受体细胞或组织以及转化体的筛选、鉴定等遗传转化技术和相配套的组织培养技术，获得携带目的基因的转基因植株（遗传工程体），遗传工程体在有控条件下的安全性评价以及大田育种研究直至育成品种。与常规育种技术相比，转基因育种在技术上较为复杂，要求也很高，但是具有常规育种所不具备的优势。目前，国内青稞育种转基因技术仅停留在探索与研发阶段。

（二）青稞绿色高产高效栽培新技术

针对我国青稞种植区资源环境承载能力趋紧，近年来青稞种植区农业资源利用强度过高和农业废弃物综合利用不充分并存的现状，政府倡导青稞种植区推广绿色清洁栽培，通过全程绿色清洁栽培管理，改善农田生境，促进青稞产区生产环境与人居环境绿色协调和可持续发展。青稞绿色栽培是以我国青稞产区农业绿色可持续发展为核心，协同集约农作、高效增收、生态健康、气候变化、农业循环经济等农业生态学前沿理论与技术的快速发展。同时采取生态调控、物理调控、生物防控与精准高效施药相结合，有效减少化学农药用量，减控污染，提升青稞生产的"三品一标"水平，促进青稞生产向绿色高效方向转型，为发展绿色高效农业奠定重要基础。主要的措施为轮作倒茬、化肥农药减量增效、病虫害绿色防控等。

1. 选择茬口

青稞对前作要求不严格，任何作物之后都可以种植，但应该尽量避免连作（重茬）。连作地力消耗大，病虫害多，会影响青稞的产量和品质，青稞的优良前茬为玉米、甜菜、油菜、马铃薯、豆类、瓜类及向日葵等中耕作物。因为中耕作物收获之后，田间杂草少，同时由于中耕作物一般施肥较多，收获后的土壤中养分相对比较充足。但在旱作地区，玉米、向日葵等高秆作物由于田间耗水量大，土壤水分匮乏，若遇干旱年份可能导致青稞减产。

2. 平整土地

前作是夏收作物的，其收获后应立即进行深耕晒垡；前作是秋收作物的，收获后也应立即进行深耕灭茬整地。整地要做到"早、深、多、细"，充分熟化土壤，创造松软细绵、上虚下实的土壤条件。开春后，甘肃省青稞产区气候干燥，蒸发量大，又常常是"十年九春旱"，所以，在年前整地的基础上，早春还应该及时耙糖保墒。早春积雪多的地区，可以趁冻糖雪，促使积雪早化，以便按时播种。山旱地要多碾多压，提墒抢种，为适时早播，提高播种质量，保证苗全、苗齐、苗壮，提供深、细、平、实的土壤环境。

3. 种子准备

播前选用发芽率高、发芽势强、无病虫害、无杂质、大而饱满、整齐一致的青稞种子。这样的种子播后出苗快，出苗整齐，而且根系多，幼苗叶片肥大，分蘖粗壮，利于培育壮苗。

（1）晒种与选种。

晒种能加速种子后熟，改善种皮通透性，从而增强种子活力，提高种子发芽率和发芽势。通过晒种还可以杀死种子表面的病菌，驱赶和杀死种子害虫。经过晒种一般可以使发芽率提高5%~10%，并且使种子出苗快而健壮。

（2）药剂拌种与包衣。

药剂拌种是在青稞播种前将种子拌上药剂防治病虫害的方法。拌种用的药剂是粉剂时，种子必须干燥，拌药后最好闷种，若为湿剂，一般随拌随播，以免发生药害。可用3%的敌委丹，按种子量的1%~2%拌种或包衣，可以有效防治青稞病虫害。

4. 适期早播

适期播种是全苗壮苗的关键，它有利于青稞生长发育，培育壮秆大穗，是提高青稞产量和大面积均衡增产的重要措施。也可以延长从播种到出苗的时间，胚根的生长速度较胚芽鞘快，有利于多生根、生长根，提高抗旱和吸肥能力。同时，从出苗到拔节的时间延长，分蘖增多，成穗率提高。而且，从拔节到抽穗的时间也较晚播的长，幼穗分化的时间也长，有利于形成大穗，成熟期也相对提前，可减少干热风危害的概率。晚播青稞的根小、蘖少、穗小、产量低，但播种过早、播种质量差、出苗率低，也将影响产量。

5. 合理密植

合理密植首先要根据具体情况确定每亩适宜的基本苗数，再由基本苗数来确定合理的播种量。正确的播种量是合理密植的基础。

播种量的确定主要依据基本苗的多少，还要考虑千粒重、发芽率及田间出苗率等因素。青稞的千粒重因品种不同、种子的饱满度不同而差别很大。因此，用于播种的种子每千克重量的粒数相差很大。另外，发芽率不同、播种质量问题及地下害虫等原因也影响出苗的多少，将这些因素统筹考虑来确定实际播种量比较合理。通常田间出苗率按85%计算比较符合实际。可以用以下公式来计算播种量，每亩播种量=[每亩计划基本苗（万）×千粒重]/（1000×1000×发芽率×田间出苗率），在具体确定播种量的时候，还需要考虑以下几个方面的因素。

（1）地力条件。

土壤肥力水平过高时，若播种量也加大，则容易造成旺长，田间通风透光差，最后常因倒伏而减产。在肥力水平较低的旱薄地，若播种量过大，植株生长不起来，也会导致减产。

（2）播种期。

同一品种在早播情况下，一般分蘖成穗率高，可适当少播；反之，晚播分蘖成穗率低，播种量则应适当加大。

（3）品种。

早熟品种、成穗率低的品种，应适当多播；晚熟品种、成穗率高的品种，应适当少播。

6. 合理施肥

按当地施肥条件有机肥替代部分化肥，高等肥力地块有机肥可替代50%化肥，中等肥力地块有机肥替代30%化肥，低等肥力地块有机肥替代10%化肥，有机肥质量应符合NY 525规定。一次性施足，不提倡追肥，以防贪青晚熟，造成倒伏。必要时结合浇头水可少量追施氮肥，一般纯氮22.5~37.5千克/公顷即可，避免中后期过量施用氮肥，以防贪青晚熟，造成倒伏。在施用时间上，要掌握"基肥足、追肥早"的原则。在条件许可的情况下，最好作为基肥一次性施入为好，而且应该多施有机肥。

7. 合理灌水

根据青稞分蘖早、幼穗分化早的特点，适期早灌头水可促进分蘖成穗和增加穗粒数。有灌溉条件的地区应在2叶1心至3叶1心时尽量早浇头水，慎浇2水。

青稞的灌溉可以起到以水调肥，满足青稞旺盛的蒸腾和夺取高产的需要。青稞开花灌浆期需水量约占全生育期的1/3以上，及时浇好灌浆水，对提高产量的作用是十分重要的。青稞的灌水时期与次数必须因地制宜，根据水利条件、土质、墒情、苗情来决定。在灌溉条件较好的井灌区和土壤保水能力差的沙质土壤地区，可以在灌浆后期多浇一次水。在水利条件差，水源不足，全生育期只能浇一次水的地方，也以灌浆初期浇水为宜，可以重点保证灌浆中后期对水分的需要。

8. 病虫草害综合防治

（1）种子处理。

播前须对种子进行药剂处理，用3%的敌委丹按种子量的0.2%拌种或包衣，可减少条纹病、根腐叶斑病危害。

（2）防除杂草。

在甘肃省，青稞田间草害主要有野燕麦、灰条、冰草等。杂草会掠夺青稞的水分和养分，抑制青稞的生长，增加收割的难度，又是病虫害的传播源。对杂草的防除，除了田间利用机械或人工进行除草外，还要采取系统的综合防治方法才能取得较好的成效。如轮作、正确而及时的土壤耕作、精细的种子净化、路旁及地块周围杂草的清除、水渠中种子及杂草的清理等，都是保护农田清洁、防除杂草综合措施中不可缺少的环节。

对田间双子叶杂草用2.4-D丁酯，用量0.75~1.05千克/公顷，于青稞苗3~4叶时喷洒防治。野燕麦用40%燕麦畏乳油2.25千克/公顷，兑水300千克在播前7天结合耙地进行土壤处理；或用5%唑啉草酯乳油（爱秀）按900毫升/公顷在分蘖期喷洒防治；野燕麦较多的地块应采取轮作倒茬防治，以减轻杂草危害。冰草主要发生在田边地埂，可以在青稞收获后用草甘膦按使用说明进行喷洒。

对青稞使用除草剂，以干燥、暖和、无风的天气最好。化学除草时应注意青稞较其他禾谷类作物对化学除草剂更加敏感，尤其是1~2叶期幼苗最为敏感。在此阶段除草剂会对植株产生较强抑制作用，延迟其发育，甚至中毒死亡，使产量降低。所以，防除青稞田间单子叶杂草的除草剂必须在出苗前使用；防除双子叶杂草的除草剂必须在分蘖盛期进行，因为这时青稞植株对除草剂的敏感性减弱了。另外，过分提高除草剂的浓度或用量都是不允许的，否则会造成穗子畸形，出现青稞籽粒颖壳不连生等现象。

9. 防止倒伏

青稞茎秆的秆壁较小麦薄而质地较柔软，加之根系少而浅，这是青稞较小麦易倒伏的内在因素。另外，如果肥水使用不当，容易造成青稞基部节间脆弱而加长，也是倒伏的重要原因。所以，青稞在高肥条件下，虽然形成了高产群体，但经常会出现严重倒伏，从而导致减产，籽粒品质也严重变劣。

防止青稞倒伏的主要方法，应依靠选择抗倒伏的优良品种和采用良好的栽培技术来解决。其中包括一整套综合措施，为青稞生长创造最适宜的条件，以获得具有优良工艺特性的高产青稞。除此之外，在青稞后期灌水时必须注意天气状况，即在晴朗、无风的条件下进行，并且严格控制灌水量，也是防止倒伏的重要措施。

10. 适时收获

采用人工收获时应在蜡熟末期，即75%以上的植株茎叶变成黄色，籽粒具有本品种正常大小和色泽；机械收获时应在完熟期，即所有植株茎叶变黄时进行。

11. 充分晾晒、入库

收获后尽快脱粒晾晒，当籽粒含水量低于120克/千克时，及时进行精选、包装入库，避免受潮、霉变和粒色加深。并且按照不同品种分别入库存放，严防混杂。

（三）青稞农艺农机融合新技术

目前我国国民经济正处在高速发展时期，要提高农业生产率，农业机械化势在必行。我国青稞产区山地多、平地少，要实现青稞生产的机械化，一是设计或改进现有稻谷、小麦生产的机械以适应现有青稞生产的机械化；二是要选育适应机械化作业的新品种。从我国广大农村来看，随着产业结构的调整，经营规模的不断扩大，种田专业大户将不断出现，实现青稞种植机械化也势在必行。

我国青稞主要种植在农业生产水平相对落后、自然资源相对恶劣的高海拔冷凉区、沟地、山地、旱地较多，平地较少，农户思想相对比较保守，不易接受新事物。纵观青稞种植区域，青稞全程机械化生产普及率较低，尤其是农牧交错地区，基本生产环节的机械化严重滞后，已成为我国青稞生产全程机械化的"卡脖子"环节。近年来，随着政府部门的支持和农技人员的不断攻关与创新，青稞机械化从良种精选、整地、播种、病虫害防治、收获等已开始走进千家万户，逐渐走向成熟。青稞种植区域，已基本形成了山地以小型微耕机、小型人工播种机、小型割倒、晾晒机和脱粒机为主，在河谷、平原地带以中型机械为主，在青稞生产、田间管理、收获等方面的研究取得了较大进展。

从育种学方面看，选育适宜机械化收获的青稞新品种是我国现代青稞产业发展的必由之路。我国现有推广青稞品种大多数为多棱品种，灌浆后穗头较重，加之大多数青稞茎秆弹性较差，容易发生倒伏，且成熟后容易落穗、落粒，不利于机械化收获。近年来，我国选育出抗倒伏能力较高的多棱青稞品种，如藏青2000、昆仑14等。因二棱品种较多棱品种穗头小而且灌浆后穗头较轻，茎秆弹性较好，抗倒伏能力较多棱品种强，且成熟后不宜落穗，所以二棱品种较多棱品种适宜机械化收获。如二棱青稞品种陇青1号的选育及推广，解决了甘肃省山丹军马场多年青稞生产中轻简化、机械化收获的难题。

要实现青稞生产的机械化，还需要设计和改进稻谷、小麦等生产的机械，以适应现有青稞生产的需求。四川省农业机械化研究设计院完成颁布了地方标准《青稞全程机械化生产技术规程》。青稞生产机械化减少了大量繁重的体力劳动，利用化学除草、病虫害绿色防控等技术措施，采用自走式喷杆喷雾机、植保无人机喷洒，从而减轻青稞田间管理的劳动强度，解放部分劳动力，实现田间管理轻简化,利用播种机、割晒打捆机、收割机或大型联合收割机,提高青稞生产效率,降低劳动强度。青稞机械化栽培集成与示范技术是一种节本增效的新技术,能够提高青稞的生产效率,达到省工、省力、简便、高效的目标。

二、青稞精深加工与智能制造技术

(一)青稞粉现代加工技术

1. 干法制粉

传统青稞制粉方式主要为干法制粉,其工艺包括石磨、锤式磨和针式磨等。青稞粉制备之前要经过除杂和碾削过程,碾削处理是通过物料与磨盘的摩擦,将谷物籽粒外层逐步剥离的过程。碾削是最古老的大麦加工方法之一,一般用来去除大麦颖壳,提高大麦的加工品质和食用品质。碾削是市场上青稞米的主要生产方式,青稞米的碾削率通常为30%~50%,过度的碾削处理改善了青稞米的适口性,但也导致大部分营养物质的损失。研究发现,5%的碾削率可以去除青稞中大部分的果皮,碾削率增加到10%,青稞种皮被剥离,且碾削开始侵入糊粉层,25%的碾削率可以去除全部的青稞外部皮层。碾削处理改变了青稞米的化学组成,青稞米中不溶性膳食纤维随着碾削率的升高而下降,青稞米中可溶性膳食纤维、β-葡聚糖、蛋白含量随碾削率的升高先升高后下降,以15%碾削率为分界点。

青稞籽粒经过适当碾削后,可以对其进行碾磨制粉。干法磨粉过程中,在高温和高剪切力的作用下淀粉颗粒的氢键结构和双螺旋结构更容易被破坏,导致青稞面粉中受损淀粉含量较高。研究发现通过干法磨粉获得的面粉具有高破损淀粉含量(16.24克/100克~33.60克/100克)和小粒径(<45微克),这种面粉具有高吸水能力和低糊化黏度,从而限制了蛋白质网络的形成,使得加工产品具有较差的网络结构和食用品质。

2. 湿法制粉

湿法制粉工艺通常用于制备青稞熟粉,原料制粉前先经过熟化处理,然后采用水磨进行研磨粉碎，经过烘干后用于制作糌粑或饲料。近年来，食品开始向多样化发展，青稞生粉的需求量持续升高，青稞熟粉已不能满足市场需求。类似于湿法制备大米粉的方法，将浸泡后的青稞米磨浆，然后干燥成粉末，可以通过湿法制得青稞生粉。湿法制粉过程中谷物被充分浸泡，水分子可作为增塑剂提高淀粉颗粒的弹性与断裂韧性，并减少对淀粉的损伤。与干磨米粉相比，湿磨米粉中破损淀粉含量降低到5%以下，并且这种米粉具有较高的热稳定性、糊化黏度和适宜的黏弹性，制得米面包比容达3毫升/克以上，且具有均匀的蜂窝状结构。湿法制得大米粉具有较低的破损淀粉含量和优良的粉质特性，制得的大米产品的品质较高。因此。可以考虑使用湿法制备青稞粉，并进行青稞面包的制备。

通过研究发现，采用湿法制备青稞湿粉，并与青稞全粉、青稞干粉和全麦粉的粉质特性和制得的面包品质进行比较。结果表明，与其他青稞粉相比，青稞湿粉具有较低的破损淀粉含量（1.37克/100克）、较高的糊化温度和较高的凝胶强度。此外，具有大颗粒的青稞湿粉表现出较低的水化性能。这些特性导致青稞湿粉制得面包的比容（2.62毫升/克）较高，接近全麦面包（3.12毫升/克），并且具有良好的面包屑结构。但湿法磨粉工艺复杂，生产周期长，且在生产过程中会产生大量废水并伴随着面粉营养成分的流失和细菌的滋生。

3. 半干法制粉

为了解决湿法制粉过程中水资源浪费和细菌滋生的问题，研究人员提出了半干法的制粉方式。采用类似小麦润麦的方法，将大米籽粒调质水分至目标含水量，在室温下润米直到米粒充分吸收水分，使用旋风磨磨粉烘干后制得半干米粉。研究表明，米粒经过调质后不容易被机械力所破坏，同样也减少了对淀粉的损伤。将大米中水分调质为30%后，制得的大米粉糊化特性和凝胶性能与湿磨大米粉相似，并可以生产出柔软且富有弹性的米粉制品。通过半干法制得米粉具有较低含量的破损淀粉小于5%，并具有较高的糊化黏度和糊化焓值，最终生产出了柔软弹滑的汤圆和结构优良的米面包。

编者团队将青稞籽粒调质水分至25%、30%、35%、40%制得青稞半干粉，并与青稞干粉和青稞湿粉的粉质特性和制得面包品质进行比较。与其他青稞粉相比，半干粉-35和半干粉-40的破损淀粉含量（4.35克/100克和2.41克/100克）较低，接近青稞湿粉（1.52克/100克）。随着调质水分的增加，青稞粉的糊化黏度、糊化温度、糊化焓值和结晶度呈现增加的趋势，这些特性赋予青稞粉更好的凝胶性能，从而可以制得具有比容较大、气孔结构均匀和质构良好的青稞面包。

（二）青稞酒加工技术

在中国十二大香型白酒分类中，青稞酒属于清香型白酒，具有纯正芳香、入口绵柔、醇厚丰满等特点。青稞酒的制备以固态发酵为主，将青稞整粒煮熟后加酒曲，发酵后取酒，根据取酒方式主要分为非蒸馏型和蒸馏型两种。此外，近年来有很多新型的青稞酒加工技术，不断地丰富了青稞酒的种类和风味。

1. 传统非蒸馏型青稞酒加工工艺

传统型青稞酒主要分为青稞咂酒和青稞烤酒，其中青稞咂酒属于非蒸馏酒，青稞烤酒属于蒸馏酒。

青稞咂酒是以青稞、大麦、高粱等作物为原料，经过蒸煮摊晒，拌入酒曲预糖化后装坛密封发酵而成的，未经过蒸馏工艺的青稞酒。分为传统坛装青稞咂酒和瓶装青稞咂酒，其酒精度约为5%Vol.~20%Vol.。坛装青稞咂酒的制备工艺与黄酒的制备工艺相似，其风味因不同地区在原料配比、酒曲、加工工艺及工艺条件上的差别而各有特色。瓶装青稞咂酒是在坛装的基础上，经过压滤、澄清、调配后精滤、装瓶、密封后制得，不同的调配方式会赋予其多样的风味和特殊的功效，比如藏红花等中药材的复配。

2. 蒸馏型青稞酒的加工技术

目前，蒸馏型青稞酒主要有传统的低度青稞烤酒和高度的青稞白酒。

（1）青稞烤酒。

青稞烤酒是一种较为传统的是以青稞为主要原料酿造的蒸馏酒，其酒精度约为10%Vol.~20%Vol.。在坛装青稞咂酒的基础上，坛口加以冷凝装置，将酒坛在明火上加热，经过加热和冷凝，可以在出酒口处得到酒精度较低的青稞烤酒。因冷凝装置的冷凝面积限制，坛内许多挥发性更强和更弱的杂质无法蒸发或冷凝，这使得最终的青稞烤酒口感清香柔和。

（2）青稞白酒。

青稞白酒是以青稞为原料，青稞和豌豆所制取的大曲为糖化发酵剂酿造而成。在工艺上采用"清蒸清烧四次清"，瓷片窖池或砖砌窖池，固态分离发酵，固态蒸馏取酒，经1~3个月的贮存，勾兑后自然贮存一年以上而成。

青稞白酒制曲用粮中青稞占很大比例，青稞和豌豆的比例为7∶3，具有"曲粮合一"的特点（唐东恒等，2021）；青稞白酒用曲通常分为两种，在冬春季节制的曲称为中低温曲（品温在50℃以下），夏秋季节制得的曲为中高温曲（品温在50~60℃）。在酿造青稞酒的过程中，常将两种曲互相配合作为糖化发酵剂使用，两种曲的糖化力和酒化力不同，生成的酒香也各有特色，将两种曲混合使用，既能保证出酒率也能进一步提高酒质。"清蒸清烧四次清"，其中"清蒸"是指将酿酒用粮食单独蒸熟；"清烧"是指取酒时用发酵好的酒醅蒸馏出酒，不再添入新的原料；"四次清"指的是四次蒸馏出酒，第一次将酒粮蒸煮，加曲入窖池发酵，发酵结束后蒸馏取酒，酒醅添曲后再次回窖发酵，之后还有三次取酒，每次添加的酒曲量有所不同。

（3）目前加工技术中存在的问题。

青稞呷酒因其未经蒸馏，在贮存期间容易沉淀，影响了青稞酒的感官品质，其工艺限制了酿酒容器的容量，因而产量较小，以青稞呷酒为基础的青稞烤酒也因此较难大规模制备。青稞白酒的酿造工艺独特，是目前青稞酒大规模生产的主要加工技术，机械化程度较高，但由于采用将青稞整粒煮熟后加曲发酵的固态发酵法酿造，需要利用淀粉糖化后生成的葡萄糖作为能源物质，青稞中虽然淀粉含量较高，但其淀粉结构紧密，蛋白质、纤维素及果胶含量较高，导致糖化发酵渗透困难，使得淀粉利用率降低，出酒率不高，需要多次糖化发酵才能把其中的淀粉消耗干净。此外，青稞酒在发酵过程中有不同程度的苦涩味，进而降低了青稞酒的饮用质量。

（4）加工技术的改良和新型青稞酒的制备。

为了提高青稞酒生产过程中原料利用率和生产效率的问题，许多学者提出了新型的改良工艺。如：半固态发酵法和液态发酵工艺的出现，可以不同程度地加快淀粉的水解，减小物料黏度、增强流动性；优良发酵菌种的筛选；多菌种发酵；等等。此外，还制备了许多新型的青稞酒，如：采用高糖化酒母法，低温发酵工艺开发青稞清酒；以青稞为原料，加麦曲、小曲等糖化剂发酵制成青稞黄酒；以青稞麦芽为辅料制备青稞啤酒；等等。

（三）青稞休闲食品加工技术

1. 青稞糙米片

随着经济水平的不断提高，消费者对休闲食品的需求也在增加。目前，市面上常见的休闲食品仍存在高脂肪、高蛋白质、高能量和低纤维等问题，会直接影响人们的健康。研究人员在使用脂肪替代品的基础上，确定了新型低脂营养青稞糙米片的最佳工艺条件：脂肪替代品、水和油的添加量分别为8%、70%和3%，烘烤的温度范围在190℃、170℃、150℃、130℃之间，烘烤时间为9分钟。此外，还发现新型糙米片的脆性与未替换油脂的产品没有太大区别。

2. 青稞曲奇饼干

市面上常见的曲奇产品虽然口感好，但仍存在上述问题，不利于人体的健康。青稞本身含有的β-葡聚糖具有降低血脂的作用，因此研究人员对青稞粉在曲奇饼干加工中的应用进行了研究。结果表明，青稞曲奇饼干的最佳工艺如下：青稞粉、黄油、鸡蛋、木糖醇、核桃仁、脱脂奶粉和盐的添加量分别为94%、60%、39.2%、31.5%、22.3%、11.1%和0.5%，感官评分为88.44。此外对其货架期进行研究，根据酸值，在37℃下的货架期为176天；根据过氧化物值，在37℃下的货架期为181天。上述研究表明，青稞曲奇饼干不仅保证了其食用品质，还符合大众以及特殊人群（"三高"患者和孕妇等）的健康需求。

3. 青稞酸奶冰激凌

青稞酸奶冰激凌是青稞食品加工技术的一种创新。含有活性菌的酸奶因其具有保留益生菌活性、维持营养物质等特点更被市场所欢迎。研究人员首先研究了制备酸奶冰激凌所需的青稞浆料，结果表明其最佳配比为：料液比1:4，糊化温度60℃，糊化时间10分钟，液化时间20分钟，液化温度为65℃，液化pH为6.5。其次，探究了最佳的添加阶段为冰激凌的老化阶段，不仅让物料得以均匀混合，乳酸菌的活性也可以保持，且β-葡聚糖含量没有显著减少。最后，探究了青稞酸奶冰激凌的最优产品工艺。结果表明，青稞、酸奶和白砂糖的添加量分别为：8%、55%和14%，老化时间为3.5小时。此时，其膨胀率为81.83%，而融化率为10.4%。通过与普通酸奶冰激凌各项指标对比可知，青稞酸奶冰激凌的相关研究具有可行性和创新性。这不仅可以丰富酸奶冰激凌的种类，还可以增加其营养特性。

4. 青稞辅助添加休闲食品

除上述提到的青稞休闲食品，还有以青稞为辅料制作而成的休闲食品。研究人员将益生菌与青稞β-葡聚糖共包埋于分离乳清蛋白和阿拉伯胶基质中，再将益生菌微胶囊添加到巧克力中。结果表明，青稞β-葡聚糖添加量为3%的样品，在整个体外模拟消化后活菌浓度仅损失0.84 Log CFU/克。这可能是因为青稞β-葡聚糖具有益生元作用，可以为益生菌的生长提供营养物质，使益生菌在模拟胃肠道中通过和繁殖。另一方面，从扫描电子显微镜结果显示，添加的青稞β-葡聚糖浓度越大，获得的微胶囊表面越光滑，褶皱越少，导致比表面积更小，减少了益生菌与胃肠道环境中的胃酸、胆盐和酶等不利因素的接触，极大地提高了益生菌在体外模拟消化过程中的存活率。同时在4℃存储8周后，益生菌的活力基本保持不变。此外，添加益生菌微胶囊到巧克力中，对巧克力的形态和组织等没有显著的影响，同时还能够给巧克力增加酸甜感。

（四）青稞米柔性加工关键技术

青稞作为一种营养丰富的谷物原料，经反复碾磨去皮后，可以得到在色泽和口感上与大米类似的青稞米，是我国高原地区人民食用青稞的主要方式之一。青稞米经常与大米混合蒸煮后食用，又称杂粮饭，具有降低胆固醇、提高免疫力等功效，长期食用还可以调节血糖水平。青稞米的加工流程一般包括清理、分级、去皮、精制和打包等五个工艺步骤。

（1）清理：使用高效振动筛分离出青稞里的砂石、秸秆、泥块等杂质，同时清除青稞原料中的碎叶和干瘪的青稞籽粒。

（2）分级：使用分筛机对青稞籽粒按其长度和大小分级成不同规格的籽粒，通常分为大籽粒和小籽粒两种。

（3）去皮：用碾米机对青稞籽粒进行脱皮处理，从而改善青稞的色泽和口感，得到优质的青稞米。

（4）精制：使用分级筛将碾磨之后产生的碎青稞粒去除，得到的整青稞籽粒进入抛光机进行抛光。

（5）打包：将抛光后的青稞米输送至成品仓，进行打包处理。

在加工过程中，去皮（碾磨）工艺对青稞米品质的影响最为重要，经过去皮后的青稞米外形看起来更像大米，体积变小，吸水性提高，蒸煮后品质也得到改善。但是，目前大多数企业加工青稞米时存在过度碾磨的现象，极易导致产量降低并损失掉果皮和糊粉层中的大量营养成分，甚至消耗更多的能量。

为解决青稞米因碾磨过程造成的口感和营养流失的问题，将青稞进行不同碾磨度的处理，分别为3%、5%、10%、15%、20%、30%，并以未研磨的青稞籽粒为对照，探讨了不同程度的碾磨处理对青稞米的化学组分、微观结构、水分扩散和蒸煮品质等方面的影响，以期找出最适合的碾磨度来加工青稞米。通过探究发现，碾磨处理显著降低了青稞米中蛋白质、脂肪、灰分、总黄酮和总酚含量的占比，增加了淀粉特别是直链淀粉的百分比，β-葡聚糖含量占比也随着碾磨度增加而逐渐上升，并在碾磨度达到15%时保持稳定。与此同时，在碾磨过程中，碾磨度达到5%时，果皮层可被碾掉；碾磨度达到30%时把大部分糊粉层去除，碾磨处理导致的青稞籽粒组织结构的变化和不同化学成分含量的变化共同影响了青稞蒸煮、质构、吸水特性的变化。碾磨处理通过去除外皮层提高了水分子的流动性，增加了弱结合水和自由水的氢质子密度，提高了水分迁移速率。研究结果显示，当研磨度达到5%时，青稞米的蒸煮时间缩短程度最显著，缩短了17分钟，而后继续增加碾磨度，其蒸煮时间缩短程度降低，这一结论和青稞米蒸煮过程中的水分迁移和分布规律趋势吻合。

总之，为了提升青稞的营养品质和食用品质，更好地发挥碾磨对营养成分的保持、抗营养因子的去除、吸水率及蒸煮品质的有利影响，可以选取5%（轻碾青稞米）作为青稞米的最适碾磨度。此时，可显著改善青稞的蒸煮品质和感官品质，并能保留更多的营养成分。

（五）青稞副产物产品综合利用技术

1. 超微粉碎技术

超微粉碎处理技术作为近年来最主要的一种产品加工和利用技术之一，其产品加工的速度快且可以使物料的颗粒粒径变小且分布均匀，可以促进对物料中各种营养、功能成分的释放和吸收，同时具备可以改善物料的化学性质等优势。而气流式超微粉碎作为超微粉碎技术的一种，其工艺简单且产出率较高，因此在实际工业生产中广受欢迎。该技术现已广泛被用于改善苦荞麸皮、小麦麸皮等富含纤维等原料的加工。有学者在研究中发现，超细碎麦麸的粒径减小，小麦纤维越小，对面条中面筋网络的破坏越小，因此有利于提高面条的食用品质。

2. 酶解法处理技术

酶解法处理技术是在一定程度的反应条件下，利用酶的催化作用将物料中的成分进行转化的技术。其特点是利用酶来降低反应所需的活化能，从而加速物质反应的速率。酶的特点是它只能与特定的底物料进行特异性的结合产生特定的底物，需要温和的反应条件。酶解具有高效、温和、安全等优点，为食品加工提供了更安全、更健康的方式。目前，酶解技术已广泛应用于乳制品加工、肉类加工、烘焙等食品领域。木聚糖酶和纤维素酶是食品加工中影响膳食纤维的主要酶，酶解可以有效改善麦麸中膳食纤维的理化性质，改善麸皮的口感和质地，解决麸皮溶解性差、消化不良的问题。

3. 膨化技术

双螺杆挤压作为一种新的加工工艺，不仅可以提高可溶性膳食纤维的吸收率，而且可以提高加工材料中的相关营养素。挤压处理可在一定程度上增加米糠中直链淀粉的含量，使米糠内部结构更多孔，质地均匀，有利于人体消化吸收和综合利用。膨化使小麦的深层结构改变但营养成分含量稳定,故膨化处理小麦可广泛用于全麦早餐粉、膨化零食等即食食品的制备。气流膨化技术是指在低温、真空条件下,使得物料内部的水分发生改变,物料组织发生膨胀,导致物料结构疏松、脱水干燥的一种加工方法。有学者研究发现,气流膨化可使干燥米糕条进行膨化,制作成混合膨化食品,更易消化。以上几种加工技术均广泛应用于谷物的加工处理。其充分利用谷物原辅料的特性,并在谷物淀粉的精深加工方面具有非常重要的影响。经这几种加工技术改性过的谷物及麸皮,能生产出健康且适合不同人群的休闲食品,为我国食品工业生产提供了重要的技术指导。

4. 超声辅助提取技术

青稞中的脂肪主要集中于青稞麸皮上,青稞籽粒中油脂含量仅为1.19%,但是麸皮中的油脂含量为6.04%~7.45%。麸皮作为青稞加工副产物,具有极高的营养价值,但利用率很低,人们常常忽略了麸皮的潜在价值,大多被用于饲料等。青稞油脂中主要为不饱和脂肪酸,其中亚油酸含量最高,约为75.1%,不饱和脂肪酸对抑制α-葡萄糖苷酶活性上有较好的效果,因此,麸皮油被运用于糖苷酶抑制的研究有极大的应用潜力。使用正己烷、乙酸乙酯、乙醇三种溶剂分别提取青稞麸皮中的脂溶性成分,发现正己烷提取物抑制α-葡萄糖苷酶的能力最强,其次是乙酸乙酯作为提取溶剂的α-葡萄糖苷酶抑制能力较好,而乙醇作为提取溶剂的α-葡萄糖苷酶抑制能力较低。而经过超声处理后能明显看到麸皮表面结构产生破碎,更有利于从青稞麸皮中萃取出有效的提取物,因此选择超声浸提是一种有效的提取方法。此外,青稞麸皮中含有丰富的膳食纤维,利用超声辅助提取技术可以提高膳食纤维的溶解度和得率。

三、青稞精准营养与个性化定制技术

(一)特殊环境食品加工技术

青稞是青藏高原最具特色的农作物,是藏族地区的主导优势作物和藏族地区农牧民赖以生存的主要食粮。青藏高原是中国境内海拔最高的高原,位于中国的西部，东西宽约1000千米，南北长约2500千米，总面积约250万平方千米，平均海拔4000米。青藏高原地形复杂，包括高山、高原、盆地、河谷等地貌类型，其平均海拔高度在4000米左右，是世界上高寒生态环境最为典型的地区之一，气候干燥，日照时间较长，昼夜温差大，年降雨量少（核心区域年均降雨量仅 300~500毫米），且主要集中在5—9月份。大部分农作物生产地区常年为干旱与半干旱高寒地带，土壤以沙性或砂壤土为主。

作为西藏种植面积最大的粮食作物，青稞也是西藏自治区作为特色资源开发的重点。高原自然条件独特，基本无污染等优势，青稞被世界上众多糖尿病患者及其他健康需求消费者所喜爱，故而极具开发价值和市场前景，对于发展青藏高原特色农业和高效农业、发展农产品加工业意义深远。但青藏高原的生态环境独特，海拔高、气压低、氧气稀薄等条件对青藏高原地区的青稞食品加工技术提出了一些特殊的要求和注意事项。以下是一些需要注意的方面。

（1）原料选择：由于青藏高原地形复杂，包括高山、高原、盆地、河谷等地貌类型，不同生态环境下种植的青稞原料品质差异较大；在同一生态环境下，青稞种子质量以及青稞种植管理等方面还是靠农户自己控制，由于种植及管理的不同，青稞原料也存在差异，不能保证高品质青稞加工产业的需要。因此，挖掘青稞在食品加工利用方面的价值，对青稞品质及其评价标准进行研究，明确不同青稞品种诸如感官品质、理化营养品质和加工品质等相关品质数据，对青稞品种依照品质进行分类，将为青稞的食品加工技术研究、加工专用品种和选育提供理论支撑。

（2）加工条件：由于青藏高原海拔高、气压低、光照强，在食品加工过程中要特别注意食品加工要求的温度、湿度以及青稞加工过程中的压强时间等条件的控制，以保障食品加工过程中的安全和卫生。

（3）加工方式：青稞及其制品是极具青藏高原特色的产物。对于不同青稞食品的加工方式可以在保留传统加工方式精华基础上，进行创新。例如，在青藏高原，青稞酿酒历史悠久，类似于我国中原、江南地区的米酒、醪糟酿制工艺酿造的非蒸馏低度酒，距今已有2000年以上的历史。制作时可以在借助当地的酿酒技术和气候基础上结合前沿食品科学技术，比如提取并添加青稞抗氧化功能因子，使得酒的品质和营养价值更佳。

（4）存储和运输：由于西藏光照时间长，日照较充足，在食品保存方面，要根据食品种类和品质判断是否需要避光、低温等条件；在青藏高原地区，环境潮湿，温度低，相对湿度高，为了让青稞产品进一步走出青藏高原，需要根据青稞食品的保存条件和保质期，结合青藏高原地区的运输条件选择合理的储存和运输方式，以保证存储和运输过程中青稞食品的品质和安全。

总之，在青藏高原特殊的生态环境下，青稞食品的加工需要从原料选择到加工条件、加工方式最后到存储和运输等多个方面考虑。为制造出有较强地域性的青稞特色食品和被更多消费者认可喜爱的青稞大众化食品和健康食品铺平道路，以提高青稞商品率和经济效益，使青稞走出青藏高原，将资源优势转变为经济优势。

（二）特殊人群食品制造技术

糖尿病是一种以高血糖为特征的代谢性疾病。长期存在的高血糖会导致各种组织，特别是眼、肾、心脏、血管、神经的慢性损害、功能障碍。随着我国糖尿病总患病人数的不断增加，普通消费者对于健康食品的追求，使得市场对糖尿病食品的需求增大。慢消化淀粉具有特殊的生理特性，它能被人体完全吸收，但吸收较慢，具有消化吸收缓慢、持续释放能量、维持餐后血糖稳态等特点。因此，研究谷物淀粉的慢消化机制、开发控糖的健康食品制备技术具有重要的现实意义和广阔的应用前景。

1. 挤压技术

挤压技术是在高压的条件下集挤压、混合、剪切、熔融、杀菌和熟化为一体的加工技术，在挤压机内会发生相变和气体的热压效应。利用此原理，通过热量的传输，使物料内部的液体快速升温汽化，物料内部的压力升高，气体的膨胀会产生膨胀力，带动组分中高分子结构发生变性，从而使物料成为具有多孔状的物质及具有网络结构的物质。挤压加工技术操作单元连续，由于捏合时间短、传热速度快，减少了食品中营养成分的损失，为食品制品提供独特的风味和口感。具有生产成本低、操作简单、能源消耗少、污染小、适应范围广的优点，在食品工业中得到广泛的应用。

挤压过程导致淀粉颗粒破碎，破碎的机理被认为是支链淀粉枝杈的减少。也有学者认为是直链淀粉上的随机链断裂，挤压过程的热能和机械能对淀粉结构的氢键及价键的崩解具有重要作用，淀粉结构的改变减少了氢键的数量，增加了自由羟基，这种改变相比于直链淀粉，对支链淀粉的影响更大。研究表明，直链淀粉和支链淀粉经挤压后，分子量分别降低了1.5%和15%。有研究发现，在水分含量为20%~25%、121~177℃的温度条件下挤压支链淀粉，直链淀粉的含量随温度的升高、水分含量的升高及螺杆转速的降低而降低。挤压使淀粉预糊化，为淀粉的回生提供了条件，同时枝杈结构的减少及淀粉结构的改变有利于慢消化淀粉的形成。

2. 高压均质技术

在许多加工技术中，具有安全、高效、连续生产等优点的高压均质技术的应用，在淀粉加工领域引起了越来越多的关注。高压均质机主要由高压均质室和涡轮增压器组成，在高压均质过程中，物料会受到机械力的影响，例如剪切效应、高速冲击、气穴效应以及热效应，致使物料发生物理、化学、结构性质等一系列变化，最终达到均质的效果。目前广泛使用的高压均质机均具有一级均质阀和二级均质阀（低压阀）。高压均质机的优点：①纯物理过程，有利于保护生态环境。②细化作用更为强烈。③高压均质过程中物料的发热量小，因此能保持物料的性能基本不变。④高压均质机能够定量输送物料，因为其依靠往复泵送料。

作为一种物理改性技术，高压均质处理可以通过均质空腔中的剪切和撞击等机械力对淀粉分子进行作用，诱导淀粉分子链的降解与聚集，形成具有抗酶解的特定结构域。由此赋予抵御a-淀粉酶酶解的能力，延缓或减少淀粉的消化，从而降低淀粉对餐后血糖水平波动的影响。

3. 湿热处理技术

淀粉的湿热处理是一种典型的淀粉改性方式。它是指将淀粉颗粒暴露在较高温度（90~120℃，高于玻璃化转变温度而低于糊化温度），限制性水分（10%~35%）下进行一段时间（15分钟至16小时）的热处理过程。这种处理方式显著影响淀粉颗粒的结构以及消化性。众多研究显示，由于湿热处理造成的淀粉结构重排使得酶更容易接近无定形区，经过湿热处理后的淀粉对酶的敏感性上升。但是由于在湿热处理时淀粉内部的一些链间相互作用力增强并且在糊化后仍然保留，酶与淀粉链间的作用被限制，根据对不同种类淀粉湿热处理后消化性的研究显示，与原淀粉相比，湿热处理后的淀粉的RDS（快速消化淀粉）含量下降，SDS与RS的含量上升。因此湿热处理被看作是一种能提高淀粉中有益于人体健康的慢性淀粉以及抗性淀粉含量，并且不对淀粉颗粒结构造成破坏的物理改性方法。

（三）特殊医学用途食品创制技术

青稞，也叫裸大麦、元麦。在我国主要分布于西藏、青海、甘肃、内蒙古、四川、云南等一些高寒地区。青稞耐贫耐寒耐旱、适应性强、产量稳定且易栽培，是青藏高原地区最主要的农作物之一。青稞作为具有中国本土领域特色的大麦品种，其营养价值及调节人体健康的保健功能越来越被大众所认可。

随着人们饮食习惯和结构的改变，糖尿病、高血脂和高血压这三大世界范围内的常见疾病的发病率甚至低龄化率愈加严重。糖尿病与高血脂和高血压相互影响、相互作用，血糖长期升高导致动脉管壁硬化、管腔狭窄，容易导致高血脂的形成，而血压增高可以导致胰岛素抵抗，使体内血糖增加，同样血脂增加也促使血糖的进一步升高，所以深入研发、创制辅助缓解和治疗这三大关联紧密疾病的食品是迫切和必要的。

已有报道表明，青稞麦片、青稞馒头能显著改善2型糖尿病患者的血糖水平并且还具有降血脂、降血压等功效。青稞中发挥降血糖和降血脂功能的主要成分是β-葡聚糖。β-葡聚糖可以降低正常人体和2型糖尿病患者的餐后血糖和胰岛素水平，在每日膳食中加入5克β-葡聚糖，可以使糖尿病患者的血糖水平降低约50%。除β-葡聚糖外，还有GABA（γ-氨基丁酸）、黄酮类化合物、多酚等功效成分。其中，GABA能够促进胰岛β细胞分泌胰岛素，从而起到降血糖的作用，预防糖尿病的发生。β-葡聚糖降血脂的作用主要是通过直接影响胆固醇代谢，或促进肠道有益菌群的增殖，帮助降低机体胆固醇水平。大量实验表明，青稞中的多酚能降低高胆固醇膳食小鼠的血脂水平。美国食品药品监督管理局（Food and Drug Administration, FDA）建议每天从燕麦或大麦中摄入3克β-葡聚糖，以预防心血管疾病。此外，大量研究表明GABA同样可用于预防、辅助治疗高血压等心血管疾病。青稞中GABA含量较高，萌发后GABA含量显著增加，尤其是在萌发0～48小时内逐渐增加，胁迫萌发作为一种对青稞的处理手段，处理后的青稞米在蒸煮过程中吸水率升高、最佳蒸煮时间缩短、硬度降低，可以使青稞的蒸煮品质得到改善，一定剂量的萌发青稞可以作为GABA补充剂的原料。青稞全谷物提取物中还有较多高抗氧化活性的多酚类物质，其中含量最高的酚类物质为阿魏酸。它对青稞多酚发挥氧化和降血糖活性具有主导作用，然而，阿魏酸具有难溶于水的特点，可进一步将其包埋进纳米颗粒或乳液中，提高人体对阿魏酸的吸收利用率，最大限度地发挥其健康益处，在未来也可能作为一种保健食品的研发方向。提取物中还有柚皮苷和儿茶素，这些物质都可以协同作用促进对糖原的合成来提高外周葡萄糖的利用率，从而达到改善胰岛素抵抗和降血糖的功效，并降低单药的使用量。

青稞是世界上麦类作物中β-葡聚糖含量最高的作物，在我国尤其以西藏地区的种植面积最广，年种植面积占全国青稞种植总面积的72%，青稞同时也是藏族地区居民的主要粮食来源。加速对青稞制品的研发有助于推动西藏粮食总产量的增加和经济发展，不仅能满足现代消费者对健康膳食的需求，也有助于我国特色农产品资源的规模化开发与利用，创制和出口更多具有中国特色的功能性保健食品，以带动我国农产品高质量转型和发展。

（四）老龄化应对食品创制技术

人口老龄化是当前全球人口结构的转变趋势，是21世纪人类社会共同面临的重要问题。在世界人口形势研究方面，德国是世界上最早发生人口负增长的国家，且老龄化十分迅速；法国是世界上第一个进入老龄化社会的国家；日本是目前老龄化最严重的国家；意大利不但老龄化严重，而且是最早出现超低生育率的国家之一；韩国在 30 年内迅速完成了人口转变，紧接着在1999年步入老龄化社会，随后人口迅速老化。尽管中国老龄化出现较晚，但与一些发达国家相比，其老龄化发展速度更为迅速。这一趋势的背后既有我国庞大的人口数量因素的影响，也受到医疗及生活水平提高等诸多因素的共同驱动，二者合力使得男女预期寿命均增长了近4岁左右。根据第七次全国人口普查数据显示，在我国60周岁及以上的老年人口有26402万人，占总人口数的18.70%；65周岁及以上的老年人口有19064万人，占总人口数的13.50%。

随着人口老龄化的加剧，老年人的健康问题也成为社会关注的热点。在此背景下，青稞营养食品创制技术的出现，给老年人的健康保健带来了新的选择。

青稞是一种高山作物，生长在海拔3000米以上的高原地区。它是一种富含营养的粮食，具有补益肝肾、益气补血、强身健体等功效，因此被誉为"高原上的黄金谷物"。青稞中富含多种人体必需的氨基酸、碳水化合物、膳食纤维、矿物质、维生素等营养成分，具有抗氧化、降血脂和血糖、抑制癌细胞等多种营养价值和药用价值，对老年人的健康具有重要意义。

青稞营养食品的保健功能主要包括以下几个方面。首先，青稞营养食品可以增强老年人的免疫力。青稞中含有的多糖物质可以增强人体免疫细胞的活性，从而提高老年人的免疫力。其次，青稞营养食品可以降低老年人的血糖和血脂。青稞中含有的膳食纤维可以减缓血糖的上升速度，从而降低老年人的血糖和血脂水平。此外，青稞营养食品还可以促进老年人的消化和吸收，增强老年人的体力和精神状态。因此，研究开发青稞营养食品，对于提高老年人的营养水平、增强免疫力、预防疾病等都具有积极意义。

青稞营养食品的研制需要掌握先进的创制技术。目前，国内外对青稞营养食品的研究主要集中在青稞面粉、青稞饮料、青稞蛋白等方面。其中，青稞面粉是目前应用最广泛的青稞产品，其具有较高的膳食纤维、氨基酸和矿物质含量，适合老年人食用。青稞饮料则是一种新型的保健饮料，具有营养丰富、润喉止渴等功效。青稞蛋白则是一种天然的保健品，具有增强免疫力、调节血糖等作用。

目前，青稞营养食品的创制技术主要包括加工技术、营养配方技术、保鲜技术等。其中，加工技术是青稞营养食品创制的关键。常见的青稞加工技术包括炒制、烘干、蒸煮等，这些技术可以使青稞中的营养成分得到更好的保留和提取。另外，营养配方技术也是青稞营养食品创制的重要技术之一。通过合理的营养配方，可以使青稞营养食品的营养成分更加全面、均衡。同时，还可以根据老年人的不同营养需求，设计出不同的营养配方，以满足老年人的个性化需求。最后，保鲜技术也是青稞营养食品创制中不可忽视的一个环节。保鲜技术可以有效延长青稞营养食品的保质期，保证其营养成分不受损失。常见的保鲜技术包括真空包装、冷冻、干燥等。

青稞营养食品作为一种新型的营养保健食品，具有丰富的营养价值和保健功能，对老年人的健康有着重要的应用价值。未来，我们还需要进一步深入研究青稞营养成分的作用机制，探索更多的创制技术，以满足老年人的不同需求，促进老年人的健康和幸福。

第二节　青稞营养健康新产品分析

一、青稞降血糖新产品

随着人们生活水平不断提高，饮食结构不断调整，糖尿病已经成为影响人类生命的主要疾病之一。IDF（国际糖尿病联合会）发布的数据显示，截至2021年底，全球糖尿病患者人数已经达到5.37亿，而且增幅惊人，相比2019年，糖尿病患者增加了7400万人，增幅达16%。据IDF推测，到2045年，这一数字将达到7.83亿，增幅将达到46%。糖尿病已经成为21世纪增长最快的全球突发卫生事件之一。我国是全球人口大国，也是糖尿病发病率较高的国家，2021年糖尿病患病人数为1.4亿。因而，针对预防和降低糖尿病发病率的相关食品的研究和开发，已经成为食品行业的研究热点之一。

研究表明，饮食控制是预防2型糖尿病发生和延缓病情发展的重要手段。

而青稞中的蛋白质、多酚、维生素和膳食纤维等活性成分在调节人体血糖方面具有独特的优势，因此受到了极大的关注，以青稞为原料，开发相关的保障血糖健康的产品方面的研究报道也不断出现。

通过调研发现，当前，青稞在辅助降血糖领域的主要产品，以面条、饼干和面包等面制品为主。青稞籽粒中的蛋白质、膳食纤维和多酚的含量较高，但因缺少对于面制品口感有较大提升作用的面筋蛋白，导致制作的面制品因无法形成强而有力的面筋网络而影响口感。因此，开发以青稞为原料的面制品的关键环节是提高青稞面制品营养价值的同时兼顾口感、风味和质构等感官品质。

（一）青稞面条

面条是世界许多国家的主食之一，具有上千年的食用历史。2019年，中粮集团开发了一款青稞挂面，该产品以黑青稞为主要原料，青稞原料占比超70%，蛋白质、总膳食纤维、β-葡聚糖含量分别为16.1%、10.7%、3.5%，而且升糖指数（GI）为46，并成功上市销售。此外，一些学者也在改善和优化青稞面条产品品质方面进行研究。他们发现在以青稞和小麦为原料的配方中添加0.3%~0.5%海藻酸钠可以促进蛋白质—淀粉相互作用，有助于形成致密均匀结构，从而能够改善面条的食用品质。在青稞面条中添加一定量的壳聚糖，能够显著抑制面条的体外淀粉消化率，从而降低血糖生成指数，同时，对面条产品能在抗菌、抗氧化和感官等方面均有所改善。

（二）青稞饼干

青稞用于饼干和面包等烘焙产品的开发也已经出现，并上市销售。以23种青稞全粉为研究对象，开发相关的饼干产品，并对其营养和感官特性进行分析，发现直链淀粉含量高的青稞全粉的饼干品质较好，在较低的GI值的基础上，因其蛋白质、β-葡聚糖的含量较高而对口感具有较好的提升作用。此外，在青稞饼干制作的过程中，β-葡聚糖和阿拉伯木聚糖并没有受到加工和烘焙过程的影响而出现降解，但花色苷含量有所下降。对于青稞面包的风味、质地、纹理和体外消化率等品质也有相应的研究。研究人员对以青稞为原料制备面包进行了研究，发现加入青稞粉后，面包的黏度增加，10%的青稞粉原料占比与全小麦面包相比，体积没有变化，但随着青稞粉占比增加，面包体积缩小，表皮硬度下降，感官品质下降。

（三）青稞冲调粉等全谷物产品

美国国际谷物化学家协会（AACC）定义全谷物产品是指应有完整的、磨碎的、破裂的或片状的颖果组成，其主要成分淀粉胚乳、胚芽和麸皮的存在比例应和其在完整的颖果中的相对比例相同。由此可见，上述青稞面条、青稞饼干、青稞面包等产品均属全谷物产品。

有研究发现，将青稞全粉挤压膨化后，青稞粉中的营养成分发生了有益的变化，主要体现在、脂肪、淀粉、蛋白质和 β-葡聚糖含量都有所减少，总糖含量有所增加，而灰分含量基本不变。其中，在高温高压条件下，淀粉被充分 α-化（糊化），经放置后也难复原成 β-淀粉，青稞风味进一步优化，消化率提高，也延长了食品的货架期。此外，青稞面粉中的直链淀粉、糊精和还原糖的比例增加，有利于食品加工和食用。β-葡聚糖分子链断裂，分解为分子量小的糖类而使得总 β-葡聚糖含量下降。而由于部分脂肪在高温、高压下也被蒸发以及部分水解成甘油和游离脂肪酸会与直链淀粉和蛋白质生成复合物，因而膨化后，总脂肪含量比膨化前有所减少。

生产成冲调粉扩大了青稞在食品工业的应用，通过工艺参数的调整，生产的青稞冲调粉不仅体外消化率和人体餐后血糖反应低，并且结肠发酵得以增强，提高了其营养价值。荟萃分析（Meta分析）表明，每天多吃两份全麦食品与2型糖尿病风险降低21%正相关。在一项针对11名超重或肥胖高胰岛素血症个体的小型随机交叉试验中，受试者在食用6周的大麦、燕麦和玉米等全谷物后，提高了胰岛素的敏感性。

鉴于青稞在辅助降血糖领域的巨大潜力，越来越多的功能性食品已将青稞作为原料开展各种新型食品的研制和开发，越来越多以青稞为原料的食品进入市场，受到了广泛的关注。

二、青稞植物饮料新产品

随着人们对青稞原料功效认识的不断深入，以青稞为原料的谷物类植物饮料类产品也在不断地涌现。根据我国《饮料通则》国家标准（GB/T 10789—2015）规定，谷物饮料是将谷物作为主要的原料，经过加工和调配而制作成的饮料，可分为谷物浓浆和谷物饮料两大类。《谷物类饮料》（QB/T 4221—2011）中规定："谷物浓浆是指总膳食纤维（≥0.3克/100克）和总固形物（≥10.0克/100克）的含量比较多的谷物类饮料；谷物饮料是指总膳食纤维（≥0.1克/100克）和总固形物（≥6.0克/100克）的含量比较少的谷物类饮料。"当前，我国青稞植物饮料还是以谷物饮料为主，主要是调配型青稞谷物饮料和发酵型青稞谷物饮料两大类。

（一）调配型青稞谷物饮料

调配型谷物饮料为当前我国青稞饮料市场中的主要产品，其工艺特点主要在青稞原料处理方面。从相关的文献资料来看，青稞原料的处理通常有四种方式：一是直接使用青稞原料进行调配；二是将青稞原料经过100~180℃的烘焙，以提升青稞原料的香气和口感；三是将青稞原料经过100~180℃的烘焙并采用一定的酶水解技术，以提升青稞原料的口感和外观色泽；四是将青稞原料发芽，制成青稞麦芽，然后采用不同的烘焙温度烘干，制备出不同色泽和香气的青稞麦芽原料，再辅之以相关的原料调配，如豆类、紫米、枸杞等原料，研制出较多的青稞饮料产品。

1.直接使用青稞原料

以青稞和大白芸豆为原料，开发芸豆青稞复合蛋白饮料。将芸豆豆浆与青稞汁以体积比为1∶1作为原料，添加白砂糖、蔗糖酯、卡拉胶等添加剂，制得的芸豆青稞复合蛋白饮料外观呈灰白色，具有芸豆、青稞的清香味和营养成分，爽口滑润，稳定性良好。

以青稞和黄豆为原料，配以青海枸杞、蜂蜜，开发了青稞黄豆复合谷物蛋白饮料，通过对青稞原料酶解，提高了青稞谷物的香气和组成。产品外观呈乳白色，略微带黄色，具有青稞清香味，黄豆、枸杞蜂蜜等风味较为协调，口感甜度适中。

2. 使用经烘焙的青稞

对经烘焙的青稞原料加工的饮料进行感官评价，结果表明，原料烘烤温度150℃，时间90分钟时，制作的青稞饮料香气、滋味、色泽是最优的，而且发现随着烘烤时间的延长，感官分值呈下降趋势。电子舌试验表明，不同烘烤条件的青稞饮料样品，在酸味、苦味、涩味和咸味指标上都有明显的差异，这与人员感官品尝的结果是一致的。

3. 使用经烘焙的青稞并酶解处理

以三步法烘焙青稞为原料，采用耐高温α–淀粉酶、纤维素酶、木瓜蛋白酶等酶解技术，添加赤藓糖醇、酪蛋白酸钠、蔗糖酯、黄原胶和海藻酸钠等，研制的青稞谷物饮料甜度适中，色泽明快，有较好的稳定性。以烘烤青稞为主要原料，并辅以赤豆皮开发了青稞谷物浓浆饮料，辅之以羧甲基纤维素钠、黄原胶、单甘酯、蔗糖酯等添加剂，开发了青稞谷物浓浆饮料。

以青稞酶解液为原料（可溶性固形物得率为71.27%），制备得到的青稞固体饮料，粉质细腻，流动性佳，溶解性好，复水溶解后不会成粥状，口感顺滑，口味清甜。

4. 使用经烘焙的青稞麦芽并酶解处理

以发芽率达到80%以上的全谷物高原青稞为原料，进行了不同温度和时间处理青稞的烘烤试验，研究了不同乳化稳定剂对青稞饮料稳定性的影响。总体上认为，使用卡拉胶、黄原胶、结冷胶、复合乳化剂添加量等添加剂，可为青稞饮料的研究和发展奠定良好的基础。

（二）发酵型青稞谷物饮料

当前，发酵型青稞谷物饮料也是我国饮料市场上的重要产品之一。发酵型青稞谷物饮料根据我国《饮料酒术语和分类》（GB/T 17204—2021）标准规定，以产品中的酒精含量0.5%vol.为界，分为发酵型青稞谷物软饮料和发酵型青稞谷物酒精饮料。其中发酵型青稞谷物软饮料的酒精含量≤0.5%vol.，而发酵型青稞谷物酒精饮料中酒精含量＞0.5%vol.。

1. 发酵型青稞谷物软饮料

万萍等对益生菌发酵型青稞饮料稳定剂及配方进行了优化，主要的稳定剂为果胶、CMC（羧甲基纤维素钠）、黄原胶，产品0～4℃保存1周后。其稳定性H值达到93.51%，15天后的活菌数为10^7个/毫升，为进一步大规模生产提供了理论依据。

以青藏高原青稞、鲜牛乳为主要原料研制了青稞益生菌酸乳。以干酪乳杆菌LcS菌粉为发酵剂，研究其在发酵以青稞为主要原料的纯植物基饮料过程中的生长动力学情况，并对产品进行感官评价，为干酪乳杆菌LcS菌粉发酵青稞植物医疗的可行性提供了理论基础。

以保加利亚乳杆菌与生香酵母为混合发酵剂，青稞与绿豆比例为7∶3，添加菌剂量为0.25%（两种菌各为0.125%），开发了青稞绿豆格瓦斯产品。产品外观呈棕黄色，明亮有光泽，酸味适宜，酯香和醇香突出，有青稞和绿豆特有的香味，适口性较好。

2. 发酵型青稞谷物酒精饮料

西藏传统青稞酒，也称哑酒，属于发酵型青稞谷物酒精饮料。传统青稞酒普遍以青稞为原料，固态发酵酿制而成。以青稞为原料，改革传统固态发酵工艺，采用半固态发酵法，开发新的青稞酒生产工艺。新工艺产品在口感和酒体外观方面甚至优于传统工艺产品，为传统青稞酒的工业化生产奠定了基础。

以青稞、枸杞和蜂蜜为原料，酿制成一种富有青稞香、蜂蜜香和枸杞果香的营养型发酵酒。成品酒中含有丰富的维生素C、氨基酸、人体易吸收的有效微量成分，具有增强机体免疫力等保健作用。

以青稞为主要原料，采用传统米酒酿造工艺，深入研究了酒曲添加量、糖化时间和发酵温度等工艺参数，开发了米酒产品。其具有外观微黄，口感酸甜适口，有青稞米酒的独特香气。

以青稞为主要原料，采用响应面法对青稞干黄酒传统发酵参数，酒药用量、麦曲用量、发酵温度、冲缸加水比、发酵时间等进行优化。所得产品色、香、味俱佳，具有青稞干黄酒的独特风味。并针对青稞原料蛋白质偏高已造成非生物稳定性的问题，通过清洗、浸泡换水等方法除去青稞表层过多的不稳定蛋白质和多酚，使得青稞干黄酒非生物稳定性显著提高。

青稞谷物饮料是一种新型的粗粮谷物饮料，关于青稞原料中各组分包括淀粉、蛋白质、脂肪等对产品的风味、口感、质地等方面的影响还需开展深入的研究。根据市场调研及国内外谷物饮料发展趋势研究，青稞谷物饮料系列产品的开发具有广阔的市场前景。

三、青稞高纤维产品

青稞籽粒中的膳食纤维含量达16%左右，主要为β-葡聚糖和阿拉伯木聚糖（AX）。青稞是世界上已知麦类作物中β-葡聚糖含量最高的作物，最高接近9%，是小麦中含量的50倍以上，具有降血脂、降胆固醇、调节肠道健康、预防心脑血管疾病的作用。阿拉伯木聚糖具有极强的生物活性，可作为免疫调节剂增强人体免疫力，对于各种肿瘤细胞生长有抑制作用，同时也具有高的肠道益生活性。青稞富含β-葡聚糖和AX的特点，成为开发高纤维功能食品的物质基础。近年来，以青稞为原料开发的高纤维食品成为谷物营养健康食品研发的热点，不断涌现出青稞嫩叶膳食纤维青稞麦绿素、青稞麸皮高纤维粉以及青稞高纤维主食等众多功能食品产品。

（一）青稞高膳食纤维功能配料

1. 青稞嫩叶粉

青稞在长到15~30厘米高度，尚未成熟时，当中的膳食纤维、蛋白质、矿质元素、叶绿素、多酚、黄酮、β-胡萝卜素、维生素、各种酶类等成分的含量达到较高的积累水平，具有与上述成分相关的一系列健康功效，如抗肿瘤、抗氧化、抗炎症、抗糖尿病、抗抑郁等。青稞嫩叶是一种纯天然的健康食品，膳食纤维是青稞嫩叶中含量最高的营养成分。此时将青稞嫩叶进行采收，可开发制作青稞嫩叶粉和麦绿素两类产品。前者是以青稞苗为材料，经收割、清洗、杀青、干燥、粉碎等工序制成；而后者工艺相对复杂，一般是经历收割、清洗、榨汁、过滤、浓缩、干燥等工序。麦绿素的可溶性和口感较好,但是营养成分不如青稞嫩叶粉保留完全。青稞嫩叶粉产品主要包括纯粉和复合产品两种。纯粉即超微细粉,可直接食用,而复合的青稞嫩叶粉产品又可以分为口含片、面点制品、饮料、休闲保健产品等。目前,青稞嫩叶粉和麦绿素尚处于研发推广初期,产品具有较好的市场前景。

2. 青稞麦麸膳食纤维产品

青稞麸皮是青稞粉加工中主要的副产物,其含量可占青稞质量的10%～30%。青稞麸皮口感粗糙、感官不良,以往大部分的青稞麸皮用作动物饲料,附加值较低。近年来,随着对青稞麦麸中膳食纤维等功能因子利用价值认可程度的提高,以青稞麸皮为原料,通过生物、物理化学等改性手段,制备青稞麦麸膳食纤维健康食品配料和相关产品成为青稞利用的热门领域之一,相关产品具有较好的市场推广前景。但整体而言,受青稞麦麸灭酶稳定化技术和加工技术的制约,青稞麦麸膳食纤维存在保质期短、口感粗糙的突出问题,目前尚未大规模应用于相关产品开发,青稞麸皮品质提升技术仍是目前研究者关注的核心问题。

研究人员采用气流冲击磨粉碎技术可高效降低青稞麸皮的粒径(D50)从164微米(CHB)下降至23.2微米(UHB),得到亚微米级青稞麸皮(UHB),粒径呈较为均一的正态分布,且未影响青稞麸皮膳食纤维的组成及质量分数。随粒径逐渐降低,麸皮片状结构的完整性被破坏,当粒径进一步降低,麸皮结构由片状变为颗粒状,其保水能力和脂肪吸收能力随之下降,吸水膨胀性先升高后下降,阳离子交换能力增强,葡萄糖吸收能力稳定。与未处理的青稞麸皮相比,粒径降低显著改善了麸皮口感的粗糙性,粒径最低的UHB样品有良好的冲调稳定性和感官特性,具有可作为冲调粉的开发潜力。针对青稞加工副产物加工品质差、梯次加工利用技术匮乏的产业共性问题,采用热压蒸汽喷爆(1.5MPa、90秒)技术辅助萃取青稞麸皮可溶性膳食纤维,热压蒸汽喷爆辅助碱法提取可较传统碱法提取工艺提取率提高4.7倍;热压蒸汽喷爆辅助超声处理样品则具有最佳的持水持油力、胆固醇吸附和亚硝酸盐吸附能力。国内有专利技术建立了高温高压预处理—水酶法—超滤膜分离联用的青稞β-葡聚糖提取技术，其纯度可达80%以上，提取率超过70%，较普通的水酶法提取技术提升5%~10%。

（二）青稞高膳食纤维食品和饮料

以青稞嫩叶粉、麦绿素、青稞麸皮膳食纤维功能配料为主要原料，可开发出青稞高纤维糖果、主食、饮品、休闲食品等众多营养健康食品。利用青稞嫩叶粉和麦绿素制作面条、糕点、米线、面包等米面食品，可发挥改善食品风味、丰富面点结构的作用，增强产品的营养保健作用。青稞高纤维功能配料在生产液体和固体复合饮料产品上也具有广阔的市场前景。可添加到酸奶、牛奶、豆奶以及固体饮料中，是研发植物基饮料的优质原料。此外，还可作为保健休闲产品的良好原料，经复配、制软材、造粒、干燥、压片、灭菌和包装等工序，可开发出青稞嫩叶口香糖等新型功能性糖果，具有营养丰富、携带便捷等优点。此外还可研发出青稞高纤维薯片、青稞高纤维代餐粉等新型食品，深受消费者喜爱。

四、青稞副产物多酚新产品

植物多酚是一类广泛存在于植物体内的具有多元酚结构的次生代谢物，主要存在于植物的皮、根、叶、果中。狭义上认为，植物多酚是单宁或鞣质，广义上，植物多酚还包括小分子酚类化合物，如花青素、儿茶素、槲皮素、没食子酸、鞣花酸、熊果苷等天然酚类。天然多酚具有抗氧化、抗癌、抗菌等多种功效，其生物学作用的发挥主要归因于能够螯合或抑制活性氧和氮，将电子转移至自由基的能力，以及活化抗氧化酶，改善氧化应激和炎症的能力。在预防各种疾病方面显示出极大的作用，例如糖尿病、肥胖症、癌症、心血管疾病、骨质疏松、神经退行性变性疾病等。

每种植物含有特定品种的多酚类物质，即所谓的多酚（PP）"指纹"图谱。在植物界中已研究发现多酚类化合物及其衍生物有8000余种，其中超过4000种已经被鉴定。植物类多酚在欧洲已经使用半个多世纪，在美国使用也有数十年的历史。法国里昂巴斯德学会及德国的细胞研究所的研究均指出，多酚无毒、无致畸、无诱变、无致癌、无抗原性，人体摄入适量的植物多酚是安全的。由于其对健康的潜在治疗作用而引起了科学界的极大关注，国内对其研发和应用热度不断攀升。2022年5月11日，国家卫健委2022年第2号公告将甘蔗多酚列为"新食品原料"，成为我国目前以"多酚"直接命名并成功申报的首例天然多酚新资源产品，在食品领域显现出巨大的应用前景。

青稞中的多酚根据结构不同分为原花青素、类黄酮、水解单宁和简单酚酸四类。青稞中的主要酚类物质，大部分集中在麸皮和胚芽。芦丁、阿魏酸、p-香豆酸和表儿茶素是青稞总多酚提取物中的主要成分。有研究表明，有色青稞营养保健成分普遍高于普通大麦，因此对于有色青稞作为功能食品的开发越来越受到重视。

有研究表明，结合酚是有色青稞酚酸的主要存在形式，游离黄酮是青稞中黄酮类物质的主要存在形式，组间含量差异显著。不同粒色组间总酚类化合物含量的高低顺序依次为：黑色、紫色、黄色、蓝色，其中黄色与蓝色组间差异不显著，黑色显著高于其他粒色组，不同粒色青稞组内变异较小。不同形态酚类物质对自由基清除能力的强弱具有选择性，游离态酚类化合物含量在一定程度上决定DPPH和ABTS自由基清除能力大小，FRAP铁离子还原能力受青稞中游离态及结合态酚类化合物含量的共同影响；不同粒色组青稞的酚类化合物含量及抗氧化活性存在品种间差异。研究结果表明，籽粒颜色对青稞中酚类化合物的含量及种类影响较大，黑色青稞中含有更为丰富的酚类化合物。这与已被研究证实的黑色、紫色、黄色大麦的游离酚、结合酚含量有显著差异，籽粒颜色和基因型是导致多酚含量差异的主要因素的结果比较一致。

采用有机溶剂、酸法、碱法等工艺可实现青稞中酚类物质的提取，不同提取溶剂间效果差异较大，需根据提取的目标物质合理选择。80%丙酮溶液提取的游离态总酚含量（139.79毫克/100克~235.96毫克/100克）及总黄酮含量（9.88毫克/100克~15.52毫克/100克）较高，酸法提取的青稞结合态总酚含量是碱法的1.9~3.1倍，结合态黄酮含量是碱法的1.3~2.9倍。80%丙酮溶液提取物中检测到8～18种青稞游离酚类化合物，且酚类化合物含量显著高于其他溶剂，绿原酸、苯甲酸、儿茶素、槲皮素、芦丁是其主要的游离酚类化合物。与碱法相比，酸法能释放出更多的结合酚类化合物类型及含量，没食子酸、p-香豆酸、丁香酸、苯甲酸、藜芦酸、橙皮苷是其主要的结合酚类化合物。80%丙酮溶液提取物的酚酸物质具有最高的DPPH自由基清除能力、ABTS自由基清除能力及铁离子还原能力。酸法参试青稞结合酚DPPH、FRAP、ABTS自由基清除能力分别是碱法水解的7.6～10.3倍、1.2～1.8倍和1.1～1.3倍，丙酮溶剂和酸法分别是青稞中游离酚与结合酚的适宜提取溶剂。

综上所述，青稞尤其是彩色青稞富含酚类物质，具有开发功能食品的潜力。根据青稞原料的特点，将青稞作为多酚提取原料时要综合考虑其籽粒颜色和青稞品种的相互影响，并需要根据实际需求优化提取的溶剂，开发绿色高效、温和的提取技术，避免大量有机试剂和强酸、强碱的使用，开发满足不同功能食品需求的青稞多酚产品，推进青稞多酚新资源食品的批准和推广应用。

整体而言，目前青稞副产物综合利用程度低，有专利报道了青稞副产物β-葡聚糖、发酵提取物、青稞多酚、多糖、阿拉伯木聚糖、花色苷等的制备技术。然而，市场上相关类型产品少，标准也较为缺乏。未来，应充分发挥青稞原料绿色安全、功能特色显著和资源短缺稀少等特点，推进青稞精深加工，实现对青稞加工副产物的"吃干榨尽"。通过从青稞（青稞嫩苗）、青稞酒糟中提取麦绿素、β-葡聚糖等功能因子，加工成功能性食品、保健品配料，生产保健软胶囊等功能产品，充分挖掘青稞价值，提高青稞产品的附加值。

第三节　青稞功效研究进展

青稞富含β-葡聚糖、阿拉伯木聚糖、多酚等多种营养功能成分，在预防癌症、降三高、抗炎、免疫调节、抗疲劳、改善认知、抗衰老、调节肠道菌群、预防心血管疾病等方面具有较好的作用。

一、预防癌症

青稞中富含多种营养功能成分，如结合酚类，游离酚类，游离多酚，β-葡聚糖，β-D-葡聚糖和阿拉伯木聚糖等，对于不同的癌细胞系具有一定的细胞毒性作用，例如结肠癌细胞、肝癌细胞、人肝癌细胞系HepG2、人肺癌（A549）细胞和人乳腺癌MDA-MB-231等。青稞可能通过抗氧化和免疫调节活性进而发挥抗癌作用。

有研究发现，多糖可以诱导活性氧（ROS）的产生，ROS对细胞有毒性，因此可以破坏癌细胞。水溶性多糖，特别是葡萄糖、木糖、阿拉伯糖和鼠李糖，摩尔比为8.82∶1.92∶1.50∶1.00的青稞直接作用于结肠癌，通过活性氧簇（ROS）介导的丝氨酸/苏氨酸蛋白激酶（JNK）信号通路和核因子激活的B细胞的K-轻链增强NF-KB调节半月光天冬酶途经。β-葡聚糖是青稞最主要的多糖类成分之一，β-葡聚糖的抗肿瘤作用不包括对肿瘤细胞的直接攻击，而是通过刺激体内的特异性和非特异性免疫应答或通过抗炎活性而实现的。研究表明，青稞β-葡聚糖对人结肠癌（HCT116）细胞的预防作用与其分子量无关。

除β-葡聚糖之外，多酚也具有一定的预防癌症作用，研究表明，青稞中提取的结合酚类物质对肝癌细胞增殖具有一定的抑制作用，但抑制作用较弱，可能由于结合酚缺乏阿魏酸的协同作用。阿魏酸是青稞结合酚类中的主要成分；该化合物不能阻止人类癌细胞的增殖，但在与其他化合物（包括δ-生育三烯酚）的协同作用下，显示出较强的抗癌细胞增殖活性。青稞中游离多酚的提取物比结合多酚对HepG2细胞具有更高的抑制活性，可能是因为多种化合物的作用。在另一项研究中，微波处理青稞的甲醇提取物对Colo-205、T47D和MCF7细胞显示出抗增殖活性，其中对Colo-205细胞抑制作用最强。这一发现可归因于微波处理后多酚的降解以及植酸和皂苷含量的下降。

在化学致癌物诱导的小鼠癌症模型中，发现青稞中的Lunasin肽可以抑制皮肤癌，因此，Lunasin肽在预防人类癌症方面具有较大的潜力。Hsieh等进一步证实了Lunasin肽可以延迟大鼠皮肤表皮细胞增殖。此外，植物甾醇也在很大程度上阻止氧甾醇刺激癌细胞活性中肝脏X受体转录。

二、降血糖

糖尿病是现代社会的一个严重健康问题，影响着全世界300亿人。近年来，青稞被证实富含人体必需的维生素、矿物质和β–葡聚糖（可溶性纤维），并被推荐为糖尿病患者的合适食物。青稞多酚（阿魏酸、柚皮苷和儿茶素）通过抑制体外α–葡萄糖苷酶和α–淀粉酶活性而显示出降血糖作用。此外，结合酚比游离酚对α–葡萄糖苷酶抑制作用更强。因此，青稞酚类物质被认为可用作2型糖尿病的治疗剂。经研究证实，阿魏酸抑制2型糖尿病的机制主要是增强胰岛素敏感性和改变氧化应激，进而发挥降血糖的作用。

除多酚外，青稞中的β–葡聚糖也具有较好的降血糖活性。据研究证实，从青稞水提取物中分离的β–葡聚糖可以抑制α–葡萄糖苷酶、α–淀粉酶和转化酶活性。因此，通过抑制酶降低葡萄糖消化水平可能是青稞在人体代谢中的第一步，青稞β–葡聚糖有望成为具有降血糖功能性食品的天然添加剂（Hu等，2020）。在亚洲，饮食中的大部分是淀粉，需要α–葡萄糖苷酶和α–淀粉酶水解，抑制这两种酶有助于降低血糖，促进健康和预防餐后高血糖症，以及缓解高胰岛素血症。另一项研究表明，来自青稞的β–葡聚糖提取物对α–淀粉酶和胃酸具有很高的抗消化能力，并能促进保加利亚乳杆菌和双歧杆菌的生长。包括α–葡萄糖苷酶、α–淀粉酶和转化酶在内的糖苷酶可以水解多糖以提高血糖。研究表明，精制β–葡聚糖的化学改变可用于体外测定中脂肪酶的发育抑制。研究表明，发芽青稞可以更好地抑制α–葡萄糖苷酶活性。研究发现，总酚含量与总抗氧化能力呈正相关，与快速消化的松饼淀粉呈负相关。此外，高酚含量（168.7毫克／100克）和低快速消化淀粉（38.7%）诱导大麦松饼调节血糖反应。他们还观察到酚类物质在降低淀粉消化率方面的重要性。体外研究表明，通过湿热处理（HMT）和干热处理（DHT）处理过的青稞会导致血糖效力降低。因此，通过热处理的青稞导致碳水化合物、淀粉和膳食纤维含量的变化，但是DHT处理的青稞被归类为中度GI（血糖生成指数）食品。

三、抗肥胖和降血脂活性

肥胖症与各种慢性疾病有关，包括糖尿病、心血管疾病和高血压。世界卫生组织（WHO）2004年发布的一份报告，将肥胖症列为全球慢性病。根据世界卫生组织的报告，尽量减少脂肪和糖的摄入，增加全谷物、水果和蔬菜的食用，可以最大限度地减少肥胖症及其相关疾病的风险。事实上，越来越多的数据表明，每天摄入全谷物可显著降低肥胖风险。因此，摄入粗粮饮食是一种可以控制肥胖的手段。

体外实验表明，根据分子量、粒径、黏度值、结合能力（脂肪、胆固醇和胆汁酸）和胰脂肪酶抑制活性，黑色和蓝色青稞中的β-葡聚糖比白色青稞中的β-葡聚糖更适合预防和控制肥胖，β-葡聚糖的分子量和黏度会影响其结合性能。有些肥胖可能归因于脂肪、胆固醇和胆汁酸的过度吸收，所有这些都与心脏病、糖尿病和癌症有关。此外，β-葡聚糖是青稞多糖的主要类型成分，青稞多糖的体外结合能力可能与β-葡聚糖有关。此外，在三氧化硫吡啶（SO_3-Pyr）修饰的β-葡聚糖对生物活性的影响中发现，青稞中较高取代度的硫酸化β-葡聚糖具有更大的抗氧化活性和体外降血脂活性。研究发现，彩色青稞中的β-葡聚糖可以与胆汁酸、甘油单酯、游离脂肪酸和胆固醇结合，远大于白色青稞中的β-葡聚糖。

青稞还表现出降血脂活性。从青稞中分离出的内酯9-烯丙基-5-甲基-1H-二呋喃异呋喃-1, 8-二酮和9种已知的内酯衍生物具有一定的降血脂活性。内酯类衍生物在体外对HepG2细胞中的甘油三酯含量有积极影响。体外测定表明，从青稞中加压水提取的多糖表现出更好的抗氧化和降血脂活性，这可能归因于经受加压水提取的多糖的高分子量和表观黏度（He等，2020）。类黄酮化合物的摄入与冠心病呈负相关，而冠心病又与血浆低密度脂蛋白（LDL）的氧化有关。研究表明，大麦中的类黄酮可以通过以下机制抑制LDL的氧化：①减少自由基的形成。②保护LDL中的α-生育酚氧化。③回收氧化的α-生育酚。④螯合金属离子。这些研究表明，青稞的β-葡聚糖和天然抗氧化剂（如多酚）可能被用作预防高胆固醇和高血脂的功能性食品成分。

四、降胆固醇

膳食纤维已被证实可以降低与心血管疾病相关的风险，提升饱腹感，并提高胃肠道免疫力。流行病学研究表明，高胆固醇含量的饮食与高胆固醇的形成密切相关。从青稞中获得的SDF（可溶性膳食纤维）以剂量依赖性方式显著降低胆固醇的摄取量（约25%）。青稞SDF具有抗氧化活性，可以降低Caco-2细胞中胆固醇吸收和合成相关基因的转录水平（体外模型）。

研究人员研究了青稞β-葡聚糖的量和粒径以及胆固醇浓度对其吸附胆固醇能力的影响，发现β-葡聚糖的胆固醇吸附能力随着胆固醇浓度和吸附时间的增加而增加，但随着吸附量和粒径的减小而降低。β-葡聚糖降低胆固醇的机制尚不清楚，但已经提出了四种假设。首先，β-葡聚糖可以结合胆汁酸排出体外，从而降低胆汁酸水平和血浆胆固醇浓度。胆汁酸是肝脏胆固醇代谢的主要产物。胆汁酸由胆囊分泌到消化道，能乳化脂质，促进脂质的消化吸收。胆汁酸分泌量的增加会加速肝脏中胆固醇的代谢，减少消化道中脂质的乳化，从而影响脂质的吸收，最终降低血浆胆固醇。其次，β-葡聚糖可以被肠道微生物发酵，产生乙酸、丁酸等短链脂肪酸，可以抑制肝脏胆固醇的合成。第三，β-葡聚糖可以促进LDL胆固醇的分解。第四，β-葡聚糖的高黏度会增加消化道的黏度，影响消化道中脂肪、胆固醇等物质的吸收。

五、降血压

高血压是一种常见的人类疾病，通常表现为持续血压超过140mmHg 或舒张压超过90mmHg。原发性高血压是一种异质性疾病，通常发生在中老年人群中，是基因及基因与环境之间复杂的相互作用的结果。该疾病没有已知或可治疗的触发因素，并具有风险因素，如老年、种族、超重、代谢疾病、低出生体重、过量和频繁摄入酒精、咸味饮食和维生素缺乏症等。

研究表明,青稞中富含多酚,如类黄酮和黄酮醇,这些成分具有很高的抗氧化活性,被认为是血管紧张素Ⅰ转换酶(ACE)的天然抑制剂(Balasuriya&Rupasinghe,2011)。ACE抑制是高血压管理的有效治疗方法。血管紧张素转换酶从血管紧张素Ⅰ中消除组氨酸、亮氨酸,以激活肾素–血管紧张素过程中的八肽血管紧张素Ⅱ(AngⅡ),这是主要的血压调节机制之一。AngⅡ诱导醛固酮分泌和肾上腺皮质的排放,从而升高血压。研究发现,紫色青稞籽粒因富含花青素,比青稞麸皮具有更强烈的抑制ACE活性,以及更好的抗高血压作用。研究人员研究了青稞水提多糖和碱提取物对TNF-α(肿瘤坏死因子α)诱导的人血管内皮细胞体外内皮功能障碍的影响,结果表明,活性氧MCP-1(单核细胞趋化蛋白)和VCAM-1(血管细胞黏附分子)水平降低,但超氧化物歧化酶(SOD)和细胞活力维持率增加。青稞多糖提取物显示了防止ACE产生的血管舒张作用。所有这些发现,揭示了青稞成分如花青素和多糖在高血压调节中的潜在保护功能。

六、免疫调节

青稞的主要免疫调节成分是β–葡聚糖和阿拉伯木聚糖。β–葡聚糖的来源和性质以及几种免疫测定方法的探索性发展(例如,测量的细胞因子类型和脂多糖污染水平)在研究中存在较大差异,因此,确定β–葡聚糖的哪些特性发挥免疫调节作用具有挑战性。影响β–葡聚糖免疫调节特性的主要特征是它们的不溶性,这与颗粒大小、颗粒构象和颗粒均匀性等特征有关。可溶性和不可溶性β–葡聚糖免疫调节特性的差异已被注意到,这意味着免疫反应在化学骨架结构和分子特征(例如β–葡聚糖的链长)的情况下具有重要意义。众所周知,青稞是膳食纤维的极好来源,青稞多糖的潜在免疫调节作用可能表明其在调节免疫反应中起着重要作用。膳食纤维可被肠道巨噬细胞和树突状细胞吸收,然后转移到淋巴结、脾脏和骨髓。纤维与结肠上皮细胞或白细胞的直接接触也可能导致炎症和发展中的免疫反应的变化。研究表明,阿拉伯木聚糖的抗肿瘤活性主要是由于其免疫刺激作用。从青稞中提取的高分子量阿拉伯木聚糖和由(β–1,4)(β–1,3)键混合连接的D–葡聚糖中揭示低免疫和抗瘟活性。根据相关研究，关于膳食纤维对免疫系统影响的结论可能还为时过早。然而，已有研究表明，膳食纤维的种类和数量可以调节免疫功能。迄今为止，只有可溶性纤维被观察到具有增强免疫的作用。

七、抗疲劳

疲劳是一种常见症状。一些研究已经表明，不同因素显著影响疲劳。例如，高强度运动引起的疲劳或疲惫会导致肌肉工作能力严重受损，还会减少身体的能量来源，如肝脏和肌肉糖原，并促进代谢物的积累，如乳酸、无机磷和氨，这些代谢物通过细胞内酸中毒导致体内肌肉疲劳。因此，从运动引起的疲劳中恢复包括修复身体损伤和消除运动过程中积累的代谢物。

氧化应激已经观察到会诱发慢性疾病，如慢性疲劳、心血管疾病、癌症和阿尔茨海默病。因此，研究人员试图确定青稞提取物在增强身体能力、减少疲劳和提高运动耐力方面的适用性，同时将副作用降至最低。来自青稞的原花青素提取物在小鼠游泳中显示出抗疲劳特性。低剂量和高剂量的原花青素可以分别延长小鼠的游泳和存活时间。此外，青稞中的抗氧化成分有助于清除导致疲劳的自由基。给大鼠喂食含有绿色青稞叶（400毫克/千克和1000毫克/千克）的饲料5天，并且监测抑制应激诱导的大鼠海马脑源性神经营养因子减少的影响。结果表明，约束应力导致自愿车轮运行减少。这些发现提供了对青稞中抗氧化成分的抗氧化特性。

八、改善认知

阿尔茨海默病（Alzheime's disease，AD）是一种与年龄相关的神经退行性疾病，影响着全球超过10万人。神经退行性疾病的症状包括记忆障碍、认知能力丧失和运动障碍。这些神经退行性疾病目前无有效治疗方法。尽管如此，仍有科学家表示，超过1/3的痴呆症状可以通过治疗生活方式因素来改善，例如涉及饮食的因素。研究表明，饮食会影响肠道微生物组，可以通过肠-脑轴调节大脑功能和后续活动。例如，高脂肪饮食诱导的肠道微生物群改变可能会导致小鼠的认知障碍。肥胖型微生物群移植已被证明会损害肠道屏障并导致小鼠的认知能力恶化。一些证据表明，神经炎症和认知功能障碍与微生物修饰相关，这是AD发病和发展的两个重要特征。

最近一项研究表明，青稞β-葡聚糖可以显著增强肠道微生物群肠-脑轴的认知功能。β淀粉样蛋白，由淀粉样蛋白产生，刺激神经元细胞毒性。研究发现青稞提取物对小鼠模型中淀粉样蛋白β肽（Aβ1-42）水平诱导的记忆和认知障碍具有延缓作用。Aβ1-42会引起氧化应激和神经毒性，以及增加被抗氧化剂抑制的脑细胞膜中的脂质过氧化。此外还发现维生素E和WHB可以增加γ-氨基丁酸含量并降低D-半乳糖处理大鼠大脑中的Aβ1-42含量。这些结果表明，富含β-葡聚糖的青稞纤维可以改善小鼠的认知行为。

九、抗衰老

老龄化社会正在迅速发展，因此实现健康老龄化是最重要的社会挑战之一。氧化应激与衰老及相关症状有关，例如糖尿病、心血管疾病、动脉粥样硬化、阿尔茨海默病和一些癌症等。

研究人员首次观察到大鼠在注射D-半乳糖后显示出明显的衰老迹象。几项后续研究表明，用D-半乳糖治疗促进自由基的增加，降低抗氧化酶活性、神经肌肉功能和免疫反应。由于这些修饰模仿了正常衰老的发现，因此可以轻松监测D-半乳糖模型的研究标准。D-半乳糖小鼠模型已广泛用于衰老诊断和治疗测试。细胞积累的未分解半乳糖醇通常被认为可以诱导活性氧和糖代谢紊乱。D-半乳糖处理的大鼠在血液、大脑和肝脏中表现出比未经治疗的大鼠更高水平的氧化应激。动物研究表明，用青稞提取物喂食处理的老年大鼠具有潜在的抗氧化和抗衰老作用。此外，与对照（未处理）大鼠相比，用青稞提取物处理的老年小鼠的抗氧化酶SOD和谷胱甘肽过氧化物酶的活性增加，而丙二醛-洛德海德水平降低。这一发现是支持使用烤青稞谷物作为抗氧化剂的经验证据。研究人员研究了大麦摄入量对衰老小鼠寿命的影响。他们发现，摄入大麦会增加其寿命约4周，延缓机体萎缩，并降低空间感知和平衡能力。因此，终生食用大麦也可能对健康衰老产生有益的影响。这些发现为青稞对氧化应激的抗氧化潜力提供了依据。

十、调节肠道菌群

青稞中膳食纤维和多酚均能改变肠道微生物群的组成，保持肠道微生物菌群的动态平衡，促进人体健康。膳食纤维在小肠中难以消化和吸收，可以到达结肠，并与微生物群相互作用，能够促进有益菌生长，抑制有害菌繁殖，调节肠道微生物组成，具有预防肥胖、降低代谢综合征风险等作用。多酚化合物的生物有效性和生物利用度较低，90%~95%在小肠中不能被消化和吸收，到达结肠后能够与肠道微生物相互作用，调节肠道微生物群，维持肠道微生物群落平衡。研究表明，多酚化合物能够促进乳杆菌等有益菌生长，抑制致病菌生长，降低厚壁菌门和拟杆菌门的比例，修复肠道微生物失调。膳食纤维与多酚类化合物能够发生协同作用，在肠道微生物的作用下，能够产生较多的短链脂肪酸（SCFAs），其中乙酸含量最高。

十一、预防心血管疾病

心血管疾病与脂代谢异常密切相关，而青稞β-葡聚糖具有显著的脂代谢调节能力，目前普遍认为β-葡聚糖对心血管疾病的辅助治疗主要在于能显著降低血浆中的总胆固醇（TC）和低密度脂蛋白胆固醇（LDL-C）含量，增加高密度脂蛋白胆固醇（HDL-C）含量。通过在饮食中加入适量的青稞β-葡聚糖提取物，可有效地降低胆固醇，并具有显著的剂量依赖性。青稞β-葡聚糖能够和胆汁酸结合，并增加肠道内容物的黏度，限制胆汁酸的重吸收，降低人体胆固醇的合成。已有大量的生理实验表明，β-葡聚糖在降低胆固醇和低密度脂蛋白方面具有特异的生理功效。

青稞产业典型发展模式与代表性企业分析

第一节　典型区域发展情况

中共中央、国务院一直以来对地方特色农业产业发展高度关注。青稞作为我国高寒地区的特色和区域优势作物，在生态和农业战略地位独特且不可替代。加快推进青稞种业振兴、产业高质量发展，对促进地方经济发展，保障口粮安全，促进乡村振兴落实落地具有重要意义。青稞在作为粮食安全重要组成部分基础上，还具有潜在的生态价值和健康价值，坚持和完善青稞产业链是我国实现供给侧结构性改革不可或缺的一环，同时也是贯彻落实习近平新时代中国特色社会主义思想的一个关键发力点。

一、西藏青稞产业发展现状

（一）西藏青稞生产种植情况

西藏自治区位于青藏高原西南部，平均海拔在4000米以上，海拔跨度大，气候类型多样，素有"世界屋脊"之称。西藏自治区耕地总面积36万公顷，拥有宜农耕地680.57万亩，耕地面积523.43万亩。在独特的地理环境下，种植业中的四大作物青稞、小麦、油菜、豌豆皆适宜该地带种植。青稞在西藏是普遍种植的作物，随海拔升高，种植面积不断加大，最后成为高寒地区的单一作物。种植制度上也随海拔的升高发生显著变化。西藏地区的青稞品种资源异常丰富，到目前为止，西藏自治区农牧科学院农业研究所联合国内科研院所及公司，先后收集、鉴定与评价了青稞等作物种质资源6000余份、野生大麦300多份。

青稞在西藏的种植历史悠久，品种类型有70多个，主推品种有藏青2000、喜拉22、冬青18等。2020年，全区青稞产量79.5万吨，分别比2015年增加8.65万吨，青稞产量、单产水平大幅度提升，增幅分别达到12.7%、4.5%。近年来，随着良种推广力度的加大，青稞亩均单产达到381.87千克，较2015年增加16.63千克。截至2021年，全区青稞种植面积211.07万亩（其中良种推广面积达198.19万亩），产量80.12万吨，产值突破32亿元，分别占全国青稞种植面积、产量、产值的47.91%、61.54%、61.42%。

（二）西藏青稞加工利用情况

青稞是西藏最大的特色优势作物，是藏族人民赖以生存的口粮，也是西藏农牧民收入的重要来源。青稞品质特征相较常规谷物而言有些特殊，目前加工利用形式主要包括种子、酿酒、精饲料及食品加工等，其中种子总需求量约为6万吨，酿酒用量约30万吨，糌粑需求量约15万吨，精饲料约10万吨，用于流通和加工的青稞约为20万吨。2020年底，全区共有规模以上的青稞加工企业52家，青稞年加工转化量达14.21万吨，加工转化率17%以上，产值超过14亿元，创建了一批具有一定影响力的自治区级著名商标。青稞加工产品主要包括糌粑、传统青稞酒、啤酒、白酒、饼干、面条、糕点、青稞米及青稞面条等。目前，西藏青稞加工方面还存在一些问题，例如企业加工方式简单、管理粗放、产业链条较短、产品种类少、缺少高附加值产品，而且青稞产品销售市场规模有限。

（三）西藏青稞产业商业化运作模式和发展潜力

西藏青稞产业商业化运作的主要特点是产供销分离，缺乏产供销一体化实体。青稞的种植者主要是农户，种植的品种主要是政府主推品种，而加工和销售实体主要是从事青稞加工的企业。近年来，自治区政府大力扶持青稞加工企业，推动"企业+农户"的商业模式，取得了较明显成效。目前较为广大农民和企业接受的三种模式如下。

1. "企业＋政府＋农户"模式

企业是市场的主体。针对一些县区资源禀赋差、经营主体少、产业扶贫难的问题，由政府牵头与青稞加工企业对接，将部分县区的产业资金嫁接到已经发展成型、取得较好经济效益的加工企业。企业所需的加工原料优先从对接县区农户收购，在收购过程中所需的人力及运输工具等，充分利用当地资源，从而增加农户收入。

2. "企业＋农户"模式

"企业+农户"模式在西藏青稞加工模式中比较常见，该模式在实现农、工、商一体化经营、抵御市场风险、克服种植规模小而散等弊端方面有重要作用。该模式可以实现青稞加工企业所需原料相对集中地种植，有利于保证加工原料的品质。弊端在于一些企业与农户之间的契约具有不稳定性，违约率居高不下，在一定程度上影响了企业的生产信心，容易阻碍青稞产业化深入发展。

3. "企业＋科研机构＋政府＋基地"模式

随着青稞加工业的快速发展及企业对科研、加工原料及销售重视度的提高，部分大青稞加工企业采用了"企业＋科研机构＋政府＋基地"模式进行生产经营，如西藏德琴3900庄园有限公司。在政府推动下，企业在部分青稞主要产区建立青稞原料生产基地，农户则按照企业要求进行种植，或由企业统一种植。产品研发上与区内外科研机构建立合作机制，而政府进一步引导、搭台，助力企业参加国内大型产品展销等，强化推广和销售。该模式有机整合了青稞原料种植、加工、新产品研制及销售的完整环节，有利于发挥各机构优势资源，推动青稞产业化高效发展。

二、青海青稞产业发展现状

（一）产业发展现状

1. 青稞生产种植情况

青海省是我国青稞生产面积仅次于西藏自治区的省份，主产县主要分布在海南藏族自治州共和县、贵南县、贵德县、兴海县、同德县，海北藏族自治州门源县、海晏县、刚察县、祁连县，玉树藏族自治州囊谦县，海西蒙古族藏族自治州都兰县。近3年，青海省青稞面积保持在7.47万～8.15万公顷、产量21.7万～22.4万吨，占全省粮食总播面积和总产的26%和22%；初步形成以品种选育为核心，包括栽培技术、加工技术在内的全产业链研究体系，育种方向涵盖高产粮用、粮饲兼用、加工专用等多用途方向；育成和主推品种有高产粮用品种昆仑15号，粮草双高品种昆仑14号、北青9号，黑色加工专用品种昆仑17号等。其中柴青1号、昆仑14号、15号等品种亩产突破千斤大关，是目前藏族地区适应性与稳产性最好的青稞品种。青海目前已成为辐射整个藏族地区的商品青稞生产基地。不同区域种植情况如下。

（1）共和县（塘格木镇）：青海省海南州，青海省青稞种植面积最大的州（县、镇），属高寒台地青稞区，约1/3耕地有灌溉条件，海拔跨度2800～3400米，常年种植面积约60万亩，平均单产350千克/亩，总产约21万吨，被农业农村部认定为第二批国家区域性青稞良种繁育基地。一年一季，一般与油菜、蚕豆或马铃薯进行轮作，主推中（早）熟、中秆、高产、抗倒伏型品种，主推品种为柴青1号、昆仑15号、昆仑14号等白粒型品种和少量昆仑17号黑粒加工专用型品种。种植技术主要采用精细整地、合理水肥、精量播种合理密植、全程机械化除草、联合收获等高效生产技术。

（2）门源县：青海省海北州，位于青藏高原北部，门源县生产的青稞裸粒呈椭圆形、颗粒饱满、均匀，千粒重高，具有良好种子外观。是生产青稞制品优质原料基地，青海省青稞第二大产区，属高寒旱作阴湿区，海拔跨度2700～3200米，常年种植面积约25万亩，平均单产200千克/亩，总产约5万吨，门源青稞属全国农产品地理标志产品。一年一季，一般与白菜型小油菜进行轮作，主推早熟、粮草双高、抗寒耐低温和抗倒伏型品种，主推品种为昆仑14号（白粒）、北青8号（白粒）、甘青4号（蓝粒）、肚里黄等品种（蓝粒）。种植技术主要采用全程机械化精细整地、土壤处理、均衡施肥、精量播种、苗期管理（病虫草害防控、追肥、叶面肥喷施）和联合收获等高效生产技术。

（3）囊谦县：青海省玉树州，属典型高寒山地青稞区，海拔跨度3500～4000米，常年青稞种植面积15万亩左右，平均单产150千克/亩，总产约2.25万吨，囊谦黑青稞为当地特色农产品。一年一季，因气候条件限制，一般采用休耕不采用轮作，主推特早熟、粮草双高、耐贫瘠、抗寒耐低温、抗倒伏型品种，主推品种为北青4号、昆仑14号和囊谦黑青稞（地方品种）。种植技术落后，一般采用人工撒播技术，大部分地区未开展化控技术。

（4）都兰县：青海省海西州，属柴达木盆地干旱荒漠绿洲农业灌溉区，海拔跨度2600～3200米，常年青稞种植面积10万亩左右，属全国青稞单产最高地区，平均单产450千克/亩左右，总产约4.5万吨，是青海省农作物优质良种繁育基地。一年一季，一般与油菜、马铃薯、小麦、藜麦等进行轮作，主推中（早）熟、中秆、高产、抗倒伏型品种，主推柴青1号和昆仑15号籽粒高产型品种。种植技术主要采用全程机械化精细整地、土壤处理、均衡施肥、精量播种、苗期管理（病虫草害防控、追肥、叶面肥喷施、适时灌溉）和联合收获等高效生产技术。

（5）贵德县、兴海县、同德县、祁连县、贵南县、刚察县：以上6个县区属青海省小块青稞种植区，常年合计种植面积10万亩左右，因地域跨度较大，平均单产跨度在200～300千克/亩。均为一年一季，一般可参与轮作的作物有油菜、马铃薯、蚕豆等，主推品种为近年来选育的柴青1号、昆仑14号、昆仑15号、昆仑18号等新品种。种植技术基本实现全程机械化，生产技术较高效。

2. 生产基础设施条件情况

在国家和省委、省政府的大力支持下，已建成青海省国家农作物原种场、国家救灾备荒种子储备库、青稞良种繁殖基地、麦类作物原种繁育基地等种子工程项目，大大改善了青海省的种子检测、加工、生产等基础设施条件。全省新建种子检测用房2500平方米、仓储设施5000平方米、晒场10000平方米。增强了青海省青稞种业体系的整体实力，提高了种子质量以及商品率和良种普及率，种子对农业增产的贡献率达到40%以上。2013年开始，通过"青海省游牧民定居工程"建设项目的实施，实行土壤培肥、平整土地、机械配套等措施，使得青稞基础设施得到改善，青稞综合生产能力得到较大提高。

3. 贸易流通情况

青海由于在青藏高原的区位优势和光照强、降雨少、病虫危害轻等自然条件优势，使青海省青稞生产成为辐射整个藏族地区的商品青稞生产的传统基地。产区集中、单产高、商品品质好、商品青稞价格在藏族地区中最低（西藏青稞单价2.2～2.5元/斤，四川甘孜州青稞单价1.8～2.0元/斤，青海省青稞单价1.1～1.4元/斤），生产的青稞除供应本省外，还销往甘肃、西藏、四川等省区，最远可达云南省迪庆州，商品率高达83%，在全国藏族地区中居于前列，市场需求强劲。

4.青稞加工发展情况

"十三五"时期,随着乡村振兴战略的深入推进,青海省委、省政府将青稞产业确定为农牧业十大特色产业之一。2018年启动实施《牦牛和青稞产业发展三年行动计划》,2019年成立青稞产业联盟,2020年出台《关于加快青稞产业发展的实施意见》。2019年底,农业农村部和青海省政府共同创建青海绿色有机农畜产品示范省以来,青稞产业标准化、产业化、品牌化的高质量发展道路越发明晰。

(1)产品种类不断增加。

"十三五"以来,青海省大力夯实青稞加工业基础,主要青稞加工企业58家,其中规模以上企业30家,青稞加工转化率达到60%,比其他省区高40个百分点以上,是藏族地区青稞加工转化率最高的省份。截至2020年底,青海省青稞产品种类从"十二五"末的5大类24个品种,增加到涉及酒类、食品类和高端保健产品等7大类30多个品种。青稞加工业已成为乡村振兴、开发营养保健类产品的朝阳产业。

(2)关键技术创新突破。

"十三五"期间,围绕构建和延伸循环经济产业链条,以企业为主体,通过实施重大技术进步与企业技术创新项目,引导企业采取引进消化吸收再创新、联合攻关与自主创新相结合的方式。共获得省级科技成果23项,专利授权100余项,成立了青海省青稞资源综合利用工程技术研究中心,为青稞产业提供技术支撑。

(3)品牌带动效益初显。

"十三五"期间,青海省不断加大商标培育力度,青稞产品认定中国驰名商品3件,为"互助""天佑德""金塔";地理标志保护产品1件,为"互助青稞酒";地理标志证明商标1件,为"门源青稞"。青稞精深加工产业总产值达到20.24亿元,给青海省青稞种植农户带来直接经济效益9000万元,受惠农民达到1.7万人,带动相关就业人数超过4万人次。

（二）存在问题

1. 青稞产区自然条件差，基础建设滞后，产量低而不稳

青稞产区主要集中在海拔2700~3900米的高寒地区，自然条件恶劣，干旱、低温、霜冻、冰雹等自然灾害频繁，严重影响青稞生产。同时由于地方经济发展较慢、自我投入能力差，农田基本建设滞后，导致了青稞生产的整体水平较低。

2. 新形势下良种良法综合配套不足，且区域间不平衡，种植效益低

在青稞技术的推广应用上，普遍存在"重品种、轻技术"的问题，对新品种的引进力度很大，往往忽视配套技术的应用，造成新品种的增产潜力发挥不足等问题。而且，不同区域间和同区域内的不同地区间因主栽品种和技术更新换代差异明显，产量水平高低不一。此外，青稞用途相对单一，以原粮生产为主，价格较低。优质加工原料生产、粮饲兼用等多样化生产比例较低，导致种植效益不高。

特别是在"一优两高"战略、"绿色有机农畜产品输出地建设"等发展战略的背景下，良种良法配套又有了不同以往的新要求、新内涵。作为高寒农、牧交错区最主要的农业产业，如何通过青稞科技创新支撑新发展战略的实施已成为当务之急。

3. 龙头企业带动不强

通过多年的发展，虽然青稞加工业规上企业已达到30多家，但是带动整个产业发展的龙头企业数量较少，龙头企业规模不够，机制不活，各自为政，未能形成合力，导致自然资源和品牌资源的浪费。没有在精深加工上寻求突破，产品附加值不高，缺乏竞争力，抵御市场风险的能力弱。

4. 企业规模相对较小

虽然青海省青稞加工企业数量不断增多，但总体发展水平相对较低，企业规模相对较小、管理水平落后、融资能力较差、创新能力不足，企业产品难以上档次，工艺水平科技含量不高。大多数企业仍是小作坊和合作社的经营模式，缺乏拳头产品，无稳定的市场份额，竞争能力较弱。

5. 产品结构较为单一

近年来,虽然青稞加工业产品数量有所增加,但仍然以酒类和初级食品加工为主,缺乏多元化、高值化产品。产业创新驱动不足,技术人才缺乏,仍然处于产业链价值链低端,尚未形成产业基础高级化、产业链现代化的青稞精深加工全产业链。

6. 品牌培育不够深入

目前,虽然青稞加工业已培育出多个知名品牌,但是不少企业缺乏品牌文化理念的支持和创新意识,在品牌建设上不能长久保持品牌生命力。不注意给品牌注入适应时代需求的新内容,品牌培育不够深入,尚未形成有利于品牌发展的良好气氛。

(三)发展方向

"十四五"期间,以"青海青稞·健康天下"为目标,扩大优质高效生产规模,推动技术创新突破,调整优化生产布局,加快建立青稞加工业标准体系。将青海省建成全国最大的绿色有机青稞产品输出地。

1. 提高产量与品质,进一步巩固青稞作为藏族地区粮食安全基础的地位

强化科技支撑,以优良品种为基础,以丰产栽培技术为关键,以"良种良法"配套为核心,以农田基本建设为保障,在促进青稞种植面积进一步扩大的基础上,进一步提高青稞产量和提升品质,稳步提高青稞的供给能力,巩固青稞作为藏族地区主粮的地位,确保藏族地区农牧民粮食安全。目前,青海省青稞平均单产在160千克/亩左右。通过选用高产品种并配套高产栽培技术,主产区(贵南、共和、门源等县)单产可以达到250~270千克/亩,次主产区青稞单产也可达200~220千克/亩。在良种良法配套的情况下,青稞单产可增产20千克/亩,总产量可增加2万吨左右。

2. 挖掘青稞的多用途功能,促进青稞产业提质增效

充分挖掘青稞作为粮饲兼用作物和优质加工原料方面的作用,构建高寒区"农牧生(态)相互促进""种养加协同发展""耕地用养结合"的高效循环农业模式,助力"一优两高"战略和"绿色有机农畜产品输出地建设"的实施。

（1）开展和加强青稞饲料化利用。

①积极发展青稞青苗饲料化利用：青稞青苗具有丰富的营养成分（青稞青苗营养价值高于籽粒，收获青苗比收获籽粒每亩可多获28.93千克粗蛋白）和再生能力强的特点，积极发展青稞青苗饲料化利用是一条非常可行的农、牧、生（生态）相结合的措施。青稞青苗饲料化利用是指在农牧交错区5月中下旬，青稞幼苗生长到20~25厘米时，放牧牲畜在田间啃食青苗或刈割青苗饲喂牲畜（后期继续生长收获粮食，一般不影响产量），而5月中下旬这一时期草原牧草刚刚发芽，正是牧区"青黄不接"，牲畜"春死"的时期。青稞苗期的生物量是同期天然草场的20倍以上，牲畜在青稞苗期田间啃食青苗，不但可以提供补饲饲料，减缓了牲畜"夏饱、秋壮、冬瘦、春死"的恶性循环，同时减轻了草原的负担。如果每年有50万亩青稞田发展青苗饲料化利用，可以减轻1000万亩草原的负担，能有效保护生态环境。

②加强秸秆的饲料化利用：积极推广种植"粮草双高"青稞品种，在保证粮食产量的同时，提高秸秆产量，加强秸秆饲料化利用技术研究，提高秸秆饲料化利用率。

（2）建立青稞耕地用养结合高效种植模式。

一是在河谷区建立"青稞产后复种豆科牧草（箭筈豌豆和毛苕子等）"种植模式；二是在高寒区建立"青稞和豆科牧草混种"种植模式；三是在有条件的地区建立"青稞、豆科作物"轮作体系。起到培肥地力，减施化肥的作用；同时解决农牧交错区冬春季牲畜优质青绿饲料缺乏的现实问题。

青稞青苗结合秸秆的饲料化利用和青稞豆类高效耕作制度是构建青稞"农牧生（态）"协同发展高效体系的有效措施，是高原地区发展循环农业的理想模式。不但发展了青稞产业，而且能促进高原畜牧业的发展和生态建设。

（3）立足青稞的资源稀缺性和营养健康性，发展精深加工，促进青稞产业的提质增效。

青稞具有"三高两低"（高蛋白、高可溶性纤维、高维生素；低脂肪、低糖）的营养成分构成，符合现代健康饮食的潮流；同时青稞中还含有β-葡聚糖、多酚、活性肽等生理活性物质，赋予青稞独特的营养健康功能，使青稞成为具有开发价值的营养健康作物。

突出青稞的营养健康作用，从传统食品、营养健康特色食品和高值化功能食品三个方向进行产品开发。着重在青稞酒系列产品、方便食品、高端保健品、多元化产品方面开展布局和部署。其中青稞酒产品重点发展出口型、高档型、保健型等不同类型酒类产品，着力构建"青稞（黑青稞）—青稞酵素—青稞（黑青稞）白酒/啤酒/果酒"产业链；方便食品方面重点发展风味多样和营养强化的面粉、挂面、方便面、馒头、糌粑、饼干、速食粥、糕点等方便食品；应用新技术、新工艺，研究开发军用/航空航天用压缩饼干、调理食品、点心等。积极构建"青稞（黑青稞）—青稞粉/青稞麦粒—青稞方便食品"产业链；高端保健品重点发展青稞蛋白粉、青稞膳食纤维、青稞低聚肽、青稞营养早餐粉、发芽青稞粉、β-葡聚糖口服液、γ-氨基丁酸、青稞黑醋、高端胚芽油等保健品，着力构建"青稞低聚肽/β-葡聚糖/γ-氨基丁酸—β-葡聚糖口服液/高端保健品"产业链；多元化产品强化与省内农畜产业有机结合，重点发展奶茶、麦片、酸奶、糕点、功能饮料等产品；推进资源循环利用，以酒糟、秸秆等为原料，重点发展有机饲料、有机肥料、酒糟酱油、酒糟护肤品等产品。至2025年末，培育产值20亿元以上企业2家，产值10亿元以上企业2家，产值1亿元以上企业6家，累计创建8个以上特色品牌。至2035年末，在"十四五"末的基础上，持续推进青稞加工业高质量发展，实现产业经济总量再翻一番，青稞加工业标准体系全面建成，成为世界级超净区生态青稞产品输出地。

（四）产业布局

依托东部地区、泛共和盆地、柴达木盆地绿洲地区和青南高原农牧交错区四大主产区，形成一个中心、三点辐射的布局框架。

一个中心：东部地区产业基地，包括西宁地区的大通、湟源2县和海东地区的互助、化隆2县。重点布局青稞产业技术研发与精深加工，开展青稞基础研究、生产加工技术研发、集成、孵化、示范和辐射，集中布局大数据管理、仓储物流和精深加工企业，建成全国最大的青稞产品研发、集散及加工中心，重点在大通县和互助县建立国家级、省级青稞产业园。

三点辐射：一是泛共和盆地产业基地，包括海北州的门源、祁连、海晏3县；海南藏族自治州的共和、同德、贵南3县。重点布局青稞初加工区，兼顾良种繁育，建成重要的青稞初加工基地和生态畜牧业补饲基地，重点在门源县、贵南县建立国家级、省级青稞产业园。二是柴达木盆地绿洲地区产业基地，主要包括香日德、德令哈2个农场。重点布局集优质加工原料生产和产地初加工为一体的综合生产体。三是青南高原农牧交错区产业基地，包括玉树藏族自治州的玉树、囊欠、称多3县，黄南州的同仁、尖扎2县，重点布局彩色青稞（黑青稞、紫青稞、蓝青稞）专用加工原料生产基地，建成重要的优质专用加工原料基地和生态畜牧业补饲基地。

三、甘肃青稞产业发展现状

2022年甘肃省《"十四五"推进农业农村现代化规划》提出，以甘南州所属各市县和天祝县、山丹县为中心，建立青稞生产基地。目前，青稞主要分布在甘南州、天祝藏族自治县、山丹县山丹军马场及沿祁连山高海拔地区，其中甘南州主要分布在合作市、夏河县等7县市，种植品种主要为甘青4号，甘青6号、甘青8号、甘青9号等。青稞种植在天祝藏族自治县内主要分布在安远镇、哈溪镇、大红沟镇、朵什镇、抓喜秀龙镇、赛什斯镇、打柴沟镇、石门镇、西大滩镇、松山镇、华藏寺镇等乡镇，种植品种主要为北青4号、昆仑14号、陇青1号等。在山丹县内主要分布在山丹军马场、大马营镇、霍城镇等沿祁连山高海拔区，种植品种主要为陇青1号。青稞是甘南州当地的优势特色农作物，不但是广大藏族人民的主要食粮，也是当地主要的酿酒（青稞酒）原料和牲畜的优质饲料，产量的高低直接影响当地农牧民群众的生活水平。近年来，随着乡村振兴工作推进，青稞产业已成为当地乡村振兴事业的重要抓手和主要产业，促进青稞加工业快速发展，对青稞保障区域粮食安全及满足食品市场多元需求具有重要价值。

（一）甘南藏族自治州

甘南州是全国10个藏族自治州之一，是甘肃省青稞主产区。甘南州青稞种植主要分布在合作、夏河、临潭、卓尼、迭部、碌曲、舟曲7县市。据2021年统计数据显示，甘南州粮食播种面积68.11万亩，产量11.48万吨。其中青稞播种面积25.47万亩，产量3.78万吨，平均亩产148.4千克，占全州粮食作物播种面积的37.4%，占粮食产量的32.9%，在全州粮食安全中起着重要作用。

2021年，临潭县青稞种植面积4.76万亩，产量0.75万吨，平均亩产158千克。主要种植乡镇以城关、卓洛、古战、长川、羊永，流顺、新城、三岔、店子等乡镇为主。卓尼县青稞种植面积5.76万亩，产量0.75万吨，平均亩产130.8千克。主要种植乡镇以完冒镇、阿子滩镇、申藏镇、喀尔钦镇、扎古录镇、木耳镇、纳浪镇、柳林镇、刀告乡、恰盖乡、康多乡、勺哇乡、洮砚镇、藏巴镇为主。碌曲县青稞种植面积1.51万亩，产量0.22万吨，平均亩产146千克。主要种植乡镇以双岔、阿拉为主。夏河县青稞播种面积5.87万亩，总产1.03万吨，平均亩产176.1千克。主要种植乡镇以阿木去乎镇、吉仓乡、唐尕昂乡、桑科镇为主。合作市青稞种植面积5.59万亩，产量0.70吨，平均亩产125.2千克。主要种植乡镇以勒秀镇、卡加曼乡、卡加道乡为主。舟曲青稞种植面积0.86万亩，产量0.14吨，平均亩产160.9千克。青稞种植主要分布在曲告纳、博峪、拱坝、插岗、八楞等5个乡镇。迭部县青稞播种面积1.12万亩，总产0.18万吨，平均亩产164.8千克。主要种植乡镇有卡坝、旺藏、尼傲、桑坝等。

近年来，甘南州青稞新品种选育目标调整为：一是粮草兼用青稞新品种选育，为进一步提升州粮食安全和生态畜牧业补饲饲料的保障能力提供品种支撑。二是专用特用青稞品种选育，为满足青稞专用特用新消费需求提供品种支撑。在这种背景下，2021年甘南州青稞良种覆盖率达到97%，其中自主选育品种甘青及黄青系列播种面积23.04万亩，占比达到90%以上。2022年，在卓尼县、碌曲县等建立青稞原原种繁育基地400亩，原种繁育基地2000亩、良种繁育基地5.1万亩，通过机播机收、抽杂保纯、病虫草害绿色防控技术集成应用等，有效保障了品种纯度，充分发挥良种增产潜力，促进青稞良种繁育的标准化、规模化,确保了甘南州粮食种业安全。

目前,甘南州有青稞加工企业及合作社50余家,产品以青稞酒为主,此外还有青稞糌粑、青稞炒面、青稞挂面、青稞麦片、青稞点心等特色产品。已成功打造"扎尕那""老青稞""桃渊紫""藏王贡""云端羚城""品味羚城"等品牌。甘南藏族自治州扎尕那青稞酒业有限公司为甘南州规模较大的加工企业,年青稞酒生产量350吨,年青稞消耗量600吨,产值800余万元。目前,甘南州乡村旅游效应已初见成效,青稞酒、青稞炒面、青稞面片等加工产品市场知名度在不断提升,有利于农牧民增收致富,促进一、二、三产业融合发展。

（二）天祝藏族自治县

2022年,天祝藏族自治县青稞种植面积4万亩,主要分布在高海拔的安远镇、哈溪镇、大红沟镇、朵什镇、抓喜秀龙镇、赛什斯镇、打柴沟镇、石门镇、西大滩镇、松山镇、华藏寺镇,主要种植品种为昆仑14号、北青4号、陇青1号。目前,天祝藏族自治县有生产加工企业1家(天祝藏酒酒业有限公司),加工小作坊10多家。现有技术推广单位2家,分别为天祝县农业技术推广中心和天祝县种业中心,承担着种质资源保护、良种繁育、基地建设、试验示范研究、技术推广等工作。近年来,天祝县加强与甘肃省农科院、青海省农科院、甘肃省农工院、西藏自治区农科院协作,深入开展新品种试验示范、种子繁育等工作。

（三）山丹县

2022年,山丹县青稞种植面积3万多亩,主要分布在山丹军马场三场、山丹军马四场、大马营镇、霍城镇等沿祁连山高海拔区,种植品种主要为陇青1号。目前,山丹县有生产加工企业1家(马场酒业公司)。陇青1号于2019年由山丹马场和甘肃省农科院经济作物与啤酒原料研究所合作开展试验示范种植,由于其抗倒、高产、适宜机械化收获,至2021年完全替代了其他品种,实现品种更新换代。2021年种植1万多亩,平均产量达408千克/亩;2022年种植2万多亩,在当年干旱条件下,平均产量为316千克/亩。2023年,进一步开展新品种陇青5、6、7号试验示范,及陇青1号原原种繁育、良种繁育基地建设,有效保障了品种纯度,促进当地青稞生产的标准化和规模化。

四、云南青稞产业发展现状

（一）云南大麦青稞生产种植情况

据国家大麦青稞产业技术体系统计数据，2022年，云南省大麦种植面积285.53万亩，总产量64.19万吨，总产值17.57亿元。其中啤酒大麦134.31万亩，亩产219.7千克，总产29.51万吨，产值为7.97亿元；饲料大麦136.72万亩，亩产231.4千克，总产31.64万吨，产值为8.54亿元；青稞14.50万亩，亩产209.7千克，总产3.04万吨，产值1.06亿元。

（二）迪庆青稞区域发展情况

1.迪庆青稞产业概况

2022年，云南青稞面积14.50万亩，其中迪庆7.2万亩、怒江3.0万亩、丽江3.5万亩、其他0.8万亩。近10年来，由于经济价值高的藜麦、葡萄、中药材等高附加值的产业挤占了青稞的发展空间，导致迪庆州青稞面积由2013年15.0万亩下降至2022年的7.2万亩。

香格里拉青稞是目前迪庆经济发展的重要经济作物。香格里拉在藏语中意为"吉祥如意的地方"，2013年香格里拉青稞的种植总面积15万亩，年产量3万吨。2013年12月30日，农业部批准对"香格里拉青稞"实施国家农产品地理标志登记保护（质量控制技术规范编号：AGI2013-03-1348）。这使得香格里拉青稞成为香格里拉的特产、藏族的主食和中国农产品地理标志。香格里拉青稞的地理标志保护范围为东经90°35'~100°19'，北纬26°52'~29°16'，覆盖香格里拉市范围内小中甸镇、建塘镇、金江镇、虎跳峡镇、东旺乡、洛吉乡、上江乡、三坝乡、尼西乡、五境乡、格咱乡等11个乡镇；维西县涉及叶枝镇、塔城镇、永春乡、攀天阁乡、白济讯乡、康普乡、巴迪乡、中路乡、维登乡9个乡镇；德钦县涉及升平镇、奔子栏镇、佛山乡、云岭乡、燕门乡、拖顶乡、霞若乡、羊拉乡8个乡镇。香格里拉青稞品种是经过多次试验挑选出的长黑青稞、短白青稞、青海黄、云青1号、云青2号、玖格等品种。香格里拉青稞特点是味甘咸、性微寒、无燥热、益气补中、实五脏、厚肠胃之功，不亚于米，久食滑肌肤，能宽胸下气，消极进食，可治脾胃虚弱，消化不良、呕吐等，经过炒熟、磨细、不过筛即可加工为当地藏族的主食炒面。自古以来，香格里拉青稞在迪庆人民群众生活中占有极其重要的地位，在本土已形成一定生产规模，是迪庆农业增效、农民增收的重要依托。

2.青稞与牦牛的关系

迪庆青稞与牦牛密切相关。牦牛主要分布于青藏高原及其毗邻的高山、亚高山地区的草地草原，是青藏高原民族地区重要的经济畜种。云南牦牛主要分布于迪庆藏族自治州、丽江市宁蒗彝族自治县，以及海拔3000米以上的高寒山区。中甸牦牛又称香格里拉牦牛，分布于云南省香格里拉市北部地区的大中甸、小中甸、建塘镇、格咱、尼汝、东旺等地，以及周边的乡城、德荣、稻城及大理白族自治州剑川县老君山，在海拔2500~2800米的中山温带区的山地也有零星分布，属肉用型牦牛地方品种。牦牛的饲养离不开青稞及其副产物，在实践中通常利用河谷区的青稞秆、秸秆等副产物加工牦牛饲料，为此高山地区除有放牧草场外还分布有青稞、马铃薯、荞麦、燕麦等种植业。历史上牦牛基本处于半家养半野生状态，夏秋季在高山草甸草地和高山灌丛草甸草地放养，母牦牛产奶时补充青稞饲料及盐，冬春季回到海拔较低的亚高山灌丛草甸草地和亚高山草甸地放养，少量补充禾本科干草、青稞秆及饲料。因此，可见青稞产业的发展与牦牛产业的发展存在密切的关系。

（三）迪庆青稞产业布局

2018年，迪庆州青稞种植面积8.03万亩，产量达1.47万吨，带动5099户农户平均增收3770万元，为脱贫攻坚作出了积极贡献。近3年来，迪庆州积极示范青稞新品种、青稞绿色高效栽培技术，推广面积共10.2万亩，总产量4.612万吨，总产值1.84亿元，新增产量0.736万吨，新增产值2942.24万元。2022年8月8日，迪庆藏族自治州人民政府发布了《迪庆州农业现代化三年行动方案（2022—2024年）》，提出要聚焦粮食、葡萄、中药材、特色畜禽、食用菌、青稞（藜麦）、蔬菜、木本油料、乡村旅游等重点产业，从抓产品到抓产业、从抓生产到抓链条、从抓环节到抓体系转变，推动重点产业转型升级、提质增效。优化青稞产业布局,在高原坝区发展春青稞种植,在河谷地区发展冬青稞种植,完善农业基础设施,强化农业科技支撑,加快青稞品种选育,规范栽培技术,提高单产,增加总产。提升青稞精深加工水平,扶持青稞加工龙头企业,构建完整的青稞产业生产体系、经营体系、产业体系。以"青稞产业+团队+项目+基地"模式,大力推进青稞良种培育、高效生产、食品安全、资源利用和装备制造等的全面创新,加快实现农业发展由资源要素驱动向创新驱动转变。加大农机推广应用,实施青稞生产全程机械化推进行动,建设青稞生产全程机械化示范区。2022—2024年,迪庆州青稞产业科技进步贡献率年平均增速保持在1.3%以上。预计到2024年,全州青稞种植面积8万亩,藜麦种植面积0.8万亩,实现综合产值2.65亿元。其中农业产值0.62亿元,工业产值2.03亿元,青稞科技进步贡献率达到55%,青稞耕种收综合机械化率达到45%以上。

(四)迪庆青稞加工情况

近年来,迪庆州按照中央、省脱贫攻坚的战略部署,围绕打造"大产业"、培育"新主体"、建设"新平台"的要求,进一步加快青稞流通贸易体系建设,逐步建立稳定的产供销市场流通体系,大力发展青稞白酒、青稞干酒、青稞啤酒、青稞食品等精深加工产品,做深青稞饮品、食品两个系列,抓好青稞产品品质。同时,打造了"香一处""香格里拉"等知名品牌,产品得到了社会各界的充分肯定和部分消费者的信赖认可,国内外市场网络体系初步形成。据不完全统计,迪庆州10家青稞加工企业中,以青稞白酒(10家企业)、青稞粉(3家企业)、青稞面条(2家企业)、青稞米(2家企业)为主,青稞啤酒、青稞干酒、青稞威士忌、青稞酥、青稞花、青稞奶渣饼、青稞松茸、青稞鲜花饼仅有1家企业生产。2022年11月26日,香格里拉高原精酿啤酒有限公司将1391件,总价值2.64万美元的青稞精酿啤酒由云南迪庆香格里拉启运出口欧洲,经昆明海关所属香格里拉海关检验合格,符合进口国相关标准要求。目前,云南迪庆青稞产业发展还存在一些不足,如规模化青稞加工企业较少,青稞加工产品附加值偏低,青稞加工产品经济社会效益相对较低等。

五、四川青稞产业发展现状

（一）青稞产业现状

1.种植情况

甘孜州耕地面积130.65万亩，粮食播种面积103万亩，其中青稞常年播种面积48万亩，约占全省青稞播种面积的2/3，是四川省最大的青稞产区。青稞播种面积和总产量均居全州各类作物之首，总产9万吨左右，单产平均200千克/亩，年产值4.5亿元。青稞作为全州的主要农作物，除泸定县外，州内其余17个县（市）均有分布，种植区主要分布在海拔2800～3600米。从近年生产情况看：种植面积在4万亩以上的有甘孜、炉霍、康定、德格、白玉、道孚6个县，在3万～4万亩的有理塘、新龙2个县，在2万～3万亩的有石渠、稻城2个县，其余县在2万亩以下。2021年，甘孜州青稞播种面积47.34万亩，占粮食作物播种面积的46%，良种推广面积44.03万亩，良种覆盖率达到93%，主推品种有康青7号、康青9号、黑六棱等。

2.产业发展基本情况

青稞在甘孜藏族地区种植历史悠久，新中华人民共和国成立前，由于社会制度的约束，在刀耕火种、广种薄收的落后耕作条件下，亩产仅有30～50千克。中华人民共和国成立后，党和人民政府高度重视藏族地区人民生活不可缺少青稞的生产发展，在改善生产条件、提高科技含量等方面给予了大力支持和关心，青稞单产也发生了四次大的飞跃。20世纪50—60年代，青稞平均亩产提高到50～60千克，70—80年代突破100千克大关。90年代以来，由于新选育品种的不断推出，尤其以康青3号为主的大面积推广应用，青稞平均产量达到150千克。2005年以来，相继育成了康青6号、康青7号、康青8号、康青9号等，2009年全州青稞平均亩产达到170千克，2012年突破200千克大关，部分高产区亩产达到300～400千克。

3.市场情况

青稞是高寒地区藏族同胞必需的传统主粮，除作为粮食外，其秸秆及麸皮等可进一步作为畜禽饲料,同时其独特的功能性营养成分可用于保健品类产品生产。近年来,基于传统方式的藏族特色青稞精深加工产品开始在市场上崭露头角,青稞的独特营养价值日益凸显,人们对相关产品的需求日益增长,这使其成了一种新的健康时尚饮食方式。现阶段,素有"康北粮仓"之称的甘孜县依托康北青稞现代农业园区,以"连片开发、集约经营、示范引领"发展方式,带动青稞产业"三产"融合发展,当地白青稞收购价达2.7元/斤、黑青稞6元/斤,青稞系列产品已越来越多地走进了人们的日常生活,青稞酒(啤酒)、青稞麦绿素、青稞饼干、青稞挂面、青稞酸奶、青稞速食面和甜醅等产品在藏族地区各大超市随处可见,备受消费者的青睐,市场需求强劲,极具开发价值。

4. 生产经营主体概况

近年来甘孜州大力完善生产经营体系,围绕青稞优势特色产业,着力培育龙头企业、农民专业合作社、集体农场和家庭农场,积极探索利益联系机制,助力农民增收,已成功培育省级龙头企业2家、培育农民专业合作社77家。截至目前,甘孜州食品饮料加工企业133家,其中青稞加工企业17家,占比12.8%;甘孜州食品饮料加工总产值7.15亿元,其中青稞加工业总产值0.71亿元,占比9.9%,食品饮料产业已成为支撑甘孜州经济发展的新引擎。其中东部地区主要依托达折渚、情人食品、洞波酒业、元正食品、雪森、桑吉卓玛、贡嘎雪域等发展青稞白酒、青稞啤酒酿造加工,南部地区主要依托琅琅琼、密奇奇、藏香味道等发展青稞饼干和青稞酒酿造业,北部地区依托格萨尔青稞文化产业园、藏麒、万顺、名人实业、哦呀食品发展青稞白酒和食品饮料加工。

(二)主要政策措施

1. 建立组织保障体系

为促进甘孜州青稞产业绿色、高质量发展,推进甘孜传统农业向生态特色现代农业跨越,州、县政府着力建立健全领导机构,成立甘孜州青稞产业发展工作推进专班,上下联动做好产业统筹布局;设立州、县专家团队着力解决制约产业发展的技术瓶颈、推广运用、提升科技创新能力;设立企业团队,突出重点,进一步提升高、深、精产业发展水平;明确责任分工,加强统筹协作,确保工作落实落地，助推甘孜州青稞产业取得突破性进展。

2. 健全科技创新体系

积极组织专业力量，重点针对突破性新品种、全程机械化等发展瓶颈问题创新研究，联合攻关，推动新技术、新品种、先进模式在青稞产业中的应用。建立完善"产学研推"一体化的农业科技创新应用新机制，加快科技成果产业化发展落地。加强农业技术推广服务体系建设，培育县级科技队伍，着力培养一批爱农业、爱农村、懂技术的现代农技推广队伍。大力扶持产业科技带头人，用好用活现有科技资源，整合企业资源，促进科技成果快速转化应用。

3. 完善目标考核体系

健全监督考核机制，严格落实粮食安全党政同责，把青稞产业振兴发展相关工作纳入粮食安全党政同责和乡村振兴实绩考核范畴，奖优罚劣。促进甘孜州青稞产业加快提档升级，构筑乡村振兴新抓手。

（三）面临的困难与挑战

1. 青稞产业链发展亟须延伸

一是青稞的精深加工和产品研发能力不强，以加工初级产品为主，精深加工产品、高科技产品、名牌产品少，缺乏市场竞争力。青稞精深加工程度不高，产品附加值较低，流通渠道不畅，造成老百姓陈化粮较多，挫伤了农民种粮积极性。二是产业融合发展程度不高。为此，部分经营主体对农（牧）旅结合模式作了一些探索，但大多仅限于农业观光和采摘为主，融合形式较为单一。

2. 科技创新不足，成果转化与产业对接有待加强

具有突破性意义的科技成果不多，科技成果转化机制不畅，特别是集科技创新、成果产业化一体的成果转化机制探索不够。新技术推广应用速度慢、水平低，新品种、新技术推广难度大。同时，由于历史原因，甘孜州农民受教育程度低，思想比较保守，观念落后，形成高素质农村劳动力严重不足，农民对新技术接受能力不强，运用科技进行生产的能力差。

3. 引智引企力度不够，产业化程度较低

区域专业技术队伍不足，成果推广不够有力，专业人才的引进不充分，导

致技术支撑力度薄弱，是目前农业科技创新及成果转化不够顺畅的主要原因。甘孜州内缺乏强有力的龙头企业带动，其他经营主体普遍存在量小质弱，各地产品初加工点零星散布，导致产品始终做不大、做不优、做不强，打不出品牌。

4. 耕整地质量水平参差不齐，影响机械化作业

尽管过去几年甘孜州建了一批高标准农田，但离"旱涝保收、能排能灌、宜机作业"的要求还有差距。还需进一步通过高标准农田建设和宜机化改造等项目以及农户投工投劳的方式，切实改善青稞产业集群实施地耕整地质量、捡拾砾石，为农业机械作业提供条件，为青稞全程机械化技术推广奠定坚实基础。

（四）发展方向

按照甘孜州"三江六带"产业发展布局总体要求，加快推进甘孜州现代农业产业带发展，紧紧围绕产业布局区域化、社会化，园区建设集约化、规模化，发展方式资本化、市场化，产品质量品牌化、绿色化。以"创新驱动、企业主导、种业提升、园区引领、融合发展"为思路，认真落实粮食安全首长责任制，推动青稞产业发展。

1. 创新驱动

强化农业科技创新，深入开展科研推广联合攻关，着力突破一批共性关键技术，集成一批绿色高质高效、"五良"配套农机农艺融合发展的技术模式。加快成果转化和推广应用，促进青稞产业可持续发展。

2. 企业主导

引进、培育扶强加工龙头企业，促进生产加工，研发生产一批集粮油商品、保健药品、高精饲料的青稞产品，整合提升青稞产品区域品牌。发挥龙头企业引领带动作用，引导加工企业走专精特新发展道路，促进青稞产业发展。

3. 种业提升

加大引智力度，通过院州、校州、校站合作，集中甘孜、康定、稻城、道孚等县建设青稞科研试验基地，加大种业科技产业人才引进与培养力度。合理制定青稞阶段性种业目标，提升青稞产业科技含量。

4. 园区引领

按照甘孜州委、州政府"三江六带"产业发展要求，提升现有园区、布局新园区，加大产业扶持、企业培育力度。改造完善园区内生产、加工、销售等全产业链，充分发挥现代农业园区示范引领作用。

5. 融合发展

搭建对外沟通与合作交流平台，大力培育加工龙头企业和适度规模经营及社会化服务主体，促进产业链整合发展；通过农旅融合发展乡村旅游、休闲农业，大力发展订单农业、园区农业、景区农业、创意农业，拓展青稞多重功能，促进农旅互动；加快物联网、电子商务等在生产过程、产品销售中的应用，延长产业链、提升价值链、重组供应链、完善利益链，促进一、二、三产业深度融合。

（五）产业创新与展望

1. 科学定位，持续加大投入，改善生产条件

以青稞产业发展规划为先导，结合各地的资源禀赋、农牧民种植习惯、加工经营现状等，与高原特色旅游融合，充分挖掘文化内涵，注重参与体验，加快创意发展。突出主导产业的支持政策，加大投入，改善生产基础条件，不断提高综合生产能力。同时也应采取激励措施，引导农民自身加大对生产的投入。

2. 培训农民，提高劳动者素质

劳动者的文化素质高低直接关系着生产力水平发展，藏族地区农业的发展必须加大农民的培训力度，不断提高他们的科学文化素质，促使其转变生产、生活、经营观念，让他们成为懂技术、会管理、能经营的新型农民。

3. 重视人才工作，加大科研与技术推广力度

一是要加大本土人才的培养，下功夫培养一批本地的"双语"技术人才，使他们在生产中发挥技术服务的重要作用，成为生产中的技术中坚力量；二是要加大科研人才的引进与培养力度，搞好科研工作，在青稞生产上要有突破性品种和关键技术的成果，并能很好地应用于生产，提高生产活力中的科技含量；

三是健全服务推广体系,保证工作人员的工作经费,充分发挥好服务功能作用。

4.合理制定青稞阶段性育种目标

立足自身特殊生态和生产条件,面向未来,结合产业发展需要,既要重视从选育高产优质高效的新品种,也应加大有特殊保健功能的专用品种选育。做到科研服务于生产与开发相结合,充分体现科技是第一生产力的价值作用。

5.发挥特色优势,做好产品开发工作

青稞产品营养丰富,具有多种保健功能,且生长在无污染的高原环境中,产品的市场开发空间巨大。应在产品研发、市场拓展上下功夫,突出加工增值这个关键,以农民增收为目的,加工业的发展又能够很好地带动青稞种植的发展。

6.加快青稞产业标准化建设

积极开展"三品一标"认证,从青稞种子、种植、加工、管理、品牌、市场全产业链开展标准化建设;加大青稞生产基地建设,大力推进"公司+基地+农户"模式;强化企业产品标准建设,在全国率先推出一系列青稞产品标准并使用;突出地方标准与品牌建设,打造区域特色品牌。

7.着眼长远,建立预警机制

川西高原是农业生产灾多灾频灾重的地区,要保证农业生产的稳步发展,从长远来看,应建立青稞生产预警机制系统。不仅有利于规避青稞生产的风险性,提高农民的生产积极性,也有利于青稞的生产、科研、推广和产业化发展。

第二节　典型企业及发展情况

一、西藏企业典型案例分析

（一）西藏春光食品有限公司

1.企业简介

西藏春光食品有限公司成立于2004年7月，位于达孜区工业园区，是西藏地区较早涉及研发青稞食品加工的农牧产业化的民营企业。公司始终以"为西藏人民造福，为全国人民送健康"为发展理念，在西藏自治区、拉萨市、达孜区等有关部门的大力支持和亲切关怀下，围绕西藏自治区、拉萨市有关产业政策，以民族特色产品为主导，通过企业自身不懈的努力，先后研制开发了青稞系列产品生产线，产品投入市场后，赢得良好的社会经济效益。目前公司有员工56名，其中管理和技术骨干14人，普通员工42人，其中有20名为精准扶贫对象。公司于2005年4月1日正式投产，累计收购青稞19263.81吨，主要以藏青320和藏青2000为主。2016年，公司扩大生产规模，自主开发和引进青稞香米生产线和青稞谷物早餐生产线。2020年，新建西藏规模较高、标准化青稞烘焙系列食品生产线和酿造类生产线。

西藏春光食品有限公司在2005年12月通过ISO9001质量管理体系认证，2008年取得HACCP安全生产管理认证，并于同年被西藏自治区科技厅认定为首批"科技型中小企业"。2008年、2011年、2014年被评为拉萨市龙头企业，多次被达孜区评为先进企业。2014年获得拉萨市科技进步奖二等奖。2020年获得了拉萨市青稞特色食品工程研究中心的称号；2021年被评为拉萨市农牧产业龙头企业、西藏自治区高新技术企业、自治区级龙头企业、区级绿色工厂。

公司始终把科研工作作为公司生产经营工作的重点，目前已研发青稞干吃片、青稞速食面条、青稞饼干、青稞香茶、青稞人造米、青稞麦绿素及苗粉、青稞月饼、青稞膨化类食品、果蔬脆片等产品，青稞含量均在60%以上，甚至达到

100%。目前, 公司已经获得了15项专利证书。

2. 经营模式

公司自成立以来, 逐步认识到现代化的食品加工企业必须要有优良的原料基地, 已形成"企业+基地+农户+市场"的组织形式。公司本着以发展西藏地区地域特色为重点, 以公司发展带动农民致富, 实现双赢为根本, 将散户经营者变为集约经营, 将原来局限于一家一户生产的散户集中起来, 建设标准化青稞种植基地, 对种植基地和农户实行科学种植管理, 为农户提供相关信息、采购生产、引进新品种、组织技术辅导和培训, 为农户解除后顾之忧, 组成了"公司+专业基地+农户"的经济共同体, 直接带动农户1000余户, 间接带动农户4000余户, 每户增收9574余元。解决当地21名农牧民就业问题, 提供季节性农牧民就业岗位27个, 农牧民平均工资为2500元。

3. 销售情况

公司产品目前主要在西藏、北京、广州、山东、深圳、福建厦门、浙江温州、宁波、青海西宁等市场销售, 产品曾出口到日本、韩国、尼泊尔。此外, 公司积极与大型食品加工企业寻求点对点合作, 西藏春光食品有限公司与北京阿果安娜有限公司、四川林记食品、上海来伊份公司、安徽燕之坊公司、北京晶稞有限公司、广州完美公司、成都伊藤洋华堂有限公司、西藏民航航空食品配送公司、西藏百益商贸集团有限公司等公司深化合作, 是公司开拓细分市场的重要成果。在此基础上, 公司坚持走产业化经营发展之路, 近几年来, 立足于青稞产业结构, 密切联系西藏农业发展的实际, 强化产业联运。青稞食品生产以西藏传统的优质青稞为主要原料, 生产符合人民群众需求的食品, 带动农业主业发展。改善西藏地区的生态条件, 为西藏地区产业结构调整作出贡献。

(二) 西藏德琴阳光庄园有限公司

1. 企业简介

西藏德琴阳光庄园有限公司成立于2016年, 坐落在日喀则市桑珠孜区江当乡光伏小镇内, 总占地面积146亩。目前拥有青稞米、青稞面、青稞超微粉、青稞精酿啤酒四大产品线, 拥有5000级卫生标准车间及现代化生产标准流水线,是国内目前"青稞全产业链发展规模大、科技含量高、带贫机制全、品牌影响力强"的行业佼佼者。2020年，西藏青稞产量达79.5万吨，日喀则市青稞产量达40万吨。在德琴青稞精深加工产业园区，青稞年加工产量达10万吨以上，其中青稞米年加工产量达8万吨以上，青稞粉加工产量达2万吨以上。

为创新青稞品类研发，攻破高原生产线技术难题，公司与北大荒、蔚蓝科技、中粮、碧桂园、华大基因、江中食疗、米老头、浙江大学、江南大学等国内知名企业、院校达成合作，将青稞转化为青稞馒头、青稞花卷、青稞速冻面条、青稞蛋糕、青稞蛋卷等一系列高附加值产品。立足日喀则市"青稞之乡"资源优势，结合青稞营养价值，通过加强与北大荒建设高标准青稞种植及种子繁育示范园区，与光明集团、天津食品集团、北京首农集团、中粮集团研发与销售青稞制品，与西藏农科院等国内一流企业和资深院所机构合作，着力在产品多元化和精深化方面取得突破，不断延伸青稞产业链条，攻破高原生产线的技术难题。在青稞的生产工艺和应用加工上，实现全青稞产品类别的开发，通过科学技术支撑为广大藏族地区群众增加收益，有效带动了当地农牧民群众增收致富，让农民切实感受到青稞种植给家庭增收带来的促进作用，调动了当地农民的种粮积极性。为科技扶贫作出有益的尝试与探索，推动青稞产业上规模、提档次、增效益，实现转型升级。

2. 经营模式

通过"政府搭台+企业引领+科研合作"模式，推进一、二、三产业融合发展，不仅帮助农牧民脱贫和助力乡村振兴，而且通过联合有实力的科研院所，解决生产中遇到的问题，提升了科研能力，并研制出更多营养健康的青稞食饮品。与多家销售平台合作，使企业的销售明显提升，企业品牌知名度显著提高。

3. 销售情况

为拓宽销售渠道，打通内地市场，与北大荒、中粮分别成立了合作公司，依托其销售渠道在8个片区销售青稞米面产品；与芭比馒头进行合作，在华东建立了70个青稞馒头销售推广点；与青岛邮政达成战略合作，在青岛各县区建设

15个高原特色产品体验馆,产品已全部入驻。目前,西藏德琴阳光庄园有限公司在全国60多家央企国企平台及全国供销社、团餐协会,B2B、B2C以及新零售大平台全面铺设市场通路。青稞做成的馒头、花卷、速食面等产品走进沃尔玛超市,深受广大消费者的欢迎。

二、青海企业典型案例分析

(一)青海省贵南草业开发有限责任公司

1.公司简介

青海省贵南草业开发有限责任公司前身为青海省贵南牧场,始建于1933年,现隶属于青海省三江集团有限责任公司。公司地处海南藏族自治州贵德、贵南2县境内,距省会西宁152千米,区域内,海拔3050~3300米。公司现有土地总面积101.43万亩,其中天然草场48.56万亩,人工草地12.3万亩,耕地15万亩,牛羊7万头。现有职工1823人,社会总人口约7600人。主要经营粮油种植、草产业、牛羊养殖等,产品主要有青稞、油菜、牧草、草种等。

公司下设7个农牧业分公司,22个农牧业生产队,一个集体所有制东科牧业大队。拥有草产品加工厂、牛羊繁育基地、有机肥厂、试验站、宾馆、水管队、林业站等下属单位,是一家集农、林、牧、工、服务于一体的综合性农垦企业。

2.经营模式

公司青稞种植历史悠久,从建场开始种植燕麦、油菜、青稞等农作物,现已形成比较完善的种植技术体系,青稞种植品种以昆仑15号、昆仑14号、昆仑17号等昆仑系列为主打品种。年种植规模3万~9万亩,年生产青稞1.5万~3万吨。目前,通过优良品种引进,规模化集约化经营,单产大幅度提高,由原来的平均每亩200来千克提高300多千克,处于青海省较高水平,个别地块单产创历史纪录(2019年最高单产达到501.5千克/亩)。

公司长期与省农科院在青稞优良品种育种方面开展技术合作,通过发挥科研支撑、科企协作创新模式,提升青稞种业科技创新能力。筹建青稞育种试验研发基地，以建立青稞"育繁推"一体化基地为抓手，将农科院科技创新、人才培养、社会服务等优势和公司资源优势和产业发展有机结合，开展全方位、多领域、深层次合作，实现了"产学研"联合，为推进公司加快现代农业发展步伐提供科技支撑。

3. 销售情况

在做大做强粮油种植的基础上，公司以绿色有机生产为抓手，公司10万亩耕地通过有机认证，年产5万吨左右粮油有机产品，形成了利用草产业，发展养殖业，利用动物粪便生产有机肥，有机肥还田粮油生产的多产业循环链的生态农业发展模式，成为省内有影响力的有机农牧业示范企业。生产的青稞籽粒饱满，容重高达到760以上，品质佳，并获得有机产品认证，形成全省最大的有机青稞生产区。青稞销售采取订单农业生产经营模式，先后与青海省互助青稞酒厂等企业合作，为精深加工企业提供优质有机青稞原料。

（二）青海互助天佑德青稞酒股份有限公司

1. 企业简介

青海互助天佑德青稞酒股份有限公司主要从事青稞酒的研发、生产和销售，主营"天佑德""互助""八大作坊""永庆和""世义德"等多个系列青稞酒，以及"马克斯威"品牌葡萄酒。公司旗下拥有4家全资子公司和2家控股子公司。此外，该公司是全国最大的青稞酒生产基地，也是西北地区白酒行业龙头，被誉为"中国青稞酒之源"。

公司产品被国家市场监督管理总局批准为"地理标志保护产品"，被中国酿酒工业协会认定为"中国白酒清香型（青稞原料）代表"，酿酒所用青稞及青稞酒产品均获得了有机认证证书。1993年，在国际名酒香港博览会中，公司青稞酒获白酒银奖、互助特曲获白酒双马奖、特制大曲获白酒银奖、互助头曲获白酒金奖、青稞液酒获白酒金奖。2020年，公司产品出口型、红四星、金宝、红五星荣获香港国际葡萄酒烈酒大赛银奖。2021年5月，被认定为第五批国家级非物质文化遗产。公司拥有完善的研发与检测体系，白酒检测中心取得中国CNAS国家实验室认可（注册号L8508），具备承担白酒检测的第一方、第三方检测服务能力和向社会出具数据报告的资格。

2. 经营模式

公司与多家牧场和广大农户签订青稞收购合同,每年收购原粮4万~5万吨,建立了"公司+基地+农户"的合作模式,带动青稞种植户大幅增收。

3. 销售情况

2021年,是公司"三年绩效管理战略"的第一年——绩效基础年。董事会引领公司上下,紧紧围绕"机制改革、质量突破、营销并举、授权经营"年度经营方针,全面提升经营管理水平,全力营造改革创新氛围,不断创新营销模式,持续提升产品品质,大力优化生产工艺。通过公司全体员工的不懈努力和共同奋斗,实现了扭亏为盈的经营目标。2021年,公司实现营业收入105413.79万元,较上年同期增长38.00%,利润总额9238.58万元,实现归属于上市公司股东的净利润6322.48万元,实现税金27647.93万元。

(三)青海新丁香粮油有限责任公司

1. 企业简介

青海新丁香粮油有限责任公司成立于2007年,是青海华实科技投资管理集团的控股子公司。2007年2月,华实集团收购原青海丁香粮油(集团)有限责任公司(前身为马坊面粉厂),成立青海新丁香粮油有限责任公司。2014年12月完成新建加工项目搬迁(新址:生物园区经二路北段14号),2015年6月15日正式运营;公司注册资金1.3亿元,占地108亩。公司现有员工102人,内部组织机构包括:营销部、生产技术部、财务综合部,企业已通过了ISO9001质量管理体系的认证。

公司先后被列为国家粮油产业化龙头企业、青海省粮食应急定点加工企业、青海省政府平价粮油投放工作先进单位、青海省粮食协会优秀会员单位、青海省级农牧业产业化龙头企业、青海省老字号、青海省名优特商品企业、青海省粮油食品金奖、青海省农业产业化龙头企业、青海省科技型企业。2020年疫情防控期间,因表现突出,先后被国家粮食储备管理局、青海省委、省政府授予"抗疫先进集体"荣誉。2021年9月,公司先后被评为国家级粮食应急保障企业（青海省唯一一家）和国家级农牧业产业化重点龙头企业。

目前，公司已实现了对青稞麦片、青稞挂面、青稞麦茶及袋泡茶、青稞面馆及方便休闲青稞小食品等青稞系列食品的产业化。建有青稞米、青稞挂面、青稞麦片、青稞茶及青稞粉等5条生产线。产品在推广过程中，也获得了越来越多的消费者认可。2019年11月，青稞挂面获得第二届ICC亚太区国际粮食科技大会科技创新奖。2020年6月，"青稞面馆"荣获"2020年第二届西宁农村创业创新大赛金奖"。2021年10月，丁香青稞产品获得"有机产品认证"。2022年、2023年，公司青稞产品获得"FFC中国功能性食品大会科技创新奖"。

2. 经营模式

近年来，公司积极响应国家政策以及省政府关于大力发展青稞产业的规划，采取"公司+基地+农户"的农业产业化发展模式，成立青海新丁香青稞产业联合体。通过吸收互助、门源、贵南等贫困地区的青稞种植合作社、家庭农牧场、种植大户形成利益共同体，聘请农技专家进行实地指导，实现青稞产品从田间到餐桌全程质量跟踪，积极探索青海省青稞生态资源全产业链发展。2019年，"青海新丁香青稞产业联合体"获批青海省第二批农业产业化联合体，在青海省青稞主产区建成2.2万亩青稞种植基地，有效带动当地农户增产增收，脱贫致富。

3. 销售情况

现阶段青稞产品销售模式主要有线下销售与线上销售两种：线下与香飘飘食品股份有限公司等30余家企业达成合作，进行供货销售；线上通过湖北叽咕娃电子商务有限公司、拼多多商城等进行销售。产品覆盖北京市、天津市、广东省、江苏省、山西省、西藏自治区、甘肃省、宁夏回族自治区等，消费者反响较好。

自2018年至今，为国内知名企业如香飘飘、伊利等企业供应青稞米产品，为企业创收500万元以上，近3年总销售收入达到3360万元。目前，创新平台迎合消费者需求开发适合糖尿病人食用的低GI青稞专用粉系列产品并开展成果转化，为企业开拓了新的利润增长点，填补了青稞面条专用粉、青稞饺子专用粉以及青稞馒头专用粉等在消费市场的空白，获得了消费者的不断认可。预计在未来3~5年内，随着青稞主食系列产品产业化推广程度的不断深入及消费者市场不断培育及完善，青稞主食系列产品将为成果转化企业带来5000万元以上的新增产值及销售收入。

三、甘肃企业典型案例分析

（一）西藏奇正青稞健康科技有限公司

1. 企业简介

西藏奇正青稞健康科技有限公司成立于2007年8月31日，是集杂粮研发、种植、加工、销售为一体的食品加工企业。自2007年成立以来一直致力于规范市场、铸造品牌，向市场提供最优质的、健康的青稞系列产品。公司坚持以自主研发为主，市场牵引研发方向，技术保护和专利保护并行，所有生产工艺具有创新性，并获得专利保护。所有产品都有专利先行的理念，目前公司已获得国家发明专利证书29项。此外，公司注重规范化、标准化制度的建设、完善和运作，努力营造具有特色的企业管理理念，始终致力于开拓市场、铸造品牌。公司通过了食品安全管理体系认证（ISO22000）、环境管理体系认证（ISO14001）、职业健康安全管理体系认证（QHSAS18001）、质量管理体系认证（ISO9001）；公司在拉萨林周县、林芝察隅县、拉萨曲水县建立了有机杂粮种植基地，并通过了中国、美国及欧盟绿色和有机产品种植及加工认证。2016年，公司产品珠峰天米和鸡爪谷粉成为首批西藏自治区"国家生态原产地产品保护"品种，取得了生态原产地保护认证；2021年青稞脆片、青稞饼干取得低GI食品认证。

近年来，该公司获批国家杂粮加工技术研发分中心、拉萨市龙头企业、西藏自治区高原绿色食饮品产业技术创新联盟副理事单位、西藏自治区工商联合会成员、西藏自治区农畜产品流通经纪人协会常务理事单位，获得全国优秀质量管理小组证书（2022）、珠峰天米（青稞米）获得第九届中国国际有机食品博览会暨BioFach China 2015产品金奖、珠峰天米（青稞米）获得2017年全国糖酒会优秀奖等荣誉。目前已建成食品加工生产线9条，全自动纯物理杂粮初加工生产线2条并获得11类注册商标及400个集团公司商标的全范围使用授权。

2. 经营模式

发展10多年以来，西藏奇正青稞健康科技有限公司作为西藏农牧产业化龙头企业，引领西藏青稞种植加工技术进步和规模化经营，专业专注青稞种植、产品设计、生产加工、产品销售于一体发展。采取"公司+基地+合作社+农户"的产业化经营模式和"产品差异化"的战略路径，以"专注打造西藏青稞健康食品"为己任，充分利用西藏青稞膳食纤维、β–葡聚糖含量高，结合大米、小麦面粉和其他特殊营养成分，打造健康膳食结构，开发特殊人群的专供食品，让西藏青稞走出西藏、走向全国、面向世界，实现"崛起藏族地区粮仓、助力国人健康"的战略目标。

3. 销售情况

近年来，西藏的青稞也以各种各样的产品形态进入内地流通市场，这些渠道以产品形态主要分为三类，原料粮渠道（青稞米、珠峰天米、青稞粉、青稞全麦粉）、健康食品渠道（青稞麦绿挂面、青稞高纤粉、青稞水果脆片、青稞滑面、青稞牛肉面）、功能食品渠道（青稞黄精茶、青稞低GI饼干、青稞高纤饼干）。主要渠道策略如下：①原料粮，大包装产品以工厂原料渠道、餐饮渠道为主要渠道；小包装产品杂粮渠道、电商渠道为主要销售渠道。②健康食品，主要销售渠道为电商渠道、新零售直播渠道、大卖场、大型商超。③功能食品，主要以养生渠道、医药连锁渠道为核心。

2018年至今，奇正青稞销售已在全国设置成立5个大区10个办事处，未来，奇正青稞的销售队伍仍将逐步扩充。销售队伍组团参加各类行业展会，收集梳理200多家客户，其中合作大品牌大客户10余家。这些大品牌客户，合计拥有终端门店共35000多家，年销售额合计2000亿元以上。奇正青稞将依托这些大客户及零售终端在未来实现青稞系列产品销售持续增长。奇正青稞所确定的生产品种和规模，是长期深入市场挖掘并在研发制造端沉淀的结果，符合市场发展的需求，通过企业强势营销的运作，必将带来良好的经济效益和社会效益。

（二）甘南藏族自治州扎尕那青稞酒业有限公司

1. 企业简介

甘南藏族自治州扎尕那青稞酒业有限公司于2015年6月成立，是甘南州传承藏家传统酿造工艺清香型白酒生产企业之一。公司坐落于甘肃省甘南藏族自治州迭部县电尕镇吉爱那村，主要经营白酒、生产、批发、零售、农产品深加工业务，始终秉承"把白龙江流域传统藏家青稞酒酿造工艺传承下去，让青稞深加工产业成为白龙江两岸藏家儿女发家致富的持久产业"的经营理念。保证其"口感、风格不变的情况下达到国家标准，形成品牌"的文化理念。

2. 经营模式

近年来，在县委、县政府、镇党委、镇政府的坚强领导和大力支持下，甘南藏族自治州扎尕那青稞酒业有限公司响应党和国家号召，履行社会职责，投身乡村振兴建设，让农牧户以自由灵活的形式就业，用工形式灵活多样，有效帮助已脱贫家庭，增加收入来源。公司将"扶业"和"扶志"相结合，激励广大农牧户，增强自我"造血功能"，加快乡村振兴致富步伐，为实现乡村振兴攻坚目标和全面建成小康社会提供坚强保障。践行"敬业、诚信、担当、奉献"的企业宗旨，锐意进取，砥砺前行，推动劳务振兴；今后将进一步拓宽对农牧民的帮扶渠道，加大帮扶力度，建立"企业+合作社+农牧户"的模式，共同发展，实现村企合作，推动产业化振兴。此外，该公司计划在现有基础上，继续强化产业发展，进一步提质增效，实施产业升级改造，提高老青稞系列、扎尕系列白酒产品的品质；强化技术创新能力，持续研发符合消费者需求的白酒产品，不断完善白酒质量和风格，进一步提高市场竞争力。同时依靠品牌优势和营销创新，做好广阔的营销网络建设工作，全面推广"扎尕那""老青稞"品牌，为实现营业收入和净利润的持续增长奠定基础。

3. 销售情况

2022年，开发商超2家、酒店2家、终端13家。新开发的2家商超是甘南州规模较大的购物商超，所上产品为50%Vol.系列的全部产品；2家酒店所上产品为45%Vol.、5%Vol.系列的全部产品。新开发零售终端城区4家，乡镇9家，所上产品主要集中在中低档产品区，且大部分是45%Vol.、42%Vol.、38%Vol.系列产品。

2022年，完成销售额400万元。比2021年同期增长126%，回款率为100%；低档酒占总销售额的41%，比2021年同期降低5个百分点；中档酒占总销售额的28%，比2021年同期增加2个百分点；高档酒占总销售额的31%，比2021年同期增加3个百分点。

（三）甘南云端羚城食品科技有限公司

1. 企业简介

甘南云端羚城食品科技有限公司位于甘肃省甘南州合作市生态产业园区，于2020年5月成立，主要经营非食用农产品初加工，食品进出口，食用农产品初加工，农产品的生产、销售、加工、运输、贮藏及其他相关服务等。品牌化运作为云端羚城的主要经营理念，结合加工厂紧邻景区的优势，公司计划搭建云端羚城大型体验式旅游购物中心和藏文化体验中心。正式投入使用后，将成为甘南首个旅游购物中心，7县1市特色农产品和藏地极具特色的农产品将在这里进行集中展示销售。同时，公司打造的线上和线下自营馆以及各景区景点游客服务中心将同时发力，全面展示品牌形象，优化游客购物体验。

公司立足甘南特点甘南特色，产品分为谷物系列、茶饮系列、高原菌菇系列三大系列，前期加工试生产的高原有机藜麦、青稞、燕麦等产品，已销往北京、天津、广东、湖北、海南、黑龙江等多个省区。藏地精品八宝茶系列产品已经完成配方研发和营养学评估，即将投产上市。目前，中后期高端产品研发生产项目均已立项推进。

2. 经营模式

公司力争打造服务于农户和农牧村专业合作社的综合性开放共享平台，解决传统农产品零散、小而不精的痛点，提升甘南农产品品牌影响力和产品附加值，切实提升藏地农牧民收入，推动甘南乃至藏地农牧产业形成共赢、共创、共荣的生态圈。主要以收购、研发、加工、销售、营销为一体的商业模式，探索形成了"加工厂+平台+合作社+农户"的可持续合作模式。

3. 销售情况

云端羚城将始终立足青藏高原，持续以绿色发展理念为引领，开拓农产品销售服务边界，探索市场主导的产业化农产品加工生产销售生态集群，辐射带动周边农牧民群众增收致富，助推藏地文化旅游事业繁荣发展，为甘南乃至整个涉藏地区农产品产销提供优质解决方案。2022年，共计销售收入267万元，带动9名大学生就业，帮助当地农户83户增收。

四、云南企业典型案例分析

（一）香格里拉酒业股份有限公司

1. 企业简介

香格里拉酒业股份有限公司创立于2000年1月，位于迪庆州香格里拉经济开发区，主要从事青稞威士忌、大藏秘青稞干酒、青藏高原青稞白酒和香格里拉葡萄酒共四个系列产品的研发、生产和销售以及相关原料基地的培育建设。公司注重人才培养和技术团队建设，建设了一支技术过硬的骨干队伍，公司共有职工88人，其中正高级职称3人、副高级职称2人、中级职称6人；国家级评酒委员4人、云南省评酒委员1人、云南省技术创新人才1人、荣获全国农业农村劳动模范1人、享受云南省津贴1人、云南省"五一劳动奖章"1人、云南省科技特派员1人、迪庆州雪域人才1人、迪庆州科技特派员5人；国家一级品酒师3人、国家一级酿酒师3人、国家二级品酒师2人、国家二级酿酒师2人、国家三级品酒师4人及各项技能型人才40余人。主导产品为"香格里拉""大藏秘""青藏高原"等品牌的葡萄酒、青稞威士忌、青稞干酒和青稞白酒，是迪庆州首家被授予"农业产业化国家级重点龙头企业"的企业。公司先后荣获"国家级放心酒工程·示范企业""中国红酒行业十大影响力品牌""中国葡萄酒金牌酒庄""全国食品工业质量竞争力卓越企业""全国和谐劳动关系创建示范企业""云南省绿色创新20佳企业""云南省创新型示范企业""云南省优强民营企业""云南省民族团结示范单位""云南省省级专精特新成长型企业""带动农户增收致富先进企业""迪庆州5强企业""迪庆州知识产权优势企业"等。

2.经营模式

20年来，公司实施香格里拉品牌战略，秉承"用心酿美酒、诚信铸品牌"的质量、食品安全和诚信方针，坚持工匠精神，确保食品安全，把香格里拉打造成了中国高端葡萄酒、高端威士忌企业。各项经济指标在国内葡萄酒行业名列前茅，品牌影响力在行业内排名前五，品牌营销排名前十，先后荣获"中国红酒行业十大影响力品牌""国内葡萄酒行业最美产区"等。公司建立了完整的现代企业管理制度和运作流程，实现标准化管理。建立了从原材料、加工到售后全过程的追溯体系，为产品质量和环境保护提供了保障，近几年来的产品质量检测合格率100%。公司还努力健全支撑保障体系，建立了完整的生产管理体系和应对各类风险的机制。

3.销售情况

公司开发的"香格里拉"高原系列葡萄酒上市以来，已先后荣获国际、国内100余项各类葡萄酒大赛奖项。公司依托迪庆高原独特的青稞、酿酒葡萄和其他生物资源，在云南省、迪庆州和开发区各职能部门的鼎力支持和帮助下，克服了进口葡萄酒对国内冲击，成本持续上升等生产经营中的种种困难，加大了香格里拉品牌建设和市场营销力度，实现了快速发展，现总资产已达4.2亿元。企业近3年销售超过1亿元，销售遍布浙江、江苏、福建、河南、广东、湖南、河北、云南等区域，加盟体验店已超过50家，目标超过200家，并将借助体验店把香格里拉农特产品销往全国各地。

（二）香格里拉藏龙生物开发股份有限公司

1.企业简介

香格里拉藏龙生物开发股份有限公司成立于2001年，企业资产总额15000万元，现有职工126人。公司以做强基地、做精产品、做大市场的发展理念，以雪域高原香格里拉为依托，充分利用现代高新技术与现代经营理念，实现优势再生特色资源的产业化开发与规模化生产。公司拥有工艺先进的牦牛肉加工、青稞加工、藏香猪肉加工、藏香鸡肉加工、牦牛乳制品加工、野生食用菌加工、野生菜加工等特色农产品加工生产流水线。并采用餐饮连锁店、产品专卖连锁店与现代物流系统、冷链物流配送系统为纽带,充分拓展国内外销售市场,努力打造香格里拉民族品牌。

2. 经营模式

（1）不断创新生产经营模式。

公司产品有牦牛肉系列、青稞系列产品、青稞酒系列、藏香猪肉系列、藏香珍珠鸡肉系列、野生食用菌系列、野生食用野菜系列、藏龙黄果、核桃油等达78种132个单品。2022年,产值达1.2亿多元,实现了迪庆再生资源优势向经济优势的转变。通过提高产品质量与技术改造,2004—2021年,公司产品荣获"云南省名牌农产品""云南省著名商标""消费者喜爱的云南食品""科技产品二等奖"等荣誉称号。同时企业通过了全国工业企业食品安全生产许可认证（SC认证）、ISO9001:2000国际食品质量管理体系认证、ISO22000（HACCP）食品安全管理体系认证。公司自成立以来,得到了政府的大力支持,企业先后荣获"国家级扶贫龙头企业""全国食品质量安全示范单位""云南省林业产业化重点龙头企业""云南省农业产业化重点龙头企业""云南省扶贫明星企业""云南省双爱双评先进企业""云南省创新型非公有制企业""云南省成长型中小企业""云南省餐饮名牌企业""云南省首届农村创业之星""云南省文明单位""云南省职工经济技术创新活动先进企业""云南省科技型中小企业认定"等,企业申报的"香格里拉牦牛肉"获得中华人民共和国农产品地理保护标志。同时,迪庆州委、州人民政府授予企业"招商引资先进企业""迪庆州农业产业化重点龙头企业""'十一五'期间优强企业""科技创新企业""食品安全示范单位""迪庆州示范企业"带动群众增收致富"先进企业"等荣誉称号。

（2）创新经营理念和努力开拓市场及打造民族品牌。

公司以创新发展为目标,每年投入大量资金到新技术利用、产品研发及技术改造上。截至2019年,公司在技术合作、产品研发、技术改造等方面累计投入达5000多万元。建立了资源基地管理系统、成本管理系统、生产质量管理系统、生产技术管理系统等一整套标准化管理体系,建立了一支创新能力强、专业性强、技术过硬的产品研发与生产经营管理团队，逐步探索出了一整套适应企业自身发展的产品研发机制与生产经营模式。公司自成立以来，对产品进行了全面整合营销，不断拓展和完善市场销售网络，在市场开拓、创立品牌等方面已卓有成效，形成了一整套科学、完整的产品研发、加工、生产和市场营销管理机制。为城市的消费者提供了自然、生态、绿色、天然有机健康食品，同时带动了迪庆州广大农牧民增收，促进了社会和谐、经济发展。

（3）规划"十四五"创新营销模式和培养民族品牌。

"十四五"时期，是生物产业可以大有作为的重要战略机遇期，在各级政府政策措施不断完善、社会服务体系不断加强的形式下，藏龙生物将借助良好的发展环境加大创新力度、研发力度、持续改善生产环境、拓展销售市场。"十四五"期间，企业将筹资8000多万元，在香格里拉菁口工业园区建立香格里拉特色农产品低温食品项目开发。为了保障企业的正常运营、解决就业，促进企业快速发展。计划2~3年内公司销售收入突破1.2亿元。"十四五"期间，公司将秉持乘势而上、顺势而为的原则，继续以做强基地、做精产品、做大市场为目标，并以"公司+基地+合专业作社+重点农户"的生产经营模式，进一步做好优化产业提升与技术创新。争取在"十四五"末，实现年产值突破2亿元以上，增加农民年收入7000万元以上。为云南藏族地区的跨越式发展与长治久安探索出一条以自然资源为依托，以生态食品为主打，以成为民族品牌为追求目标的发展之路。

3. 销售情况

自公司成立以来，高原青稞一直是藏龙公司产业开发的重点产品线，经过多年的发展，公司已经拥有完备的青稞酒厂和青稞深加工生产线，工厂占地面积3000多平方米，开发的青稞产品系列有青稞酒、青稞面粉、青稞面条、青稞饼、青稞酥、青稞爆米花、青稞营养早餐粥、青稞原粮等。目前，公司已经打造成了集销售、加工、种植为一体的企业，从而提高了农户种植青稞的积极性，保证了产品的品质，拓宽了产品的销路。每年公司从签约青稞种植户收购2500多吨青稞原料，直接带动种植户收益1000多万元。公司通过线上电商和新媒体直播电商多渠道开展销售，线下通过商超、直营店拓展销售渠道，并与东方航空、云南航空食品公司等单位达成合作销售藏龙产品，通过与乡村振兴及各金融系统平台合销售藏龙系列产品。其中青稞系列产品年产值近5000万元，为藏龙公司产业链的建设提供了有力的保障，为香格里拉脱贫攻坚、乡村振兴等战略作出了企业应有的贡献。藏龙公司将坚定不移地立足迪庆特色产品的生产、开发与销售，将青稞及牦牛产业做大做强，将藏龙品牌系列产品打造成为香格里拉著名的民族品牌。

五、四川企业典型案例分析

（一）格萨尔青稞文化产业园

1. 企业简介

甘孜县格萨尔青稞文化园位于甘孜藏族自治州甘孜县呷拉乡，成立于2018年6月，总占地面积63.2亩，总建筑面积25122平方米。将依托藏家风情以及雅砻江的青稞文化带，发展藏族地区特色的青稞食品加工业。

2. 经营模式

甘孜县格萨尔青稞文化园以"收购+加工+存储+展览+体验"经营模式，通过园区实现产业的集中、集聚、集约发展，提高农产品转化率，实现产业规模化发展。

3. 销售情况

2021年，甘孜县格萨尔青稞文化园收购青稞1300吨，帮助农户增收近600万元，生产销售青稞产品近1400万元。现今，已有10吨产品从园区销售至全国各地，所有产品上市后，预计将实现年产值1.3亿元，年纯利润3515.7万元，惠及全县179个行政村，8490户农户。

（二）甘孜县青稞现代农业产业园

1. 企业简介

甘孜县青稞现代农业产业园区是四川省省级四星级现代农业园区，位于"康北粮仓"核心区，总占地面积3171.34亩，总产值达7860万元，辐射带动发展青稞良种扩繁生产20000亩，综合机械化率达86%。园区依托"十四五"国家大麦青稞产业技术体系综合试验站项目，成立甘孜县康北青稞现代农业园区专家工作站，良种覆盖率和科技推广应用面达100%。并以土地流转、劳务收入、产品回购、良种供应等多渠道共建利益联结机制，带动惠及本地群众2万余人，农牧民人均可支配收入高出全县平均水平7.4%。

2. 经营模式

2022年，甘孜县青稞现代农业产业园探索"园区+龙头企业+基地+合作社+农户"利益联结机制，引进上海贝玛食品有限公司、甘孜县康巴拉绿色食品有限公司等龙头企业，培育农民专业合作社、家庭农场、青稞种植大户等293个，通过"土地流转+就地务工+保底收购"等方式，辐射带动2万余群众年均增收4350元。与中国农业科学院、四川省农科院、四川农业大学等合作，开展青稞良种繁育、高产栽培、种养循环等研究，繁育康青7号、9号等品种4个，研发"五良"融合高产栽培技术，创新"青稞种植—秸秆喂牛—粪肥还田"种养循环模式，园区良种覆盖率、先进技术、先进模式应用面均达100%。

3. 销售情况

2021年，园区流转农户耕地1500亩，收益达55.6744万元；园区龙头企业在生产经营中长期用工90余人，带动工人年收入达359万元；年稳定收购青稞500万斤，带动农牧民收益达1150万元；园区年收购牦牛1800头，带动农牧民收益达659万元。2022年，园区总产值达7860万元，通过"土地流转+就地务工+保底收购"等方式，辐射带动2万余群众年均增收4350元。

（三）甘孜县德琼庄园文化有限公司

1. 企业简介

甘孜县德琼庄园农业文化有限公司，于2019年获得四川省非物质文化遗产项目体验基地称号。2015年8月获得了国家旅游局颁发的"中国乡村旅游致富带头人"荣誉称号，2019年获得四川省第四届农村乡土人才创新创业大赛金奖。公司现有经营铺面一个，位于甘孜县南多乡三村（南多乡大桥旁）。

2. 经营模式

甘孜县德琼庄园农业文化有限公司实行"企业+农户"模式运作，扶持和发展农业创造带动20余个岗位带动周边贫困户发展，为甘孜县脱贫摘帽作出贡献。

3. 销售情况

通过10余年的努力，目前德琼庄园农业文化有限公司年产"甘孜水淘糌粑"300余吨，年销售额380余万元。

第三节　典型企业一、二、三产融合发展模式

一、互助青稞酒特色小镇模式

青海天佑德科技投资管理集团，是一家以酒业生产销售、粮油投资为主业，集房地产开发、医药、旅游为一体的跨地区并走出国门的多元化企业集团。集团现有全资及控股公司7个，即青海天佑德科技投资管理有限公司、青海互助天佑德青稞酒股份有限公司、青海福瑞德医药有限公司、青海新丁香粮油有限公司、高原生物食品开发研究院、青海华奥房地产开发有限公司、青海彩虹部落文化旅游发展有限公司等，天佑德集团各子公司涉及各行业各领域，为当地的经济发展、社会稳定、就业等各方面作出了积极贡献。目前，天佑德集团资产总额约48亿元，在职员工近4000人，年销售收入20亿元，年纳税额达5亿多元。集团常年位列青海企业50强，2015年，被省多部门评为全省培育和发展市场创新奖，也是2012—2013年度青海省A级纳税信用单位。

目前，互助县青稞酒小镇成功获批青海省第三批省级特色小镇项目，总投资3.9亿元，体现政产融合模式。青稞酒特色小镇将以全国最大的青稞酒生产基地——青海互助青稞酒股份有限公司为基础，依托互助土族故土园5A级景区旅游资源，以酒旅融合为载体，构建青海互助青稞酒股份有限公司、土族故土园、小庄民俗村、纳顿风情街、青稞酒产业展示区的协同发展格局，着力打造

集青稞商贸、工艺体验、文化创意、康养休闲、民俗演艺等为一体的宜居宜业宜游的国家级旅游度假区、青稞酒产业振兴示范区和国家文化旅游名镇。项目建成后，将形成青稞酒产业与互助土族故土园5A级景区融合发展、共享发展的格局。青稞酒特色小镇将形成文旅产业与青稞酒产业的互融互补发展格局，可以更好地保护历史遗存，传播弘扬中华优秀传统文化，丰富文化活动内容，带动互助县住宿、餐饮、购物、娱乐、旅游交通等方面的发展。

二、日喀则德琴3900庄园政产学研销的科技创新模式

西藏德琴阳光庄园有限公司成立于2016年，坐落在日喀则市桑珠孜区江当乡光伏小镇内。目前拥有青稞米、青稞面、青稞超微粉、青稞精酿啤酒四大生产线，拥有5千级标准净化车间及现代化生产标准流水线，是国内目前"青稞全产业链发展规模大、科技含量高、带贫机制全、品牌影响力强"的行业佼佼者。青稞年加工产量达10万吨以上，其中青稞米年加工产量达8万吨以上，青稞粉加工产量达2万吨以上。

在政府各项政策的扶持和原国务院扶贫办、西藏自治区各级领导的关怀下，德琴围绕做强青稞产业，通过强科技、扩产能、深加工、走市场、惠民生五步走的发展战略。为创新青稞品类研发，攻破高原生产线技术难题，公司与北大荒、蔚蓝科技、中粮、碧桂园、华大基因、江中食疗、米老头、浙江大学、江南大学等国内知名企业、资深院所达成合作关系，将青稞转化为青稞馒头、青稞花卷、青稞速冻面条、青稞蛋糕、青稞蛋卷等一系列高附加值产品。立足日喀则市"青稞之乡"资源优势，结合青稞营养价值，通过加强与北大荒共同建设高标准青稞种植及种子繁育示范园区、与光明集团、天津食品集团、北京首农集团、中粮集团共同研发与销售青稞制品、与西藏农科院等国内一流企业和资深院所机构合作，着力产品多元化和精深化，不断延伸青稞产业链条。2018年10月18日，公司与中粮研究院达成共建"德琴3900庄园—中粮营养健康研究院青稞加工研发中心"的共识，用科技浇灌青稞产业，实现从"输血式扶贫"向"造血式扶贫"的转变。在青稞的生产工艺和应用加工上实现全青稞产品类

别的开发，通过科学技术支撑为广大藏族地区群众增加收益，有效带动了当地农牧民群众增收致富，推动青稞产业上规模、提档次、增效益，实现转型升级。

为拓宽销售渠道，打通内地市场，公司与北大荒、中粮分别成立了合作公司，依托其销售渠道在8个片区销售青稞米面产品；与芭比馒头进行合作，在华东建立了70个青稞馒头销售推广点；与青岛邮政达成战略合作，在青岛各县区建设15个高原特色产品体验馆。目前，西藏德琴阳光庄园有限公司在全国60多家央企国企平台及全国供销社、团餐协会，B2B、B2C以及新零售大平台全面铺设市场通路。青稞做成的馒头、花卷、速食面等产品走进沃尔玛超市，深受广大消费者的欢迎。

通过"政府搭台+企业引领+科研合作"模式，推进一、二、三产业融合发展，不仅帮助农牧民脱贫和助力乡村振兴，而且通过联合有实力的科研院所，解决了生产中遇到的问题，提升了科研能力。并研制生产出更多营养健康的青稞食饮品，与多家销售平台合作，使企业的销售明显提升，企业品牌知名度显著提升。

三、青稞文旅结合模式

甘孜县以环格萨尔机场沿线为中心，依托甘孜县格萨尔青稞文化园，统筹乡村产业与美丽乡村建设，结合藏家风情积极打造青稞文化展示馆、青稞画廊，辐射带动周边农户种植青稞。目前建成全州唯一青稞良种初加工生产线1条，已加工青稞1971.65吨，在满足本地需求的同时，销往周边县及其他地区，年销售青稞良种达1291.47吨，实现销售收入1162.3万元；同时通过招商引资，引进上海贝马食品有限公司，年收购青稞原料7700吨，加工青稞饼干和青稞粉591.5吨（其中青稞饼干100吨），实现销售收入达534.8万元，带动农户每年每户增收3400元左右。园区坚持农旅融合，拓展园区功能，通过举办甘孜县"珠牧迎秋节"，积极开展观光体验等活动。2021年，园区接待游客达2万人次，实现旅游收入340.49万元；园区企业与京东达成农产品销售协议，举办民俗特色产品网红营销活动，直播带货收入160万元，2021年园区实现电商销售收入

2502.79万元。

康定市积极创建四川省休闲农业重点县，打造木雅—新都桥—塔公沿线的精品乡村旅游路线1条，乡村旅游接待游客125万人，实现收入1020万元；建有青稞文化体验园2个，辖区内青稞加工企业有达折渚、洞波、达玛花，主要以生产青稞酒和青稞食品系列为主，实现产值2030万元。

四、可可西里青稞产业促进乡村振兴模式

青海可可西里生物工程股份有限公司积极贯彻落实"三乡工程"，围绕青海产业"四地"建设，以青稞资源禀赋为抓手，秉承"质量兴农、品牌兴农、产业兴农"的发展理念，采取一、二、三产业融合发展和"五个持续"的有力举措。不断做大做强企业，做精做优产品，做响做亮品牌，实现农业增效，农民增收，农村发展。

公司是青海青稞产业联盟理事长单位，主要经营以青稞为主体的一、二、三产业融合为主。公司于2020年7月投资2.3亿元建设完成了"可可西里青稞工业文化旅游产业园项目"，集一产青稞种植收购，二产工业青稞产品精深加工，三产"吃住玩游乐购"，包括酒店住宿、会议、青稞文化展示、工业旅游体验等，"三产"相互融合、相互促进为一体的产业园。青稞种植收购为第一产业，该公司在青海省海南州兴海县示范种植青稞3000余亩，每年在海南州、海东市、海北州等地区带动贫困户1200户，以高于市场价0.3元/千克的保护价收购青稞1.5万吨。每年带动贫困户增收450万元。青稞制品加工为第二产业，该公司在大通县朔北乡东峡路699号拟建青稞酒、青稞系列产品加工车间及配套设施，项目达产后计划每年加工青稞制品3.60万吨，包括青稞酒500吨。通过二产带动大通县朔北藏族乡麻家庄村、郑家沟村建档立卡贫困户就业40人，实现一家一就业，全家即脱贫。公司持续巩固脱贫攻坚成果开展朔北乡12个村帮扶行动，招聘当地农村务工人员80名，为员工发放工资和村集体经济分红款570余万元；在向化乡、朔北乡、桦林乡等地累计订单收购2万余吨青稞，支付粮款4000余万元，覆盖农户2000余户，形成村企共建的产业循环，为乡村振兴工作作出积极

贡献。产品销售为第三产业，该公司建550平方米青稞产品展销中心，直接面对消费者，通过青稞产品展销和配送，在西宁市建设青稞制品专卖店，开拓省外销售渠道，每年通过产品加工销售可实现销售收入约3亿元。通过"三产"，带动当地经济发展和人员就业。公司荣获"青海省脱贫攻坚先进集体"，"可可西里"品牌成为青海省第一个被农业农村部纳入"2022年度农业品牌创新发展典型案例名单"的品牌。

产业发展预测（至2025年）及投资机会分析

第一节　青稞产业未来发展趋势与预测分析

青稞是青藏高原地区主导优势作物和藏族群众主要口粮，也是禾谷类作物活性成分含量最高的功能粮食，具有耐寒性强、生长期短、高产早熟、适应性广等特性。高产、优质、多抗、多元个性化育种及其配套技术的集成示范推广，在推动青稞产业发展和保障藏族地区粮食安全方面发挥了重要作用。青稞苗粉功能成分（黄酮、色氨酸等）及其籽粒功能成分（β-葡聚糖、多酚、母育酚、抗性淀粉等）可防治20多种人类慢性病且功效显著。青稞产业持续平稳发展，对于确保藏族地区粮食安全、维护边疆地区稳定、促进民族地区经济发展均具有重要现实意义。

一、青稞绿色高产高效种植技术发展趋势分析

（一）加工专用青稞品种选育方向

青稞是饲草饲料、酒业原料、健康粮食、功能食品、观赏编造、中药材"六位一体"的综合利用率最高的禾谷类作物，其产区和产业及其育成集中分布在我国青藏高原地区，存在农户小规模种植、生产成本高和净利润下降、比较效益低等问题。2022年，我国青稞种植面积稳中有降，因单产水平提升，总产量基本稳定；青稞消费仍以直接食用为主，但直接食用消费量趋于下降，青稞的加工消费量则增长较快且增速超过直接食用消费量的降速、导致青稞供不应求，市场价格出现小幅上涨。以青藏高原及南方秋大麦产区为主选育高产抗旱耐瘠优良青稞品种，尤其是高功能成分青稞品种。依托国家大麦青稞产业技术体系开展青稞优异特用种质资源的创新利用及其优良基因的发掘、青稞分子育种、功能青稞新品种选育及其功能食品研发。研究人员对藏族地区21个代表性青稞品种的籽粒、磨粉、全麦粉、淀粉、蛋白质等品质特性和4种青稞食品（面条、蛋糕、饼干、糌粑）的食用品质进行了研究，总结出了藏青690、昆仑13

号、藏青320、康青8号、甘青5号等11个品种适合改良加工面条，昆仑14号、藏青690、康青8号等8个品种适合加工蛋糕，甘青5号、阿青5号、藏青320等8个品种适合加工饼干，柴青1号、北青3号、昆仑12号、藏青25、阿青6号等13个品种适合加工糌粑。因此，青稞多元个性化育种，尤其是特色功能加工专用青稞品种选育和青稞"六位一体"综合利用技术体系构建，将成为未来青稞育种及其产业发展的方向，特色功能食品加工随之迅速发展。预计到2025年，青藏高原青稞良种覆盖率将达到90%。培育黑、紫、蓝粒彩色青稞（昆仑17号）、支链淀粉90%以上的糯性青稞、60%以上高淀粉青稞、7%以上高β-葡聚糖青稞等成为加工专用青稞的育种方向；青稞苗粉（黄酮、色氨酸等）及其籽粒（β-葡聚糖、多酚、母育酚、抗性淀粉等）功能成分将成为功能加工专用青稞的育种方向。

（二）青稞种植区域发展趋势分析

青稞既是藏族地区主导优势作物和藏族地区农牧民赖以生存的主要食粮，也是藏族地区第一大作物，具有适应性广、抗逆性强（耐旱、耐瘠、耐寒）、生育期短、易栽培、产量稳定等优点。2014—2018年，中国青稞种植面积从527万亩增至579万亩，增长9.8%；青稞产量从120万吨增至139万吨，增长15.1%；青稞平均单产从每亩228千克提高到239千克，增长4.9%。我国青稞种植区域及其优良品种集中于西藏自治区（藏青系列、冬青系列、喜马拉系列）、青海省（昆仑系列、柴青系列、北青系列）、甘肃省甘南州（甘青系列）、云南省迪庆州（迪青系列、云稞系列）、四川省甘孜州（康青系列）和四川省阿坝州（阿青系列），是当地栽培历史悠久的特色粮食作物，其青稞产量合计占全国的90%以上；新疆、江苏和湖北等地也有少量种植。随着青藏高原地区藏族群众青稞口粮食用量下降和大米消费上升，青稞集中分布的青藏高原地区种植面积略有下降，而在南方冬麦区的秋播青稞有逐年扩大的趋势。

（三）青稞绿色高产高效栽培模式与技术发展趋势分析

我国青稞产业的特色、规模、生态和文化发展质量不高，加快推进青稞产业标准化、规模化、品牌化发展，推广化肥农药减施、病虫害绿色防控等一系列绿色技术，可以引领青稞绿色标准化生产发展。

（1）春青稞绿色高产高效栽培技术。

春青稞通常3月上旬至4月中旬播种，8月下旬至9月下旬收获，年种植面积约500万亩，占青稞总种植面积的97%。春青稞绿色优质高效栽培技术要点：①河谷盆地台地产区。藏南藏东河谷地区用高秆抗倒中晚熟高产品种（如藏青2000、喜拉22号），海南海西用中早熟半矮秆高产品种（如柴青1号、昆仑15号）和抗倒中高秆品种（如昆仑14号）；重基少追科学施肥；合理密植亩播种量15~20千克；合理灌溉3~4次；及时控草防病。②草原沟坡雨养旱地产区。西藏高寒旱地用高秆抗倒中早熟丰产品种，海北和甘南用早熟抗倒丰产品种，甘孜、阿坝、迪庆用中熟抗倒丰产品种；重基少追科学施肥；合理密植亩播种量18~20千克；及时控草防病。③高寒偏草甸农牧过渡带粮草兼收产区。西藏海拔4200~4500米及周边省份海拔3400~4000米的粮草兼收产区用中早熟抗倒伏丰产品种；合理施用氮磷肥。

（2）冬青稞绿色高产高效栽培技术。

冬青稞主要集中在青藏高原海拔2500米以下的偏湿温农林交错带秋播产区（西藏的林芝、山南、拉萨、昌都和云南迪庆的河谷和峡谷农林交错带）及南方秋播大麦区为主，年种植面积约15万亩，占青稞总播种面积的3%。冬青稞主产区普遍为一年二熟，品种多属弱冬性，生育期170~190天，一般10月中旬至11月中旬播种，下年4月上旬至5月中旬收获。针对冬青稞耕作粗放、施肥水平低、冬春干旱、病虫危害、倒伏、高温逼熟等制约因素，制定出冬青稞绿色高质高效栽培技术模式。其要点包括：①以高产抗逆广适稳产半冬性的云稞系列（如云稞1号、云稞4号、云稞5号、云青2号）和冬青系列中早熟品种（如冬青18号、山冬7号）为主。②集成深松深耕30厘米，每亩机械播种8~10千克，每亩施足有机肥2吨和化肥15~30千克，科学灌溉，追施分蘖拔节肥10~15千克，采用病虫害绿色防控和蜡熟末期机械收获技术模式。

（3）绿色高产高效栽培技术发展趋势。

尽管青稞在藏族地区粮食安全、藏族地区青稞文化和健康中国战略中发挥重要作用，但也存在附加值及比较效益低，青稞主产区逐渐被"挤"上干旱、霜冻和贫瘠的山区等问题。为此，可以采用青稞轻简化栽培技术模式：①以青稞抗病抗旱耐瘠高产品种为主。②集成深松深耕30厘米，每亩机械播种8~10千克，每亩施足有机肥3吨、化肥15~30千克，雨后追肥15~20千克，采用防治蚜虫和蜡熟末期机械收获的轻简化栽培技术技术模式。高效益、少投入、多产出和保护环境的青稞轻简化栽培技术，以及青稞产区的青稞与豆科、绿肥、马铃薯间套轮混种技术模式，将成为青稞绿色高产高效栽培技术发展方向。

（四）青稞水肥药一体化管理趋势分析

目前，我国节水灌溉及水肥一体化面积达到4.05亿亩，但也存在设施成本高、农民认可程度低、肥药节水灌溉不匹配、专业人才缺乏等问题。西藏青稞藏青2000滴管水肥一体化技术实施后，可节水40%~45%、节肥30%~35%和增产6.5%。根据土壤养分含量和青稞需肥规律，将配兑成的肥液、药与水混合均匀，定时定量地灌溉青稞根部，实现灌溉与施肥、防病虫结合。这种水肥药一体化集成新技术将在我国青稞绿色高效增产有机生产中发挥重要作用。目前，国内外智能化、高效化的水肥药一体化设备不断向高科技方向发展，但简单实用的水肥药一体化技术装备（如低压灌溉技术）将是未来发展的主流。

（五）青稞病虫害绿色防控发展趋势分析

青稞常见病虫害为白粉病、锈病、纹枯病、蚜虫、西藏飞蝗等。传统化学防控易污染环境，病虫害绿色防控集成技术已成为未来重要发展方向：①春青稞产区以蚕豆或豌豆、马铃薯、油菜等与青稞抗病品种两年轮作制，以及冬青稞产区以烟草或大豆与青稞抗病品种一年轮作制的生态调控技术。②根据青稞害虫习性，用四诱技术（光、性、色、食）的物理防治虫害效果最佳，用生物农药金龟子绿僵菌防治西藏飞蝗等青稞地害虫。这些发展方向可降低青稞农药用量、减少环境污染、提高经济效益，例如生态调控（以优化作物布局结构、培育抗虫青稞、虫类自然天敌和青稞套种等方式提高抗虫能力）、生物防治（以虫治虫、以菌治菌、以菌治虫为主防治）、理化诱控（以性引诱剂、杀虫灯等帮助青稞驱避虫害）、科学用药（以高效低毒的农药喷洒）等技术。目前，青稞病虫害绿色防控技术正朝着专业化、科学化、效能化方向发展。

（六）青稞全程机械化农机农艺融合技术发展趋势分析

2019年5月14日发布的《青海省青稞生产全程机械化技术指导意见》，遵循农机、农艺融合和绿色发展原则，按照播前准备、整地、播种、田间管理、收获五大环节，对品种选择、种子处理、灭草整地、播种、施肥、灌溉、中耕、病虫草害防治、收获、选用机具和作业质量标准等提出明确要求，专业性和指导性强，是我国第一个青稞生产全程机械化技术的指导意见。四川省地方标准《青稞全程机械化生产技术规程（DB51/T 2883—2022）》规定了青稞全程机械化生产的总体要求、机械整地、机械播种、机械施肥、田间管理、机械收获、秸秆处理、烘干等方面。目前，青稞全程机械化农机农艺融合技术正在向农机具种类配置合理、作业条件改善、减损提质明显、绿色发展明显增强、机械信息智能化融合、防灾减灾增强、安全生产强化、构建青稞全程机械化高效生产体系等方向发展。

二、青稞营养健康产品发展规模分析

目前，我国青稞营养健康产品呈多元化发展趋势，包括酿造青稞白酒、青稞红酒、青稞啤酒、青稞汁、青稞露等饮品，制成青稞挂面、青稞营养粉、青稞馒头、青稞麦片、青稞饼干、青稞沙琪玛等加工食品，以及加工成藏稞红、青稞苗麦绿素等高附加值营养保健品。青稞及其营养健康产品供需关系取决于青稞产量、青稞加工产品消费量和人们对青稞营养价值的认知。青稞加工企业品牌有"藏家金谷""圣禾""吉祥粮""雪域圣谷"等60多个。青藏高原地区藏族群众是青稞消费主体，但随着大米消费量的增加，青稞直接食用消费量将减少，但青稞营养健康产品的消费量将增加。今后，以青藏高原地区为主的青稞生产、流通、加工、消费等将下降，而经济相对发达的北京、上海、广东、安徽等地的青稞功能食品加工、消费等将增加。从青稞营养健康产品研发的发展方向看，将会集中在微波烘烤和过热蒸汽及远红外烘烤加工技术研发出低淀粉低热量和高纤维饱腹感强的减肥瘦身人群功能食品，萌发加工技术研发高黄酮高 β-葡聚糖的调节血糖血脂人群的功能食品，以及烘烤和蒸煮及萌发等加工技术研发高多酚抗氧化美容养颜的面向女性人群的新产品。

（一）青稞粉产量和供需分析

剥皮率对藏青27青稞粉营养活性物质影响较大，当剥皮率为4%时，制得的青稞粉营养价值较高，适合做酥性食品；当剥皮率为8%时，制得的青稞面条口感较好。目前，我国青稞粉前八大品牌为新良（青稞自发粉）、久降堂（苦荞青稞面）、一禾谷香（青稞面粉、纯蓝青稞米粉）、福临门（黑青稞面粉）、万谷食美（全青稞面粉）、丝麦耘（青稞纯面粉）、青藏部落（青稞炒面、糌粑粉）、祁连裕农（石磨青稞面粉、纯青稞全麦面粉）。2022年，全国约50%的青稞（约70万吨）被加工成制作糌粑的青稞粉。预计2025年，青稞粉需求量将降为63万吨。

（二）青稞酒产量和供需分析

青稞酒以青稞白酒、青稞啤酒为主。目前，我国青稞酒前十大品牌为天佑德、互助、八大作坊、永庆和、黄河啤酒、劲酒、喜玛拉雅、藏缘、藏佳纯、甄缘。2022年，全国约10%的青稞（约14万吨，其中，青海省4万吨，西藏自治区6万吨，其他省份4万吨）被用来酿制青稞酒（7万吨）。鉴于青稞白酒口感好，越来越受到消费者青睐，预计2025年青稞酒需求量将增加到8万吨。

（三）青稞休闲食品产量和供需分析

青稞是青藏高原地区藏族群众赖以生存的主食、招待客人的点心（青稞藏包）、充饥果腹的救命粮、燃料、牲畜饲料以及啤酒、医药和功能食品的生产原料，也是海拔4500米以上的高寒地带生长成熟的少数谷类作物。在西藏自治区，奇正青稞以20%以上西藏青稞为原料研制青稞原料粮、青稞低GI认证食品和青稞休闲食品，主要包括青稞麦绿素、青稞饼干、青稞挂面、青稞酸奶、青稞速食面和甜醅等休闲食品，市场需求强劲。青海省近年来青稞加工转化率在60%以上，成为全国青稞加工转化率最高的省份。利用先进加工设备先后建成青稞糕点粉、青稞麦纤素、青稞饼、青稞麦片、青稞麻花、青稞固体饮料、青稞β-葡聚糖健康饮品等；从原有的青稞休闲食品、青稞饮料、青稞冷冻预制食品等食用性食品，拓展到β-葡聚糖、γ-氨基丁酸、黄酮等高端保健产品，开发的青稞系列产品有30多个品种。2022年，全国约7%的青稞（9.8万吨）被用来生产青稞休闲食品。鉴于青稞食品降糖降脂功效显著，预计到2025年，青稞休闲食品需求量将增加到12万吨。

（四）青稞米产量和供需分析

目前，我国青稞米前十大品牌为燕之坊、金龙鱼、金健、十月稻田、盖亚农场、五得利、谷绿农品、柴火大院、鹤来香、甸禾等。2022年，全国约6%的青稞（8.4万吨）被用来生产青稞米。鉴于国家卫健委已将青稞、青稞饭列入2023年版《成人高脂血症食养指南》《成人糖尿病食养指南》和《成人高血压食养指南》。预计2025年，青稞米需求量将增加到12万吨。

（五）副产物产量和供需分析

我国青稞籽粒还被用作饲料（约占10%）、种子和储备粮（约占15%）。青稞除了籽粒作为粮食供人食用之外，其秸秆、麸皮等可以作为畜禽饲草料，尤其是牦牛越冬重要的饲料来源；由于功能性营养成分独特，青稞籽粒还是保健品类产品的生产原料。2022年，全国约25%的青稞（35万吨）被用作饲料、种子和储备粮；50%以上的青稞秸秆（约84万吨）被用作畜牧业尤其是牦牛越冬的饲草。预计到2025年，青稞秸秆饲草需求量将达到100万吨。

第二节　青稞未来发展策略分析

一、产品创新战略分析

目前，由于青稞产品发掘及市场探索起步较晚，消费者对其产品及功能价值的认识仍不足，加之生产经营手段匮乏、市场推广不深入，其市场知名度和认可度还不高。一是多数消费者对青稞的产地、营养价值等方面了解不深入，甚至存在一些误解，导致对青稞产品的认可度和接受度不高。例如，有人认为青稞的营养价值不高、口感不好，不能食用，只能作为饲料。二是缺乏品牌影响力。相比其他知名农产品品牌，青稞产品的知名度和影响力比较低，而消费者更容易选择自己熟悉和信任的食品品牌。三是缺乏宣传推广。青稞是区域性主粮，在全国市场上的宣传推广力度不够，很容易使消费者对青稞产品的认识和接受度受限，购买意愿和购买率不高。四是缺乏多样化产品和服务。青稞产品种类较为单一，消费者选择余地较小，难以满足不同消费者的需求和口味，限制了市场竞争力和发展潜力。因此，要提高消费者对青稞产品的认识和认可度，必须加强品牌建设和推广宣传，提高产品质量和附加值，开发多样化产品和服务，以满足不同消费者的需求和口味。要加强科普宣传，提高消费者对青稞的了解和认知，打破其对青稞的误解和偏见。

（一）精准把握青稞产品的"生命周期"

产品的生命周期一般可简单概括为开发、成长、成熟、稳定四个阶段。①开发阶段，主要是对青稞的种植、收获、加工等方面进行探究，确定适合的种植条件和加工工艺，以及市场需求和消费者口味等。②成长阶段，青稞产品的销售量和市场份额不断增加，同时也出现了越来越多的"竞争对手"，如燕麦类产品。因此，需要通过不断改进和创新来提高青稞产品的质量和附加值，以满足不断变化的市场需求和消费者口味。③成熟阶段，市场已相对饱和，竞争对手也比较稳定；青稞产品的销售量和市场份额趋于稳定，但增长速度缓慢，需要通过差异化、品牌建设、营销策略等方式，提高竞争力和市场占有率。④稳定阶段，市场需求基本满足，销售量和市场份额逐渐稳定，需要通过减少成本、优化产品结构、转型升级、寻找新的市场机会等方式，延长青稞产品生命周期，尽可能挖掘和利用产品潜力，以更好地适应市场环境和消费者需求的变化。

（二）充分考虑现实需求并因地制宜、充分判断并明确当前青稞产品的市场及推广前景

在国家政策的推动和支持下，坚持有序、有预、有新的青稞产业发展原则，进行全方位、多角度的创新升级。①有序。遵从社会主义市场经济的客观规律，遵从大众多元化需求和当下市场经营、消费现状，综合"生命周期"等因素，将青稞产品有序推进市场，避免盲目、无计划地生产经营。围绕青稞加

工、研发、文化、技术、食品安全等方面制定切实可行的发展规划，促进青稞产业转型升级，规范产业发展，构建以青稞深加工为核心的生产、加工、营销全产业链体系，促进一、二、三产业融合发展。②有预。有合理的市场前景预判，通过调整不同种类青稞产品的比重和生产进度，及时制定并调整生产经营策略，有效应对和规避市场潜在风险。③有新。进行青稞产品创新，既要及时改进和更新已有产品，也要不断结合大众消费心理、消费需求推出新产品。加强产业链环节的创新与完善，面对百年变局带来的新变化，全球经贸体系动荡带来的冲击和国际农产品市场的产品多元化发展趋势，唯有加强创新，方能促使其在"以国内大循环为主体、国内国际贸易双循环相互促进的新发展格局"中抢占先机，更好、更快、更优地发展。

（三）探索新的青稞产品开发、营销策略和销售渠道

在创新战略的实施过程中，要结合市场需求、消费者需求和产业发展趋势，不断探索新的产品开发、营销策略和销售渠道，以推动青稞产业发展，促进青藏高原地区经济繁荣。

（1）强调青稞产品的营养价值和功能性并加强科普宣传。

青稞是最具有高原特色的产品，是宝贵的自然资源，是劳动人民长期栽培驯化的杰作，是保障高原人民生活的最重要物资。青稞富含蛋白质、膳食纤维、维生素和矿物质等营养成分，同时具有降血糖、降血脂、抗氧化等保健作用，是一种优质且特色鲜明的粮食作物，但很多消费者尚不了解这些价值、功效。因此，应积极推进有关科普培训工作，扩大消费群体的认知。在青稞产品宣传和包装上，要立足优势，扬长避短，突出"特"字，强调营养价值和功能性。

（2）加强科技投入，坚持高效与优质协同推进。

按照政府引导、市场调节的原则，在栽培品种选择上重点选育和推广适应性强、加工性能好的加工型青稞品种，满足加工需要，提高经济效益和产品竞争力。产量不能满足市场需求、品质不高是限制当下青稞产品发展、推广的主要因素之一。因此，应该加强品种改良和优化种植技术、种植布局，建立健全良

种繁育、技术推广、植保工程、农机服务、产品质量控制等青稞生产保障服务体系。并制定完善的高产栽培技术规程，加强基础建设，改善生产条件，强化科技支撑。

（3）加强青稞特色产品研发和生产，发展精深加工。

引导青稞加工企业加快结构调整、技术创新，围绕青稞加工企业建设青稞原料基地。在青稞酒、青稞米、青稞面粉、青稞饼干等现有加工产品的基础上，加大研发力度，重点向β-葡聚糖、黄酮等含量高的高、精、端的青稞产品上发力，做大、做优、做强高端精深加工企业，拓宽产业链，提升价值链。打破发展思维局限，参照其他成熟产品的发展经营和创新策略，例如近年来市场上流行的青稞奶茶、青稞酸奶等。在开发青稞特色产品时，还可以结合当地文化和民俗特点，设计出符合消费者口味和需求的产品，并通过品牌建设、包装设计等手段打造出具有地域特色和文化内涵的青稞产品。明确青稞产品创新主体的发展思路，在保证加工品质的基础上，引导、扶持青稞加工产业向精深方向发展，促进青稞产品加工龙头企业建设，推进青稞产业化经营，开发更多产品，提高青稞的附加值和市场竞争力。

（4）加快青稞流通贸易体系建设，逐步建立稳定的产供销市场流通体系。

青稞是一种地域性粮食作物，目前其产品流通主要集中在西部地区，销售渠道主要是当地集市和商店。因此，应积极促进国家间、区域间、企业间等的交流协作，组织青稞产品加工企业、青稞产品研究人员等考察学习其他国家和地区的先进农产品企业，尤其是青稞产品生产加工技术及市场贸易体系构建关键方法和步骤，积累青稞产品全产业链发展的先进经验。为扩大销售范围，也可以通过电商平台、跨境电商、直播带货等新业态，将青稞产品推广到更多消费者手中。

（5）推进品牌建设，完善营销手段，实现品牌价值最大化和市场营销效果最优化。

品牌建设是青稞产品成功营销的基础，在产品创新战略中居重要地位。推动品牌建设的过程中，除了推进产品创新、技术创新外，还应突出品牌的核心价值观念，通过设计符合产品定位和目标消费者需求的品牌标识、包装和形象，以提高品牌识别度和美誉度，借助广告、公关、社交媒体等方式，提升品牌形象，增强品牌影响力和市场竞争力。

（6）加强市场监管，完善相关法律法规，构建公平良性竞争体系。

在市场监管方面，建立健全质量检测机制，进行严格检测和抽检，确保青稞产品质量符合标准；加强溯源管理，建立青稞产品的生产、加工、流通、销售全过程监管体系，保障安全、品质和品牌形象；加强价格监管，防止价格虚高或低于成本，保障消费者和生产者的利益；加强市场竞争监测分析，制定合理的市场准入条件和标准，防止市场垄断和不正当竞争。在有关法律法规方面，建立健全青稞产品质量安全标准和检测方法，规范企业生产和产品质量；建立健全青稞产品质量投诉和维权机制，加强对产品质量问题的处理和消费者维权的支持；加强知识产权保护，加大执法力度，打击侵权行为，保障企业的合法权益。

二、品牌建设战略分析

品牌建设是青稞产业高质量发展的重要支撑。通过品牌建设，可以提高青稞产品的知名度和美誉度，增强消费者的购买意愿。

（一）品牌定位

青稞产品的品牌定位应该是健康、营养、高品质。青稞作为一种健康食品，其品牌应强调营养价值和健康功效，注重品质和口感，强调与其他粮食作物的区别和优势。品牌定位的核心是满足消费者需求，需要考虑目标消费者的需求和偏好。①针对健康消费群体，青稞可定位为健康食品，富含蛋白质、纤维、维生素和矿物质等营养成分，可提高人体免疫力，预防疾病。②针对生态消费群体，青稞可定位为生态食品，强调其有机、天然、环保的特点。③针对美容消费群体，青稞可定位为美容食品，含有丰富的抗氧化物质，可延缓衰老、保持肌肤健康。④针对高端消费群体，青稞可定位为高端食品，其生长环境绿色、无污染。⑤针对传统消费群体，青稞可定位为传统食品，青稞在青藏高原地区有悠久的历史和文化传统。⑥针对地域消费群体，青稞可定位为地域特色食品，强调产地和文化背景。⑦针对年轻消费群体，青稞可定位为时尚食品，强调其与时俱进的形象和多样化的食用方式。

（二）品牌形象

青稞品牌的形象应该是健康、自然、高端。青稞作为一种高原作物，其品牌形象应该强调自然、纯净的特点。例如，青稞是采用天然、有机种植方式生产的，没有或很少使用化学农药和化肥。青稞富含蛋白质、纤维素、维生素、矿物质等营养成分，有助于增强人体免疫力、促进消化和代谢。同时，也要注重品牌的高端形象，以提升品牌竞争力。例如，青稞是青藏高原地区的传统口粮，具有浓郁的藏族文化特色，强调青稞的传统文化价值，可增强品牌的高端形象。品牌形象的建立需要通过品牌标志、品牌色彩、品牌口号等多种手段来实现。①品牌标志设计。设计一个独特的品牌标志，以便消费者能轻松识别和记忆。品牌标志应该与青稞的特点和品牌形象相符，例如"青稞谷""青稞源"等。②包装设计。设计吸引消费者的包装，以便其能在超市或商店中轻松找到青稞产品。包装应突出青稞的特点和品牌形象，可使用天然、环保的材料（如纸盒、竹编等）、与青稞相关的图案和色彩（如青稞穗、青稞花等）、与青稞相关的文化元素（如藏文、藏纹等）。③品牌故事。讲述青稞的品牌故事，包括历史、文化和营养价值，有助于消费者了解品牌，并建立品牌忠诚度。④品牌口号。设计一个简短、易记且与青稞的特点和品牌形象相符合的品牌口号，以便消费者轻松记住品牌。⑤品牌活动。组织各种品牌活动，如促销、展览和赛事等，以提高品牌知名度和认可度。⑥品牌合作。与其他品牌合作，如餐厅、超市和健身房等，以扩大品牌影响力和认可度。⑦品牌形象宣传。通过广告、宣传片、品牌形象视频等方式，宣传品牌形象和产品特点；利用微博、微信、抖音等社交媒体平台与消费者互动，分享品牌故事和产品信息，增加品牌曝光率和认可度。

（三）品牌推广

青稞产品的品牌推广应该是多渠道、多形式的，包括社交媒体、线下活动、明星代言、品牌联合、电商平台等。①社交媒体推广。通过在微博、微信、抖音、快手等社交媒体平台上发布青稞品牌相关内容，吸引目标受众的关注和参与，提高品牌知名度和美誉度。②线下活动推广。举办青稞主题活动，如青稞文化节、青稞美食节等，吸引消费者参与，增加品牌曝光度和口碑。③明星代言推广。邀请知名明星或网红代言青稞品牌，通过他们的影响力和粉丝群体，扩大品牌影响力和认知度。④品牌联合推广。与其他品牌合作推出联名产品或活动，共同吸引消费者的关注和参与，提高品牌知名度和美誉度。⑤电商平台推广。在淘宝、京东、天猫等电商平台上开设青稞品牌的官方旗舰店，通过优惠促销、口碑评价等方式吸引消费者购买，提高品牌销售额和知名度。

（四）品牌保护

青稞产品的品牌保护是品牌建设的重要环节，既要通过法律手段来保护品牌的知识产权，防止侵犯品牌权益，也要注重品牌形象维护，避免品牌形象受到损害，影响品牌发展。①注册商标。在国家知识产权局进行青稞品牌的商标注册，以确保其独特性和法律保护。②建立品牌形象。建立独特的青稞品牌形象，包括标志、口号、广告等，以便消费者能快速识别和记住。③控制产品质量。确保青稞产品的质量和口感，以保持消费者对品牌的信任和忠诚度。④维护品牌形象。青稞品牌应保持良好的品牌形象，避免出现负面新闻和事件。⑤维护知识产权。保护青稞的专利、商业机密等知识产权以防止被抄袭或盗用。⑥加强品牌管理。建立完善的品牌管理体系，包括品牌战略、品牌定位、品牌价值观等，以确保品牌的长期发展和打造。⑦打击侵权行为。对侵犯青稞品牌的行为，应及时采取法律手段进行打击，保护合法权益。

（五）品牌服务

①通过提供优质的售后服务，积极回应消费者反馈等方式，建立良好的客户关系，增强青稞品牌的忠诚度和口碑效应。②建立青稞品牌形象监测机制，及时发现和解决品牌形象问题，保证青稞品牌传播效果和维护品牌形象。③提高产品质量。青稞是一种健康食品，其品质和口感是消费者选择的重要因素。提高产品质量，确保产品的口感和营养价值，可以提高消费者对品牌的信任和美誉度。④通过各种方式与消费者互动，如举办品牌活动、提供优惠促销、回

应消费者反馈等，增强消费者对品牌的认知和好感度。⑤加强青稞产品的监管执法，打击假冒伪劣产品和侵犯知识产权的行为，保护品牌形象和消费者权益。

三、市场营销创新战略分析

青稞产品的市场营销创新战略，应从产品定位、市场调研、品牌建设、渠道建设、促销活动五个方面着手。

（一）产品定位

青稞作为一种健康食品，其产品定位应该是高端、健康、天然、绿色。①青稞是一种营养丰富、含有多种维生素和矿物质的粗粮，可以作为健康食品来推广。②青稞是一种生态环境友好的粮食作物，种植过程中基本不需要使用化肥和农药，可以作为绿色食品来推广。③青稞是青藏高原地区藏族群众的传统口粮，具有地域特色，可以作为特色食品来推广。④青稞含有多种营养成分和活性物质，可针对不同的消费群体开发出不同的功能性食品。青稞麦片方便食用，可作为早餐或加餐食用，适合白领和学生群体；青稞可制作成各种口味的面食，如拉面、炸酱面等，适合喜欢吃面食的人群；青稞饼干口感香脆，可作为下午茶或零食，适合喜欢零食的人群；青稞啤酒口感独特、酒精度数适中，适合喜欢喝酒的人群；青稞奶粉富含蛋白质、钙、铁等营养成分，适合婴幼儿和孕妇群体；青稞酸奶含有丰富的益生菌和蛋白质，有助于维护肠道健康，适合喜欢健康饮食的人群；青稞粥、青稞粉易于消化吸收、营养成分丰富，有助于增强身体免疫力，适合老年人和身体虚弱的人群。

（二）市场调研

在推广青稞产品之前，需要对市场进行调研，了解消费者的需求和偏好，以及竞争对手的情况，以便制订更精准的营销策略。①确定青稞产品的目标市场，包括消费者群体、消费习惯、消费需求等。②了解青稞产品的竞争对手，包括产品品牌、产品特点、价格等。③确定青稞产品的定位，包括产品特点、品牌形象、价格等。④通过问卷调查、访谈等方式了解消费者对青稞产品的认知、需求、购买意愿等。⑤了解青稞产品的销售渠道，包括线上、线下等。⑥制订合适的市场推广策略，包括广告、促销、公关等。⑦定期对市场进行监测，了解市场变化和竞争对手的动态，及时调整市场策略。

（三）品牌建设

品牌建设是青稞产品市场营销的重要环节。建立一个有品牌影响力的青稞品牌，可以提高产品的知名度和美誉度，吸引更多消费者。

（四）渠道建设

青稞产品既可以通过产品包装、口味、品质等方面的差异化，满足不同消费者的需求，提高产品竞争力，也可以与旅游业相结合，推出青稞主题旅游产品，吸引游客前来体验和购买青稞产品。青稞产品销售渠道可以通过线上和线下两种方式来进行。线上渠道包括电商平台、社交媒体平台等方式，线下渠道包括超市、商场、专卖店等方式。根据消费群体和销售区域的不同，可以选择合适的销售渠道，线下超市和商场适合于大众消费群体，线上电商平台适合于年轻人和互联网用户，专卖店和品牌店适合于高端消费群体，农村集市和农贸市场适合于农村和中低收入消费群体。

（五）促销活动

促销活动是吸引消费者的重要手段。一是可以通过优惠折扣、赠品促销、满减活动、限时促销、团购活动、积分兑换、会员专享、联合促销等方式，吸引消费者购买青稞产品。二是可以通过举办青稞文化节、青稞美食节等活动，提升青稞产品的品牌知名度和美誉度。可在青稞主产区举办青稞文化节、青稞美食节等文旅活动，通过青稞美食展示、青稞制品制作体验和青稞文化展览，邀请知名厨师和美食家现场演示青稞美食的制作方法和烹饪技巧，以及组织青稞文化展演、民俗表演、旅游推介等体验式旅游活动，吸引游客参与并品尝青稞美食，让更多人了解和喜爱青稞美食。

四、企业管理创新战略分析

青稞产业的企业管理创新战略包括以下几个方面。

（一）强化市场营销策略

通过市场调研和分析，了解消费者需求和竞争对手情况，制订差异化的青稞产品定位和营销策略，提高品牌知名度和市场占有率。①建立品牌形象，增强消费者对青稞产品的信任感和认可度。②拓展销售渠道，如电商平台、超市、专卖店等，扩大青稞产品销售范围，提高产品销售量和市场占有率。③充分运用各种宣传推广手段，如广告、公关活动、赞助活动等，提高青稞产品知名度和美誉度，吸引更多消费者购买。④提高产品质量，如加强品种改良、促进加工工艺创新、改善生产管理等，提高青稞产品品质和口感，增强消费者的购买欲望和忠诚度。⑤推出差异化产品，如加工食品、保健品等，满足不同消费者的需求，提高产品附加值和市场竞争力。⑥加强与政府部门、科研机构、相关企业等的合作，共同推动青稞产业的高质量发展，实现互利共赢。

（二）推进数字化转型

强化先进信息技术和数字化设备采用，优化企业内部管理流程和生产流程，提高效率和质量，降低成本和风险。①建立青稞产业数字化平台，包括种植、加工、销售等环节，实现信息共享、数据分析和智能化决策。②利用物联网技术对青稞种植环境、生长状态、病虫害发生等进行实时监测和分析，提高生产效率和质量。③利用大数据技术对青稞产业的产品需求、消费者偏好等进行深入研究，为企业决策提供科学依据。④引入智能化生产设备和技术，提高生产效率和产品质量，降低生产成本。⑤加强青稞产业数字化转型相关人才的培养和引进，提高企业数字化转型的能力和水平。⑥加强政策支持，鼓励企业进行数字化转型，提高青稞产业的市场竞争力和发展水平。

（三）加强人才培养和管理

注重人才引进和培养，建立科学的绩效考核和激励机制，提高员工的工作积极性和创造力，为企业发展提供有力支持。①建立健全青稞产业人才培养体系，包括制订培养计划、培养课程、培养方案等，为青稞产业培养更多专业人才。②建立青稞产业人才管理机制，包括人才招聘、人才考核、人才激励等，吸引和留住优秀人才。③加强青稞产业人才交流，包括组织人才交流会议、开展人才交流项目等。④建立青稞产业人才培训机制，包括开展专业培训、技能培训、管理培训等，提升青稞产业人才的综合素质和能力水平。

（四）拓展国际市场

积极开拓国际市场，加强与国际知名企业的合作与交流，提高产品质量和品牌形象，实现企业国际化发展。①加强品牌建设和质量控制，提高青稞产品品质和知名度，增强市场竞争力。②通过参加国际展览、举办推介会、开展市场调研等方式，提高青稞产品的国际知名度，拓展国际市场。③与更多国际贸易伙伴建立长期稳定的合作关系，开展贸易往来，推动青稞产品的国际化发展。④通过技术研发和创新，提高青稞产品的附加值和竞争力，满足国际市场需求。⑤加大青稞产业支持力度，制定相关支持政策和措施，为青稞产品国际化发展提供有力保障。

（五）加强社会责任和环境保护

注重企业社会责任和环境保护，积极参与公益事业和环保活动，提高企业社会形象和公信力。①承担社会责任，与当地青稞种植户建立紧密的利益联结机制，带动更多农户增收致富，促进当地经济发展。②注重环境保护，采用可持续的生产方式与技术，提高资源利用效率，减少污染排放，降低对环境的影响。③注重保护和尊重当地传统文化习俗和宗教信仰。④与各利益相关方共同努力，推广环保技术和理念，提高公众环保意识，共同推动青稞产业健康发展。

五、对乡村振兴的影响

青稞产业的持续发展，有利于保障藏族地区粮食安全、推动乡村产业高质量发展、促进藏族群众就业增收，助推青藏高原地区实现乡村振兴。

（一）有利于保障藏族地区粮食安全

青稞适应性强、耐寒耐旱，在青藏高原地区有3500多年的种植和食用历史，是当地优势特色粮食作物和当地藏族群众赖以生存的口粮。青稞做成的糌粑是藏族群众每天必不可少的主食，过去收获的青稞大部分自给自足，现在随着青稞加工技术的发展，青稞被制成饼干、面、醋、酒等系列大众化食品、方便食品和休闲食品，可以满足更加多元化的食物消费需求。因此，青稞产业的持续发展，对于保障藏族地区粮食安全、落实治边稳藏至关重要。

（二）有利于促进乡村产业发展

青稞产业是青藏高原地区的主导产业之一。青稞含有丰富的膳食纤维和生理功能元素，是全球麦类中β-葡聚糖最高的作物，是食品工业、酿造工业、饲料加工业的重要原料。近年来，在国家政策支持下，各青稞产区省份通过强化科技支撑、转变生产方式、开发多元产品和培育新型业态，着力拓宽产业链、提升价值链，加快推进青稞产业的标准化、规模化、品牌化、精深加工化发展。青稞β-葡聚糖口服液、萌芽黑青稞粉、青稞黄酮、青稞叶麦绿素等高端加工产品不断涌现，有力地促进了产区省份乡村产业的高质量发展。

（三）有利于促进藏族群众就业增收

青稞主要种植在青藏高原地区，特别是在西藏自治区，几乎家家户户种植青稞，青稞产业是藏族农牧民群众的重要就业渠道，西藏农区家庭经营性收入的30%~40%来源于青稞，青稞酒、青稞啤酒、糌粑、青稞片、青稞米、青稞面条等已经融入藏族群众生活的方方面面。因此，青稞产业的持续发展，对于巩固拓展脱贫攻坚成果同乡村振兴有效衔接、带动藏族群众就业增收具有重要推动作用。

第三节　青稞产业投资及风险分析

一、投资环境考察

青稞产业是青藏高原地区农牧业的主导产业和特色产业。青稞及其加工产品已融入藏族人民生活的方方面面。发展青稞产业能保障边疆民族地区粮食安全、提高加工原料供应能力，对进一步优化我国农村产业结构布局、促进农业和农村经济发展、推动农业产业化、增加农牧民收入，维护涉藏地区民族团结和社会稳定都有着重要的意义。青稞产业的投资环境，不仅包括自然生态条件等硬件环境，也包括产业发展环境、各主产区青稞产业政策等软件环境（见表5-1）。

（一）自然生态环境

青稞主产区位于西藏自治区、青海省、四川省甘孜藏族自治州和阿坝藏族羌族自治州、甘肃省甘南藏族自治州、云南省迪庆藏族自治州等涉藏地区。自然生态环境不利之处在于，青稞主要种植地区均位于高寒地区和山区，交通运输相对较为闭塞，产区多属雨养农业区，水分调控完全依靠自然降水，受自然气候影响较大，现代农业技术应用推广普及程度低，导致生产较易出现波动。自然生态环境有利之处在于，地理位置特殊，高原低温、高强度日照和强紫外线照射，使得病虫害种类少，博大的高原、广袤的土地、蓝天净水造就了青藏高原无污染、原生态、不可替代的独特自然环境，特别是地处地球第三极的西藏自治区，是联合国教科文组织（UNESCO）认定的世界四大无公害超净区之一。青藏高原地区是世界上为数不多的尚未进行大规模工农业开发的地区之一，没有化肥、农药等现代农业化学投入品的大量使用，保障了青稞作为绿色健康食品的生态环境，使得青稞生产具有绿色、无公害的天然优势。

（二）产业发展环境

西藏自治区和青海省是青稞主产区，其青稞种植面积和产量均位居前列，青稞加工业发展良好。近些年，青稞市场消费量平稳增长，2014—2018年分别为120万吨、124万吨、136万吨、136万吨和139万吨。随着现代科技发展和青藏高原旅游业兴起，青稞特色食品加工业发展迅速，产品种类日益多样化，青稞加工用量约占总产量的10%。近年来，青稞加工能力不断提升，青稞加工产业链不断延长，目前正往精深加工方向发展，青稞加工业发展潜力巨大。

（三）政策环境

近年来，西藏自治区、青海省、甘肃省、云南省、四川省等省区为发展青稞产业，出台了一系列支持政策，对当地青稞产业的投资发展起到了良好的促进作用。以西藏自治区为例，出台了《西藏高原特色农产品基地发展规划（2015—2020年）》《西藏自治区"十四五"青稞产业发展规划》等规划，并出台了青稞产业扶贫规划、农畜产品加工规划、乡村振兴战略等政策，财政、金融、发改、工信等政府相关部门也出台了促进青稞产业发展的政策；出台《关于扶持青稞、牦牛、奶业等重点产业健康发展的政策意见》，对青稞种植、加工进行补贴支持，从事青稞（食品）加工生产企业、专业合作社以及其他经营组织，达到一定条件将给予资金补贴，最高每年可达100万元。各地积极参与申报并建立国家级青稞优势产业集群、国家现代农业产业园（青稞）、国家青稞良种繁育基地、青稞生产示范基地等，加大青稞产业发展政策扶持力度，积极吸引投资，为促进青稞产业投资构建了良好的政策环境。

根据党的十九届五中全会精神、中央农村工作会议精神和《中共中央、国务院关于实现巩固拓展脱贫攻坚成果同乡村振兴有效衔接的意见》（中发〔2020〕30号）安排部署，确定了西部10省区160个国家乡村振兴重点帮扶县。青海省玉树市等15个县，四川省甘孜县、阿坝县等25个县，甘肃省临潭县、舟曲县等23个县，云南省香格里拉、德钦等27个县也名列其中，国家从技术、人才等方面对帮扶县农业主导产业发展给予支持，青稞产业均为这些产区的主导产业之一，国家乡村振兴重点帮扶政策可为青稞产业的发展赋能。

表5-1　青稞产业投资环境

省份	自然地理环境	产业发展环境	产业政策环境
西藏自治区	平均海拔4000米；青稞种植区域主要位于日喀则、昌都、拉萨、山南等地市；其中，日喀则和昌都青稞种植面积占西藏自治区的2/3以上，拉萨和山南青稞种植面积占西藏自治区的1/4左右	全区青稞产量79.5万吨；共有青稞加工企业53家，年加工转化量15.9万吨，青稞加工转化率达17%以上，创建了一批自治区级品牌。研发了青稞精深加工产品4大类80多个品种。建成国家级青稞优势产业集群和白朗县国家现代农业产业园（青稞）	出台了《关于扶持青稞、牦牛、奶业等重点产业健康发展的政策意见》《"十三五"西藏自治区粮食"双增长"行动计划》《关于实施青稞增产行动的意见》等政策；编制了《西藏高原特色农产品基地发展规划（2015—2020年）》《西藏自治区"十四五"青稞产业发展规划》等规划

续表

省份	自然地理环境	产业发展环境	产业政策环境
青海省	海拔2800～3200米；青稞种植区域主要位于青海省气候冷凉、无霜期短的东部中高位山旱地，包括海北州、海南州、海西柴达木盆地和青南地区	全省青稞种植面积稳定在110万亩以上，总产量约20万吨。全省从事青稞生产加工企业有58家，其中规模加工企业30家。青稞加工转化率超过60%，青稞酒、青稞米和青稞面粉是主要加工产品	制定了《牦牛青稞产业三年行动计划（2018—2020年）》；出台了《关于加快青海省青稞产业发展的实施意见》；正在实施"青稞提质增效关键技术研究与示范"专项
甘肃省	海拔2400～4000米；青稞种植区域主要分布在甘南藏族自治州、武威天祝藏族自治县和甘肃山丹马场区域	全省青稞年产量约为4万吨。全省青稞加工企业有36家，其中，甘南州内青稞酒厂4家	正在实施甘南州藏族地区青稞生产基地建设项目、天祝藏族自治县青稞生产示范基地建设项目等
云南省	平均海拔为3380米；青稞主要种植区域位于迪庆藏族自治州	全省青稞种植面积14.50万亩，总产3.04万吨。发展和壮大了一批青稞酒和青稞食品加工企业，仅迪庆藏族自治州就有规模以上青稞加工企业11家，以家庭作坊式生产的小企业达100余家，年消耗青稞可达3万～10万吨	迪庆藏族自治州充分利用当地高原特色农业资源优势，坚持因地制宜发展区域特色农业，推动特色农产品的规模化、基地化发展
四川省	海拔2800～3600米；青稞主要种植区域位于甘孜藏族自治州和阿坝藏族羌族自治州	全省青稞种植面积约50万亩以上，产量约9万吨。甘孜州青稞产业化经营起步迟、规模小，目前处于起步阶段。青稞育种研究应用成效显著，特别是康青3号已推广应用到四川、西藏、青海、甘肃、内蒙古、云南等省份，是种植推广面积最大的青稞品种之一	甘孜州总结出了高产优质高效栽培技术4套，建有国家青稞原种基地、国家青稞良种繁育基地、四川省青稞育种基地、建立甘孜县格萨尔青稞产业园

二、投资产品方向

青稞的营养成分比例科学，具有低糖、低脂肪、高纤维、高维生素、高蛋白质等特点，能满足人们对营养健康的要求。青稞中的蛋白质平均含量高达11.31%，远高于水稻、小麦和玉米；淀粉平均含量59.25%，并以支链淀粉为主；

粗脂肪平均值2.13%，高于小麦和水稻。青稞还含有多种功能成分，如油酸、亚油酸、亚麻酸、β-葡聚糖、超氧化物歧化酶、多酚类化合物、黄酮类化合物等，具有抑制动脉粥样硬化、降低血糖和胆固醇、增强免疫力、抗氧化等功能。

随着经济社会的发展，人们日益追求绿色营养的高品质食品，青稞具有的营养健康功效使其成了新型食品的重要原料。目前，青稞投资产品主要包括：①青稞粮食加工制品，包括青稞糌粑、青稞面条、青稞饼干、青稞麦片等。②青稞酒类产品，包括青稞白酒、青稞啤酒、青稞红酒等。③青稞饮料产品，包括青稞汁、青稞露、青稞麦绿素饮料等。④畜牧业饲料，可提升肉类品质。⑤作为开发β-葡聚糖产品、麦绿素产品、防治糖尿病等保健功能食品和药品的原料（见表5-2）。

表5-2　青稞投资产品方向

主要投资品种	产品功能	具体产品
青稞粮食加工制品	藏族群众的主食和绿色健康食品，健康时尚的休闲食品	青稞糌粑、青稞面粉、青稞面条、青稞米、青稞炒面、青稞速食面、青稞全麦粉、青稞营养粉、青稞馒头、青稞麦片、青稞沙琪玛、青稞代餐糌粑饼干、青稞饼、青稞花、青稞烤麻花、青稞营养面包、青稞蛋糕、青稞甜醅等
酿酒	青稞中淀粉含量较高，蛋白质含量适中，麦芽浸出率较高，是酿酒工业的重要原料	①蒸馏酒：青稞白酒、青稞烤酒、青稞红酒。②非蒸馏酒：青稞咂酒、青稞啤酒。③调配酒：青稞虫草酒、红景天青稞茶酒
青稞饮料	青稞含有β-葡聚糖、黄酮类化合物、γ-氨基丁酸、酚类等多种功能性因子，可以作为保健型饮料的原料	青稞汁、青稞露、青稞速溶粉、青稞酥油茶/奶茶、青稞固体饮料、青稞玫瑰绿茶、青稞β-葡聚糖饮料、青稞麦绿素饮料、青稞SOD饮料、青稞复合型酸奶和青稞麦芽汁饮料
饲料	青稞除了热能略低外，矿物质、维生素、蛋白质和多种氨基酸含量都比玉米高，具有更易消化吸收、提高肉质、增加瘦肉率等特点，可作为饲料加工原料	青稞饲料

主要投资品种	产品功能	具体产品
功能性产品	①青稞中β–葡聚糖含量高达5.25%，具有降低胆固醇、调节血糖、抗肿瘤和预防心血管疾病的作用。②青稞嫩叶中可提取麦绿素，含有天然黄酮、超氧化物歧化酶、β–胡萝卜素等物质。具有降低血糖、通便排毒、抗炎、抗氧化和清除自由基的作用，可用于美容养颜、防治心血管疾病和肿瘤等。③青稞淀粉可作为碳水化合物壳材料，在微胶囊中具有较好的应用性能，如作为精油类的产品胶囊。④青稞中酚类物质可作为治疗2型糖尿病的药物，改善人体健康	①从青稞中提出的β–葡聚糖通过特殊工艺可用于制作β–葡聚糖胶囊、片剂、口服液、饮料等产品以及作为冷冻熟面加工中的食品添加剂。②青稞麦绿素产品，包括浓缩麦绿素片、麦绿素代餐粉等，主要用于生产保健等功能性产品。③青稞精油类产品胶囊。④青稞糖尿病防治保健药品等

三、投资风险分析

青稞产业的投资风险从实际来看，主要包括：

（一）生产环节风险

一是青稞生产日益受到生态环境和耕地的限制。青稞主要产地均为高寒干旱地区，大部分土地较为贫瘠，土地水热匹配性差，低温、霜冻、干旱、雹灾以及病虫害等自然灾害频繁，加之长期以来对农业基础建设投入不足，防御自然灾害能力低，自然生产风险较高。二是藏族地区大部分农牧户文化程度普遍不高，对现代农业技术接受能力有限，青稞种植和日常土、水、肥管理大多处于较低水平。青稞大田生产技术落后，种植区多属雨养农业区，水分调控完全依靠自然降水，耕地生产效率不高。三是青稞特色功能品种育种尚未形成体系。通过几十年的育种工作，青稞育种取得很大进展。但由于青稞的功能认识和现代食品加工起步较晚，针对保健医药功效成分和加工特性的优良专用品种选育改良也是近些年才开始，目前相关优质资源与品种还较为缺乏。

（二）流通环节风险

青稞产业的流通环节风险主要取决于市场供求风险和青稞产品本身。目前，我国青稞主要分布在西藏自治区、青海省、四川省甘孜州与阿坝州、云南省迪庆州、甘肃省甘南州等青藏高原高寒地区，这些地区耕地资源相对有限、土壤贫瘠，单位面积产量较低。虽然青稞是藏族农牧民的主要食粮，但根据市场需求扩大供应的空间相对有限。随着消费者对青稞功能食品营养保健价值认知程度的提升，功能食品可能因为供不应求而出现价格大幅上涨；反之，若市场接受度没有明显提升，产能大幅扩张则可能会引起供过于求而造成市场价格在低位徘徊。我国青稞种植在西部地区，而下游消费则主要集中在中东部地区，供应与需求的地域差别，会导致产品定位错位和物流成本增加，而且以小农种植为主体的种植方式，容易使得生产出来的青稞原料质量难以满足标准化、规模化精深加工产品的要求，加大了市场的不确定性。

（三）加工环节风险

一是青稞加工主要停留在初级产品加工阶段，存在加工工艺落后、加工方式简单、生产规模小等问题，导致新产品开发慢、产品科技含量低、附加值低，高附加值的深加工产品较少。二是加工主体以家庭、个体作坊和小型企业为主，大型龙头企业较少，缺乏人才、资金和技术，抗御风险能力弱，其生产、经营和销售受地域限制大，市场竞争力弱。三是青稞保健功能与食品医药原料研究较少。青稞工业食品方面深度综合利用研究、开发尚处于初始阶段，产业开发缓慢，加工促外销难度较大，比较效益低。四是青稞食品安全保障、加工标准和技术规程体系还不完善。

四、市场竞争风险

青稞产业的生产、流通、加工等产业链中前端环节基本都在经济发展水平较为落后的青藏高原地区范围内进行，当地基础设施条件较差、青稞市场交易原则与生产标准不统一、青稞市场信息化建设较为滞后。导致青稞的交易与物流成本较高，均一化程度、商品化程度和市场信息化程度较低。

青稞加工产品种类少，同质化现象突出。目前，青稞加工仍以初加工为主，设施条件建设滞后，加工技术设备传统，综合利用与精深加工比例不高。由于加工设备落后，技术支撑缺乏，大多数企业的加工方式简单、管理粗放，青稞加工产品仍以糌粑、青稞米、青稞酒、青稞麦片等初级加工产品为主。各地区青稞加工产品还停留在低水平相互模仿阶段，导致青稞产业的产业链条短、高附加值产品少，市场竞争力不强。

APPENDIX

附　录

●附录1

青稞适生区分布

一、青藏高原青稞生态区划

（一）青藏高原高寒旱作/非饱灌中早熟次优质青稞区

（1）区域：本区包括青海海南高寒黄河台地、海北、西藏一江两河高寒旱作区等地区。

（2）自然条件：处于青藏高原低纬度高海拔（3800米以上）或高纬度中低海拔（3000~3300米）区，年均温较低，在0.5~2.0℃，降水量440~580毫米，降雨集中，春天干旱多发易发。

（3）生产特点：本区温度低，早熟耐寒、耐旱丰产类型品种在高寒旱作区表现较好，产量较稳定，籽粒成熟度较好。但由于灌浆期降雨较多，品质不及其他生态区。

（二）青藏高原农林混合山地较优质青稞区

1. 青藏高原农林混合山地中早熟较优质青稞区

（1）区域：本区处于青藏高原横断山系北部，包括甘肃省甘南州中南部山区，四川省阿坝州及青海省玉树州及周边等地区。

（2）自然条件：海拔3200~3600米，由于地处河谷，年均温中等（3~6℃），降水量320~460毫米，降雨集中，春天干旱多发易发。

（3）青稞生产特点：本区多为河谷林地小块农田，中早熟丰产类型品种有一定优势，品质处于各生态区中等水平。

2. 青藏高原农林混合山地晚熟较优质青稞区

（1）区域：本区处于青藏高原横断山系东北部，包括四川省甘孜州雅砻江流域内青稞产区。

（2）自然条件：海拔3200~3800米，由于地处河谷，年均温中等（5~8℃），降水量350~510毫米，降雨集中。

（3）青稞生产特点：本区多为河谷林地小块农田，年均温度较北部的甘南州产区高，中熟到晚熟丰产类型品种有一定优势，品质处于各生态区中等水平。

（三）青藏高原河谷较优质青稞区

1. 青藏高原河谷旱作早熟较优质青稞区

（1）区域：本区处于青藏高原东北部，包括青海共和盆地、东部农业区高寒山地及其延伸的甘南州西部至西北部草原区。

（2）自然条件：海拔2600~3500米，年均温中等（4~9℃），降水量310~470毫米，降雨集中。

（3）青稞生产特点：本区热量条件在青藏高原各青稞产区中较好，大部分地区有灌溉条件，但仅可保证青稞播前和苗期灌溉，喜温丰产型品种适宜该区域，灌浆期降雨适中，品质在各生态区中较突出。

2. 青藏高原河谷旱作/非饱灌中晚熟较优质青稞区

（1）区域：本区主要包括西藏昌都和滇西北地区。

（2）自然条件：海拔2800~3500米，年均温中等（3~7℃），降水量370~510毫米，降雨较充足。

（3）青稞生产特点：本区以河谷林地小块农田为主，热量条件较好，喜温丰产型品种适宜该区域，品质在各生态区中较突出。

（四）西藏—江两河河谷灌溉晚熟优质青稞区

（1）区域：本区处于西藏—江两河河谷青稞产区。

（2）自然条件：海拔3500~3900米，年均温较高（7~12℃），降水量310~450毫米，降雨集中。

（3）青稞生产特点：海拔虽较高，但由于地处低纬度河谷，热量条件高于其他各生态区，灌溉条件好。中熟和晚熟品种产量表现较好，灌浆期降雨适中，品质在各生态区中较突出。

（五）柴达木盆地绿洲灌溉中熟较优质青稞区

（1）区域：本区主要包括青海柴达木盆地灌溉农业区。

（2）自然条件：海拔2800～3200米，年均温中等（4～8℃），降水量240～370毫米，灌溉条件好。

（3）青稞生产特点：中熟和中晚熟品种产量表现较好，灌浆期平均温度较低，品质处于各生态区中等水平。

● 附录2

我国青稞加工企业梳理

1. 西藏自治区

序号	名称	简介	注册资本（元）	地址	联系方式	联系人
1	西藏白朗县康桑农产品发展有限公司	国家级龙头企业，公司以高起点、高质量、生产出绿色、有机产品为目标。把白朗县逐步建成集规模化、品牌化、自主化、多元化为一体的特色化青稞加工县。现有的主要产品"洛丹畔"糌粑2005年被评为西藏绿色产品发展中心认定为绿色食品A级产品。2009年被西藏自治区农业办评为农业综合开发龙头企业。在2015年获得了有机转换认证。主导产品为糌粑，公司现有职工84人，水磨100座，厂房面积18000平方米	2600万	日喀则地区白朗县嘎东镇贵热村	18989021688	罗布日增
2	西藏达热瓦青稞酒业有限公司	国家级龙头企业，西藏达热瓦青稞酒业股份有限公司是由大型民营企业西藏仁布达热瓦集团有限公司在积极响应地委、行署关于大力发展特色经济、发挥地区优势，加快发展农业产业龙头企业的指示精神下诞生的。公司以青稞系列产品的深加工为切入点，以"公司+农户+科研单位"经营运作模式。投资1825万元按年产6000吨传统青稞酒的加工及工艺设计与国内权威机构中国食品发酵工业研究院进行规划建设，共同攻克了传统青稞酒工业化生产和保质期等技术难题，并由公司出资联合中国食品发酵工业研究院的技术人员，在拉萨市仁布县进行了长达两年的实地试验，取得了重大的成果	6000万	日喀则地区仁布县佳木斯开发区	13908923021	拉琼
3	日喀则达热瓦啤酒有限公司	农业产业化国家重点龙头企业，成立于2019年1月30日，注册资本46000万人民币，法定代表人为罗布，经营状态为存续，工商注册号为540220220001815，注册地址为日喀则市桑珠孜区珠峰大道9号附15号。经营范围包括青稞啤酒类、青稞饮料类、青稞食品类、农牧产品加工及销售、工艺品、土特产品销售	46000万	日喀则市桑珠孜区木经济开发区珠峰大道9号附15号	0892-8826466	罗布
4	西藏格藏青稞食品科技开发有限公司	国家级扶贫农业龙头企业和全国主食加工业示范企业，企业法人代表人为小索顿，注册资本为1100万元。统一社会信用代码为91540222396788156G，企业地址位于西藏日喀则江孜县，所属行业为零售业。经营范围包含农副产品研发、种植、收购、饼干、方便食品生产、加工销售；创业孵化。主营业务为糌粑、通心面、酥油、茶；创业孵化；化妆品销售	1100万	西藏日喀则江孜县	13618920042	小索顿
5	桑珠孜区德琴3900庄园有限公司	市级产业化龙头企业，于2016年9月11日成立。法定代表人张学斌。公司厂区位于日喀则市桑珠孜区，园区占地面积146亩，总投资8.23亿元。业务涵盖青稞、牦牛产品研发、加工生产、销售等各个环节，具有从中国乃至世界的完整生态青稞托牛产业链条	3000万	桑珠孜区江当乡光伏小镇青稞精深加工厂办公楼		

续表

序号	名称	简介	注册资本（元）	地址	联系方式	联系人
6	西藏春光食品有限公司	自治区级龙头企业，主要以富含β-葡聚糖的高原特有农作物"青稞"为主原料，生产青稞系列健康食品。	2000万	西藏自治区拉萨市达孜区房峰大道16号	16977242252@qq.com	朗杰玉珍
7	西藏日喀则市正堂食品综合有限公司	市级产业化龙头企业，成立于2007年5月21日，法定代表人为白玛卓嘎，企业地址为日喀则市滨河大道东段姊妹山前，所属行业为农副食品加工业。经营范围包含生产经营青稞酒酒系列，加工销售食品类（糌粑、面粉、面条、豌豆粉丝、藏餐、茶、小百货、酒、饮料、烟（国产）、养殖、房屋出租。住宿。2010年，江洛康萨青稞酿制技术未来获第三批自治区级非物质文化遗产	230万	日喀则市滨河大道东段姊妹山前	13638920688	白玛卓嘎
8	西藏藏缘青稞科技有限公司	市级产业化龙头企业。冰浴高原阳光，吮吸雪域圣水，掣引世界屋脊之神奇，乘驾西藏开发之东风，西藏藏缘酒业成立于世纪之交的2000年8月。公司成立伊始，董事长管新飞携全体员工把"诚信至上，追求卓越"作为始终不渝的经营宗旨，力求在竞争中求生存，在发展中寻发现自我，铸就"美誉、创意"经营理念。走特色之路，创一流企业。公司已通过ISO 9001国际质量认证，2004年被评为"拉萨市农牧产业化龙头企业""达孜县农牧产业化龙头企业"。公司以添加工青稞原料，精酿出"叁口一杯""藏御""天酒"等系列产品，采用先进酿造工艺，配以天然纯净原料。西藏藏缘青稞纯净原料，先后斥巨资引进生产线，"藏御"基地位于达孜县工业园区内，占地50亩，耗资1700多万元的生产厂房面积4800平方米，绿化5100平方米。生产流水线3条，大专以上占总人数的18%；共拥有3个系列产品，汉族职工200多名，占员工17%，藏族职工占83%，平均年龄31岁；立足区内辐射区外，打造具有浓郁，在上海建立了市场策划、销售、推广中心。西藏文化色彩的特色产品，为西藏经济社会跨越式发展，构建和谐西藏而倾尽智力是"藏缘"人的执着追求	3845万	达孜县工业园区	21944420@qq.com	管新飞
9	西藏阿古邢巴农产品开发有限责任公司	市级农牧业产业化龙头企业，成立2013年7月8日，法定代表人为索郎欧珠，注册资本为1500万元人民币，统一社会信用代码为91540200064666341，企业地址位于日喀则市江当乡甲马岗村，所属行业为农副食品加工业。经营范围包含青稞粉、糌粑、藏面麻花、粉丝、饲料、粮油、油面、荞麦、面条、油条、饼干、奶渣、酥油、白砂糖的加工及销售。2015年，"阿古邢巴"牌商标被推荐为自治区著名商标	1500万	日喀则市江当乡甲马岗村	3389356335@qq.com	索郎欧珠
10	西藏天佑德青稞酒业有限责任公司	西藏天佑德青稞酒业有限责任公司成立于2012年5月31日，法定代表人为王兆基，企业地址位于拉萨经济技术开发区广州路1号，统一社会信用代码为91540091585768946U，所属行业为酒，饮料和精制茶制造业。经营范围包含预包装食品（酒精饮料）批发；白酒生产；谷物种植，粮食收购，粮食收储（不含危险化学品和烟花爆竹）；进出口贸易；房屋租赁；道路货物运输（不含危险货物运输）	6000万	拉萨经济技术开发区广州路1号	0891-6157722	王兆基

续表

序号	名称	简介	注册资本（元）	地址	联系方式	联系人
11	西藏纳曲青稞酒业有限公司	西藏纳曲青稞酒业有限公司成立于2016年6月23日，法定代表人为李银会，注册资本为10000万元人民币，统一社会信用代码为915400091MA6T1DEE9A，企业地址位于拉萨经济技术开发区广州路1号西藏天佑德青稞酒业有限责任公司办公楼B9号。经营范围包含：技术开发、技术推广、技术转让、技术咨询、技术交流、技术服务；地产中草药(不含中药饮片)购销；谷物种植；谷物销售；畜牧渔业饲料原料销售；初级农产品收购的生产、销售、加工、运输、贮藏及其他相关服务；非居住房地产租赁；住房租赁；小微型客车租赁经营服务（除依法须经批准的项目，自主开展经营活动）许可项目；食品销售（仅销售预包装食品）；食品销售（仅销售预包装食品）；货物进出口；第二类增值电信业务	10000万	拉萨经济技术开发区广州路1号西藏天佑德青稞酒业有限公司办公楼B9号101、102室	0891-6157722	李银会
12	西藏藏泉实业股份有限公司	西藏藏泉实业有限公司创始于2000年，是目前西藏自治区最具规模的非公有制企业之一，被西藏自治区列入"十二五"上市后备企业。公司下设西藏藏泉天然万吨青稞酒厂、西藏藏泉实业股份有限公司、西藏藏泉旅游发展有限公司、拉萨(四星级)温泉酒店、国际旅行社等5家子公司，资产规模近3亿元。藏泉酒业已通过西藏自治区食品安全管理体系认证，被评为西藏自治区HACCP食品安全管理体系认证、ISO9001：2008质量管理体系认证。荣获西藏著名商标、西藏著名品牌、西藏AAA级企业、全国质量诚信龙头企业、全国青稞酒50强(2012)等多项荣誉。藏泉白酒先后被选用为拉萨市首府藏酒制业、西藏专用酒，指定为西藏自治区成立40周年庆典专用酒、西藏和平解放60年大庆庆典专用酒；拉萨市人民政府接待专用酒，中国人民解放军西藏军区接待用酒	1016.09万	西藏自治区拉萨市堆龙德庆区工业园区A区安康大道	550871121@qq.com	王泽军
13	西藏德琴阳光庄园有限公司	西藏德琴阳光庄园有限公司成立于2016年9月1日，法定代表人为张学斌，企业地址位于桑珠孜区江当乡光伏小镇青稞精深加工厂办公楼，统一社会信用代码为915400202MA6T1GGX5U，所属行业为农业。经营范围含：畜禽、水产养殖及销售；旅游开发；农业技术开发、水果、蔬菜、农产品、饲料(牧畜草)、种植及销售；肉禽蛋、食品、烘焙副食品加工及销售；乳制品、手工工艺品、日用百货、服装、文化用品、小五金、电子产品、农资物料配件、副食、冷冻食品销售；啤酒、饮料加工及销售；饮料加工及销售、智能自动售货机、智能机械设备及配件、维护、租赁、销售	3000万	桑珠孜区江当乡光伏小镇青稞精深加工厂办公楼	65164350@qq.com	张学斌
14	西藏日喀则市奇正现代农业产业有限公司	西藏日喀则市奇正现代农业产业有限公司成立于2018年8月15日，法定代表人为巴桑卓玛，注册资本为1000万元人民币，企业地址位于西藏自治区日喀则市桑珠孜区江当乡，统一社会信用代码为915400202MA6TBLN83C，所属行业为农业。经营范围含：有机农作物种植、农产品粗加工；藏药材、中药材种植	1000万	西藏自治区日喀则市桑珠孜区江当乡	2450846816@qq.com	巴桑卓玛
15	芒康嘎托龙嘎青稞加它顶村龙嘎青稞有限公司	芒康嘎托镇加它顶村龙嘎青稞加工有限公司，成立于2018年8月30日，工商注册号为芒康嘎托镇加它村龙嘎青稞加工有限公司，法定代表人为仁青次仁，注册资本为4500万元人民币，经营状态为存续，统一社会信用代码为54032820000003475，注册地址为西藏自治区昌都市芒康县国道214旁。经营范围含：青稞系列产品加工、销售，青稞种植加工、制作及销售；括单种种植谷物、青稞系列产品包括	4500万	西藏自治区昌都市芒康县国道214旁	1471895550	仁青次仁

续表

序号	名称	简介	注册资本（元）	地址	联系方式	联系人
16	昌都市昌禾聚鑫农业科技发展有限公司	昌都市昌禾聚鑫农业科技发展有限公司办公室地址位于西藏昌都市昌都行政管理办公室地，于2016年07月14日在昌都市工商行政管理局提供好的产品和技术支持，健全的售后服务。公司主要经营农作物、蔬菜、水果、土特产的种植、深加工与销售；农业技术研发与咨询；农业观光项目开发；农业科技服务。农产品展示、光状农业项目开发	2186.30万	西藏昌都市昌都经济开发区医药园1号楼一楼（昌都市卡若区卡若镇加卡村1-1-1）	2909971091@qq.com	张东生
17	西藏甘语仓特色农产品开发有限责任公司	西藏甘语仓特色农产品开发有限责任公司，成立于2009年5月8日，注册资本为1000万人民币，经营状态为存续，工商注册号为5421252000000006。经营范围含括备采购；虫草收购；青稞精粉、膨化食品、面包初的加工、青稞系列食品深加工工艺、民族手工艺、民族饰品（服饰及生活用品）的销售；特色农产品加工、畜牧产品加工，牦牛肉、牦牛绒制品、牦牛角饰品；矿泉水生产销售；预包装农牧产品加工产品的生产和销售；石榴、核桃、香瓜、藏红花、羊肚菌、松茸、樟子菌、天麻；玉米品销售；蔬菜、水果种植及冷冻储藏、销售	1000万	西藏昌都市昌都经济开发区A区	400-666-2091	贡布多加
18	西藏青稞物语生物科技有限公司	西藏青稞物语生物科技有限公司成立于2011年5月16日，统一社会信用代码为91540125686839387P，法定代表人为扎西嘉措，注册资本为6000万人民币，统一社会信用于西藏拉萨市堆龙德庆区丰达工业园区，所属行业为批发业。经营范围包含许可项目：食品生产；饮料生产；酒制品生产；药品零售；药品经销售；食品销售；经相关部门批准后方可开展经营活动，具体经营项目以相关部门许可证件为准）一般项目：国内贸易代理、地产中草药（不含中药饮片）购销；旅游开发项目策划咨询；农村同工艺制品、休闲农业和乡村旅游资源的开发经营；技术推广；树木种植及咨询；技术开发、技术转让；珠宝首饰制造、珠宝首饰零售；非居住房地产租赁（除依法须经批准的项目外，自主开展法律法规未禁止、限制的经营活动）。西藏青稞物语生物科技有限公司目前的经营状态为存续（在营、开业、在册）	6000万	西藏拉萨市堆龙德庆区丰达区工业园区	13638904066	扎西嘉措
19	西藏奇正青稞健康科技有限公司	西藏奇正青稞健康科技有限公司成立于2007年8月31日，统一社会信用代码为91540091783530560，法定代表人为程若琼，企业地址位于拉萨市经济技术开发区林琼岗路11号，所属行业为批发业。经营范围包含：一般项目：农作物种苗、新技术研发、农产品研发、农产品和土特产的研发、种植、选育、繁殖、加工、储藏及销售；农副产品收购；农作物（含种子种苗）引进、生产、加工及销售；食品添加物、预包装食品、散装食品、保健食品、酒水饮料运输（不含危险化学品及易燃易爆品）；进出口贸易（除依法须经批准的项目外，自主开展法律法规未禁止、限制的经营活动）。西藏奇正青稞健康科技有限公司目前的经营状态为存续（在营、开业、在册）	7500万	拉萨市经济技术开发区林琼岗路11号	0891-6616148	程若琼

续表

序号	名称	简介	注册资本（元）	地址	联系方式	联系人
20	西藏吉祥粮农业发展股份有限公司	西藏吉祥粮农业发展股份有限公司成立于2014年1月17日，法定代表人为张义康，注册资本为3050万元人民币，统一社会信用代码为915400910649693497，企业地址位于拉萨经济技术开发区B区南路工业中心5号6栋2层，所属行业为科技推广和应用服务业。经营范围包含一般项目：农副产品收购，加工和销售，预包装食品；保健食品（不含婴幼儿食品）的生产及销售；农产品种植，加工，销售，酒类生产，销售；酒类产品；土特产品，工艺品，饰品，食品，海产品的开发；旅游服务源开发；文化活动策划；技术推广；农业技术的技术研究，实验，技术开发；园艺开发；农业观光项目开发；蔬菜，水果，花卉，中药材的技术研发，种植及销售；牧草种植，牧草育苗，饲养；畜禽养殖，进出口贸易，青稞产品加工与开发；乳制品的研发，运输及销售；草产品研发；饲料销售；畜牧饲料销售。青稞加工量为800吨	3050万	拉萨经济技术开发区B区园区南路工业中心5号6栋2层	0291-6352558	张义康
21	西藏圣松青稞酒业有限公司	西藏圣松青稞酒业有限公司成立于2017年9月8日，统一社会信用代码为91540191MA6T3WC47F，企业地址位于西藏拉萨市城东区加荣路城关花园嘎吉一区西南元4-5层1号，所属行业为零售业。经营范围包含：预包装食品；食用油，干果，坚果，肉类熟食制品，蛋及蛋类制品，米面制品，烘焙食品，豆制品，冷冻饮品，方便食品，罐头，烹调佐料，酒精饮料，非酒精饮料，茶（不含茶饮料），咖啡，可可；乳制品（不含婴幼儿配方乳粉），糖制品，糕点蜜饯，植物饮料，洗涤用品，针纺织品，办公用品，文化用品，家用电子，电子设备，工艺品，土特产品儿童用品，日货百货，工艺品（不含金器，金饰品，不含管制刀具），土特产品（不含冬虫夏草），玛卡，劳保用品（不含管制刀具）的销售	200万	西藏拉萨市城东区加荣路城关花园嘎吉一区西南元4-5层1号	18008916295	扎西热杰
22	西藏金草青缘实业有限责任公司	西藏金草青缘实业有限责任公司成立于2018年1月16日，法定代表人为杨雷，注册资本为100万元人民币，统一社会信用代码为91540127MA6T4Y4A6M，企业地址位于西藏自治区拉萨市墨竹工卡县工卡镇嘎则新区创业孵化基地206室，所属行业为商务服务业。经营范围包含企业管理；建筑劳务分包；土特产销售；畜牧养殖，畜牧与服务业，农副产品深加工，奶制品加工与销售，办公用品批发与零售。西藏金草青缘实业有限责任公司目前的经营状态为存续（在营，开业，在册）	100万	西藏自治区拉萨市墨竹工卡县工卡镇嘎则新区创业孵化基地206室	15089055474	杨雷
23	西藏百稞青稞咖啡饮品有限公司	西藏百稞青稞咖啡饮品有限公司成立于2020年5月14日，法定代表人为郑君，统一社会信用代码为91540091MAB023TC9P，企业地址位于拉萨经济技术开发区格桑路投资大厦15楼03号，所属行业为零售业。青稞咖啡的研发，生产，销售	5000万	拉萨经济技术开发区格桑路投资大厦15楼03号	0891-6522499	郑君
24	西藏天河喜卡青稞科技发展有限公司	西藏天河喜卡青稞科技发展有限公司成立于2005年2月3日，法定代表人为张向民，统一社会信用代码为91540000724908487J，企业地址位于拉萨市金珠西路131号。经营范围包含青稞系列食品的研发，农产品的综合开发西藏市金珠西路131号，高新技术的研究，现代农业技术的咨询与服务，特色资源的综合开发；农作物与农产品种植，农副产品深加工，青稞咖啡进出口；青稞咖啡的生产，销售	3000万	拉萨市金珠西路131号	0891-6865678	张向民

续表

序号	名称	简介	注册资本（元）	地址	联系方式	联系人
25	西藏天粮青稞科技有限公司	西藏天粮青稞科技有限公司成立于2020年8月16日，法定代表人为陈媛。注册资本为2040万元人民币，统一社会信用代码为9154012121MAB02Q957A，企业地址位于西藏自治区拉萨市林周县甘丹曲果镇太湖路自治区拉萨市林周工业，所属行业为农副食品加工业；预包装食品销售（含冷藏冷冻食品）；农业科技领域的技术开发、技术转让服务；青稞食品及青稞饲料加工与销售；从事货物及技术的进出口业务（国家禁止或涉审批的货物和技术进出口除外）	2040万	西藏自治区拉萨市林周县甘丹曲果镇太湖路是林周城镇是新区发展集团有限建设投资公司院内2栋4楼4号房	13127586362	陈媛
26	西藏青稞特色饮品销售管理有限公司	西藏青稞特色饮品销售管理有限公司成立于2019年8月13日，法定代表人为王斌，企业地址。注册资本为1000万元人民币，统一社会信用代码为9154009M MA6TEL2HXE，企业地址位于拉萨经济技术开发区格桑路西藏投资大厦3楼17号，所属行业为零售业。经营范围包含销售啤酒，饮料，矿泉水，衣副产品，机器设备，易拉罐，塑料包装容器，塑料瓶胚（材质PET）聚酯切片（瓶级），饮水机，饮料瓶，塑料瓶防盗瓶盖（材质PE），塑料瓶胚，纸箱，电子产品，化妆品（不含危化品和燃爆危险品）；进出口业务	1000万	拉萨经济技术开发区格桑路西藏投资大厦3楼17号	0891-6387665	王斌
27	西藏八月青稞乳业有限公司	西藏八月青稞乳业有限公司成立于2021年7月9日，法定代表人为左松林，注册资本为1000万元人民币，统一社会信用代码为9154009M MAB04XT54C，所属行业为零售业。经营范围（除依法须经批准的项目外，自主开展法律法规未禁止，限制的经营活动）西藏八月青稞乳业有限公司目前经营状态为存续（在营，开业，在册）经营含饮用水的销售；检测及检验服务（除依法须经批准的项目）（不含危险化工工品和易制毒化工品）（不含危险化学品和易制毒品，限制的经营活动）	1000万	拉萨经济技术开发区格桑路海鑫国际2幢5楼503室	暂无	左松林
28	西藏八月青稞酒业有限公司	西藏八月青稞酒业有限公司成立于2021年6月16日，法定代表人为左俊林，注册资本为1000万元人民币，统一社会信用代码为91540191MAB04QBK3K，企业地址位于西藏拉萨市城关区纳如路宏发盛峰誉小区7栋2单元302号，所属行业为批发业。经营范围包含许可项目：酒类经营；住宿经营；经相关部门批准后方可开展经营活动，具体经营项目以相关部门许可证件为准）一般经营项目：办公用品；日用百货；土特产品；食品销售（依法须经批准的项目除外）销售；品牌开发与运营；酒文化活动的策划及推广；工艺品（象牙及其制品除外）销售；含服务；包装服务；电子商务服务（不得从事金融业务）	1001万	西藏拉萨市城关区纳如路宏发尼盛峰誉小区7栋2单元302号	暂无	左俊林
29	西藏青稞啤酒有限公司	西藏青稞啤酒有限公司主营西藏拉萨青稞啤酒系列。公司秉承"顾客至上，锐意进取"的经营理念，坚持"客户"的原则为广大客户提供优质的服务	1000万	拉萨经济技术开发区格桑路西藏投资大厦9楼03号	0891-6946729	高磊

续表

序号	名称	简介	注册资本（元）	地址	联系方式	联系人
30	西藏热巴青稞饮品有限责任公司	西藏热巴青稞饮品有限责任公司成立于2017年4月14日，法定代表人为王兆基，注册资本为1000万元人民币，统一社会信用代码为9154009 1MA6T2M603D，企业地址于拉萨经济技术开发区广州路1号西藏德天佑青稞酒业有限责任公司办公楼4楼405室，所属行业为零售业。经营范围包含预包装食品（酒精饮料）批发、青稞系列产品销售、企业形象策划、产品包装设计制作、企业营销咨询、饲料收购、粮食作物种植、销售咨询	1000万	拉萨经济技术开发区广州路1号西藏德天佑青稞酒业有限责任公司办公楼4楼405室	0891-6157722	王兆基
31	西藏白度母青稞酒业有限责任公司	西藏白度母青稞酒业有限责任公司成立于2018年12月14日，法定代表人为舒文，注册资本为1000万元人民币，统一社会信用代码为9154019 5MA6TCP665L，所属行业为食品制造业。企业地址位于西藏自治区拉萨市柳梧新区国际总部城1号楼201-1室，经营范围（不含投资管理和投资咨询）：绿色有机食品、农副产品、粮食添加剂、保健食品、代理记账；知识产权代理、广告制作、发布；工艺品（不含文物）销售、塑料制品生产及销售、玻璃制品、象牙及象牙制品、陶瓷制品生产及销售、日用百货、服装、电器组件的销售（不含一次性发泡塑料餐具、进出口贸易；房屋租赁	1000万	西藏自治区拉萨市柳梧新区国际总部城1号楼201-1室	0891-6352038	舒文
32	西藏青稞麦绿素生物科技有限公司	西藏青稞麦绿素生物科技有限公司成立于2016年12月20日，法定代表人为李斌，注册资本为2000万元人民币，统一社会信用代码为9154012 3MA6T1RPL4G，企业地址位于西藏自治区拉萨市尼木县幸福路19-10号，所属行业为农业。经营范围包含农产品加工、植物提取物和植物细粉的加工、青稞的种植、青稞麦绿素、中药材原材料、生产开发，日化用品、化妆品的销售	2000万	西藏自治区拉萨市尼木县幸福路19-10号	18193062799	李斌
33	西藏索朗兴青稞实业有限公司	西藏索朗兴青稞实业有限公司成立于2015年11月18日，法定代表人为郭辉，注册资本为1000万元人民币，统一社会信用代码为9154012 6MA6T11TD35，所属行业为零售业。经营范围包含一般项目：青稞酒、米酒、白酒、饮料、农副产品的生产、加工，文物、民族手工艺品（不含文物）流通人民币装帧、销售、投资管理、投资咨询服务；青稞加工及其制品；保健食品生产、加工及销售；青稞营养粉的牙、犀牛角、虎骨及其制品）加工及销售生产加工及销售及进出口	1000万	西藏自治区拉萨市达孜区德庆镇达孜工业园区镇江路7号	0891-6647245	郭辉
34	西藏合谷元青稞营养开发有限公司	西藏合谷元青稞营养开发有限公司成立于2018年11月27日，法定代表人为王红桥，注册资本为500万元人民币，统一社会信用代码为9154019 5MA6TCKMF7C，企业地址于西藏自治区国际总部城柳梧新区12栋5层01室，所属行业为零售业。经营范围：粮食、预包装食品、散装食品的销售青稞物种种植；粮食、预包装食品的销售	500万	西藏自治区拉萨市柳梧新区国际总部城12栋5层01室	0891-6600973	王红桥

续表

序号	名称	简介	注册资本（元）	地址	联系方式	联系人
35	西藏大生长青稞科技有限公司	西藏大生长青稞科技有限公司成立于2013年5月14日，法定代表人为刘志华，注册资本为100万元人民币，统一社会信用代码为915400058799179F，企业地址位于拉萨市当热西路以南拉鲁湿地小区联体别墅2幢2-2号，所属行业为农业。经营范围包含青稞制品研发；农副产品收购；销售：土特产品、冬虫夏草、藏红花、天麻、民族手工艺品销售；进出口贸易（凭备案证经营）	100万	拉萨市当热西路以南拉鲁湿地小区联体别墅2幢2-2号	18180721126	刘志华
36	西藏福海海醇酒业有限公司	西藏福海海醇酒业有限公司成立于2013年7月23日，法定代表人为李福华，注册资本为100万元人民币，统一社会信用代码为9154000064668720C，企业地址位于拉萨市曲水县县城工业园区，所属行业为酒业。经营范围包含酒类研发；白酒生产、销售	100万	拉萨市曲水县县城工业园区	423449524@qq.com	李福华
37	西藏藏泉酒业公司	西藏藏泉酒业有限公司成立于2001年6月19日，法定代表人为闵帅杰，注册资本为2080万元人民币，统一社会信用代码为910718609X，企业地址位于拉萨市金农巷，所属行业为酒业、饮料和精制茶制造业。经营范围包含白酒生产	2080万	拉萨市金农巷3	19983281331@163.com	闵帅杰
38	西藏恒源酒业公司	经过"恒源"人长达12年的艰辛奋斗，如今企业已发展成为拥有占地20亩，职工总人数135名（其中高级工程师3名，中级以上职称专业技术人员23名），拥有年产量3000吨的现代化企业。企业主营"西藏王"牌系列白酒。"西藏王"浓香型白酒颇受消费者的喜爱。酿源主要采用高原光照强、生长周期长、颗粒饱满的优质青稞和中原良仓所产的高粱、玉米等为主要原料，采用国内优质雪山矿泉水，挖掘来西藏千年造酒传统酿造工艺。聘请国内尖端酒类高级评酒人员，融入头端西藏酿酒技，攻克高原酿酒难关。精心酿造出香醇浓郁、落口甜、饮后余香、回味悠长的独特风格，并以其饮后不渴、不上头、不上身的卓越品质，向世人昭示其天禾恒的魅力	600万	西藏曲水县工业园区	tibethengyuan@163.com	黄金华
39	西藏藏地良品青稞面有限公司	西藏藏地良品青稞面有限公司成立于2021年6月29日，法定代表人为索朗玉珍，统一社会信用代码为9154019IMAB04TUB97，企业地址位于西藏拉萨市城关区藏热中路3号一楼江苏商会，所属行业为零售业。经营范围含食品生产；食品互联网销售；日用百货；土特产品销售；酒类零售；酒店用品销售；食品经营（仅销售预包装食品）（除依法须经批准的项目外，自主开展经营活动）；食品经营；外卖递送服务；企业策划；企业管理（除依法须经批准的项目外，自主开展经营活动）。西藏藏地良品青稞面有限公司目前的经营状态为存续（在营、开业、在册）	300万	西藏拉萨市城关区藏热中路3号一楼江苏商会		索朗玉珍
40	堆龙古荣巴热糌粑有限公司	堆龙古荣巴热糌粑有限公司成立于2004年10月10日，法定代表人为德庆卓嘎，注册资本为1000万元人民币，统一社会信用代码为915401257419801IW，企业地址位于拉萨市堆龙德庆区古荣乡巴热村，所属行业为农畜副食品加工业。经营范围包含糌粑加工、销售，粮油加工（青稞系列）、农畜产品、藏药材、民族手工艺品加工，小礼品生产；食品、方便食品、中药材、普通货物运输（不含危险化学品）、货物装卸，进出口贸易	1000万	拉萨市堆龙德庆区古荣乡巴热村	13989081900	德庆卓嘎

续表

序号	名称	简介	注册资本（元）	地址	联系方式	联系人
41	西藏达热瓦青稞酒业股份有限公司	西藏达热瓦青稞酒业股份有限公司主营业务为青稞酒生产及销售。主要产品为"喜孜"青稞酒。公司曾获得国家质量监督检验检疫总局在2017年颁发的生态原产地保护的产品。中国质量协会在2016年颁发的2016年度西藏优秀的生态原产地保护产品。西藏自治区人民政府在2012年颁发的西藏自治区农牧业产业化经营龙头企业	6000万	日喀则地区仁布县佳木斯开发区	0892-8822861	拉琼
42	西藏阿古邢巴农产品开发有限责任公司	西藏阿古邢巴农产品开发有限责任公司成立于2013年7月8日，法定代表人为索郎欧珠，统一社会信用代码为91540200064666541，企业地址位于日喀则市江当乡甲马岗村，所属行业为农副食品加工业。经营范围包含青稞面粉、糌粑、藏面麻花、粮油、饲料、粉丝、荞麦、面条、油条、饼干、奶渣、酥油、白砂糖的加工及销售	1500万	日喀则市江当乡甲马岗村	17889085777	索郎欧珠
43	西藏德琴阳光庄园有限公司	西藏德琴阳光庄园有限公司成立于2016年9月1日，法定代表人为张学斌，企业地址位于桑珠孜区江当乡光伏小镇青稞精深加工厂办公楼。注册资本为3000万元人民币，统一社会信用代码为91540202MA6T1GGX5U，所属行业为农业。经营范围含：药材、花卉、苗木、采摘、水果）种植及销售；畜禽、水产品养殖及销售；旅游开发、垂钓服务、农产品交易、技术指导、货物运输、仓库、货物进出口贸易；农林绿化、农业技术开发、服装、电子产品、小五金、衣饰自动售卖机械设备、手工工艺品、日用百货、文化用品、饮料加工及销售；智能自动售卖机、安装、维护、租赁、销售 乳制品、副食、食品、冷冻食品销售 啤酒、饮料加工及销售	3000万	桑珠孜区江当乡光伏小镇青稞精深加工厂办公楼	13408126053	张学斌
44	日喀则吉祥粮农业发展有限公司	日喀则吉祥粮农业发展有限公司成立于2014年11月5日，统一社会信用代码为91540228321353819D，法定代表人为吕勇，企业地址位于日喀则地区白朗县蔬菜公司院内，所属行业为农业。经营范围含农副产品收购与销售、预包装食品销售、技术转让、技术推广	1005万	日喀则地区白朗县蔬菜公司院内	18689108696	吕勇
45	西藏旺达青稞食品有限责任公司	西藏旺达青稞食品有限责任公司成立于2011年4月6日，统一社会信用代码为91540228868368608XM，法定代表人为边久，企业地址位于日喀则地区白朗县日江路1号，所属行业为制造业。经营范围包含：谷物种植、销售；粮食加工 注册资本为1500万元人民币，日喀则地区白朗县日江路1号，所属行业为制造业。经营范围含：青稞食品（其他方便食品） 生产、方便食品（其他食品）	1500万	日喀则地区白朗县日江路1号	13989993955	边久
46	西藏金满青稞产业发展有限公司	西藏金满青稞产业发展有限公司成立于2021年8月30日，法定代表人为顾，企业地址位于日喀则市昂仁县卡嘎镇卡嘎村，统一社会信用代码为91540222MA0590U0XX，所属行业为食品制造业。经营范围含保健食品生产；保健食品销售；食品经营（销售散装食品）；食品经营（销售预包装食品）；食品互联网销售；食品生产；食品互联网销售；食品进出口	2000万	西藏自治区日喀则市昂仁县卡嘎镇卡嘎村养护段西侧	0892-8605998	王保刚

续表

序号	名称	简介	注册资本（元）	地址	联系方式	联系人
47	西藏桑日岗青稞酒业有限责任公司	西藏桑日岗青稞酒业有限责任公司成立于2020年5月14日，法定代表人为扎西热杰，注册资本为1302.91万元人民币，统一社会信用代码为91540222MAB023RR9U，企业地址位于西藏自治区日喀则市江孜县江工路江孜青稞基地，所属行业为酒、饮料和精制茶制造业。经营范围包含青稞系列产品生产、销售酒精饮料、非酒精饮料生产、销售绿色有机食品开发	1302.91万	西藏自治区日喀则市江孜县江工路江孜青稞基地	18008916295	扎西热杰
48	西藏阿帕青稞养生食品有限公司	西藏阿帕青稞养生食品有限公司成立于2021年8月30日，法定代表人为达顿，注册资本为1000万元人民币，统一社会信用代码为91540222MAB059U0XX，企业地址位于西藏自治区日喀则市江孜县宗楚南路德希林小区S103三号门面，所属行业为食品加工食品生产。经营范围包含：许可项目：保健食品销售（仅销售预包装食品）；食品经营（销售散装食品）；食品互联网销售；食品生产；食品经营（销售预包装食品）；食品进出口	1000万	西藏自治区日喀则市江孜县宗楚南路德希林小区S103三号门面	暂无	达顿
49	西藏老青稞食品科技有限公司	西藏老青稞食品科技有限公司成立于2018年11月30日，法定代表人为曲珍，注册资本为500万元人民币，统一社会信用代码为91540221MA6TCLJN6M，企业地址位于西藏自治区日喀则市南木林县土布加乡玛格达村旧农专场，所属行业为农副食品加工业。经营范围包含：蜂蜜、矿泉水制造及销售；副食品加工及销售	500万	西藏自治区日喀则市南木林县土布加乡玛格达村旧农专场	18798999992	曲珍
50	洛隆县洛宗特色产品开发公司	洛隆县洛宗特色产品开发公司成立于2014年2月21日，注册地位于西藏自治区昌都市洛隆县农牧场，经营范围：青稞及小麦食品的种植、收购、加工、销售，包装销售、速冻食品、糕点、土特产、保鲜食品、肉制品、餐饮、酒水、艺术唐卡制作、销售、工艺品藏刀研发、生产、销售、纯净水生产及销售、粮油批发及经营，法定代表人为小麦食品发叉发叉售、烟草销售、农场休闲观光服务、劳务分包、就业服务	40万	西藏自治区昌都市洛隆县农牧场	0895-4577005	西绕江措
51	洛隆阿旺曲培白青稞加工店	洛隆阿旺曲培白青稞加工店，成立于2022年1月4日，法定代表人为阿旺曲培，经营状态为存续，工商注册号为540329600025856，注册地址为洛隆县康沙镇康沙村。经营范围包括各物磨制（不含大米、面粉加工）；食用农产品初加工；农产品的生产、销售、加工、运输、贮藏及其他相关服务		洛隆县康沙镇康沙村		阿旺曲培
52	八宿县藏地乡农牧民青稞加工专业合作社	八宿县藏地乡农牧民青稞加工专业合作社，成立于2020年10月28日，注册资本为52万元人民币，法定代表人为伦珠，经营状态为存续，注册地址为西藏昌都市八宿县白玛镇多拉村。经营范围包括青稞加工销售；乡村休闲旅游业；农产品；农副产品加工及销售	52万	西藏昌都市八宿县白玛镇多拉村	18389057220@qq.com	伦珠
53	工布江达县下巴青稞糌粑加工店	工布江达县下巴青稞糌粑加工店，成立于2018年8月15日，法定代表人为赤列白姆，经营状态为存续，工商注册号为5404216000199110，注册地址为工布江达县金达镇朗杂村，经营范围包括青稞面（糌粑）加工及销售		工布江达县金达镇朗杂村		赤列白姆

续表

序号	名称	简介	注册资本（元）	地址	联系方式	联系人
54	类乌齐县白青稞糌粑加工店	类乌齐县白青稞糌粑加工店，成立于2021年11月22日，法定代表人为其美泽旺。经营状态为在业，注册地址为西藏昌都市类乌齐县发展路15号。经营范围包括农产品的生产、销售、加工、运输、贮藏及其他相关服务		西藏昌都市类乌齐县发展路15号		其美泽旺
55	类乌齐县田光实业有限责任公司	类乌齐县田光实业有限责任公司，成立于2021年7月2日，注册资本为300万人民币，法定代表人为公秋桑布。经营范围包括西藏自治区昌都市类乌齐县甲桑卡乡美则村。经营范围销售、牦牛肉加工、销售；酸奶加工、销售；青稞酒制作销售；土特产加工、销售	300万	西藏自治区昌都市类乌齐县甲桑卡乡美则村		公秋桑布
56	芒康县横断山林下资源产品加工有限责任公司	芒康县横断山林下资源产品加工有限责任公司，成立于2017年10月27日，注册资本800万人民币，工商注册号为540328000002562。注册地址为西藏昌都市芒康县嘎托镇嘎托村江卡组。经营范围包括松茸、木耳、獐子菌加工及销售；藏药加工及销售	800万	西藏昌都市芒康县嘎托镇嘎托村江卡组	14727651134@qq.com.com	恩珠
57	西藏山南加玉农产品发展有限公司	西藏山南加玉农产品发展有限公司，成立于2006年9月18日，工商注册号为542231100000047，注册地址为隆子县加玉乡。经营状态为存续，经营范围为产品的生产、销售，加工、运输，贮藏及其他相关服务。食用农产品初加工；粮油加工及销售；副食品、黑青稞茶加工及销售	500万	隆子县加玉乡	1388903871l	扎西江村
58	芒康县多日丛青稞种植农民专业合作社	芒康县多日丛青稞种植农民专业合作社，成立于2018年7月6日，注册资本为1000万人民币，法定代表人为多吉次仁。经营状态为存续，工商注册号为540328NA000082X，注册地址为西藏自治区昌都市芒康县帮达乡金珠村三组1号。经营范围包括青稞种植、加工、运输，贮藏及销售，黑青稞、黑青稞面，青稞种植	1000万	西藏自治区昌都市芒康县帮达乡金珠村三组1号	13658900021	多吉次仁
59	芒康县忠吉丛饲料加工有限责任公司	芒康县忠吉丛饲料加工有限责任公司，成立于2016年6月28日，注册资本为380万人民币，工商注册号为540328200001221，注册地址为西藏芒康县嘎托镇产业园区。经营范围包括农副料加工，种植小麦、青稞，农牧产品销售	380万	西藏芒康县嘎托镇产业园区	18989052856	洛松洛布
60	贡觉县三岩夏龙农业有限责任公司	贡觉县三岩夏龙农业有限责任公司，成立于2014年5月7日，注册号为542123200000281，注册地址为西藏贡觉县莫洛镇阿嘎南路。经营状态为存续，经营范围包括青稞、荞麦、核桃、虫草等本地特产加工	1500万	西藏贡觉县莫洛镇阿嘎南路	19989290000	巴鲁
61	类乌齐县久创阿若青蒲巴有限责任公司	类乌齐县久创阿若青蒲巴有限责任公司，成立于2021年3月30日，注册资本为1000万人民币，法定代表人为德青朗加。经营状态为存续，工商注册号为540323100000152。注册地址为西藏自治区昌都市类乌齐县甲桑卡乡美才村。经营范围包括西藏药材种植、加工、销售；土特产、青稞、牛奶、青稞酒、养生酒、药根、芫根，养生产品，生产、销售	1000万	西藏自治区昌都市类乌齐县甲桑卡乡美才村		德青朗加

续表

序号	名称	简介	注册资本（元）	地址	联系方式	联系人
62	类乌齐县久创实业有限责任公司	类乌齐县久创实业有限责任公司成立于2021年5月14日，注册地位于西藏自治区昌都市类乌齐县滨江路46号1-1，法定代表人为德青朗加。经营范围包括日货销售；卫生纸加工、包装及销售；青稞啤酒加工、冻液制造及销售；汽车装饰品、网围栏、办公家具、日化用品、劳保用品、洗漆用品、五金建材销售及批发；室内外装饰装修工程；干杂、粮油销售；药材种植、蔬菜种植及销售；土特产、青稞、羌桃、牛奶、青稞酒、养生酒、养生产品生产及销售	1000万	西藏自治区昌都市类乌齐县滨江路46号1-1		德青朗加
63	西藏雅罗仓种植农民专业合作社	西藏雅罗仓种植农民专业合作社成立于2020年1月13日，法定代表人为卓玛夏。经营范围包括青稞种植；水果种植、坚果种植；豆类种植、薯类种植、蔬菜种植、青稞种植、藏白酒酿造销售；粮油、水产品、茶水、果品、饮料、茶水、调味品、牛的饲养；开展技术培训、交流和咨询服务；完成添加加工及销售	5000万	西藏昌都市类乌齐县桑多镇扎西贡村产业园区	15726756999	卓玛夏
64	类乌齐伊杰羌根深加工有限公司	类乌齐伊杰羌根深加工有限公司成立于2018年4月17日，法定代表人为嘎桑罗布。经营范围包括羌根、药材、青根、油菜、玛咖、燕麦、玉米、蔬菜种植、加工、销售；虫草、土特产销售	2100万	西藏昌都市类乌齐县甲桑卡乡东丁卡村	15348951234	嘎桑罗布
65	西藏祥德农业科技有限公司	西藏祥德农业科技有限公司成立于2020年11月12日，注册地位于西藏自治区昌都市经开区A坝区医创园1号楼二楼249X，法定代表人为焦玉平。经营范围一般项目：食（饮）品；保健品、食（饮）青稞制品、预包装食品、日用百货、烘焙产品、乳制品（不含婴幼儿配方乳粉）、农产品的加工及零售；畜禽水产品养殖、餐饮管理、物业管理；含刀具、象牙制品、仓储、收发货管理、区域配送、物流配送、融资、营销、加工、转口运输、货运代理业务；高效生态农牧业项目有关的投资、咨询、融资、服务和招商引资；农业技术研发、推广、咨询、技术服务、技术转让	1000万	西藏自治区昌都市经开区A坝区医创园1号楼二楼249X	13886679775	焦玉平
66	芒康县亚农丛食品有限责任公司	芒康县亚农丛食品有限责任公司成立于2017年11月29日，注册地位于西藏昌都市芒康县帮达乡加尼顶村安安组，法定代表人为江措。经营范围包括青稞、荞麦、大麦、小麦、玉米、黄豆醋制、加工及销售	2000万	西藏昌都市芒康县帮达乡加尼顶村安安组	13989923287	江措
67	昌都市德西饮品有限公司	昌都市德西饮品有限公司，成立于2015年8月20日，注册资本为300万人民币，法定代表人为赖新林，工商注册状态为存续，工商注册号为5403002000003453，经营范围包括鲜扎啤、青稞啤酒、青稞大麦糖浆、大麦乐茶、人参果茶、藏玛卡饮料、格瓦斯的加工及销售	300万	西藏昌都市卡若区金太阳商务酒楼门面		赖新林

续表

序号	名称	简介	注册资本（元）	地址	联系方式	联系人
68	芒康县华辉食品有限公司	芒康县华辉食品有限公司成立于2018年4月11日，注册地位于西藏自治区昌都市芒康县产业融合示范园区B区M2，法定代表人为李利民。经营范围包括加工及销售：牦牛肉、藏香猪、青稞系列酒、啤酒、白酒、保健酒、蜂蜜、食用菌、青稞饼干	3000万	西藏自治区昌都市芒康县产业融合示范园区B区M2	17716525403	李利民
69	芒康县亚农农丛食品有限责任公司	芒康县亚农农丛食品有限责任公司，成立于2017年11月29日，注册资本为2000万人民币，法定代表人为江措，工商注册状态为存续，地址为西藏昌都市芒康县帮达乡加尼顶村安安组，经营范围包括青稞、荞麦、大麦、小麦、玉米、黄豆醋制、加工及销售	2000万	西藏昌都市芒康县帮达乡加尼顶村安安组	18108166666	江措
70	类乌齐伊杰壳根深加工有限公司	类乌齐伊杰壳根深加工有限公司，成立于2018年4月17日，注册资本为2100万人民币，工商注册状态为存续，法定代表人为嘎桑罗布，地址为西藏昌都市类乌齐县甲桑卡乡东丁卡村。经营范围包括完根、药材、青稞、油菜、燕麦、玛咖、玉米、蔬菜种植、加工、销售、虫草、土特产销售	2100万	西藏昌都市类乌齐县甲桑卡乡东丁卡村	15348951234	嘎桑罗布
71	米林扎绕乡列亚卓糌粑加工有限公司	米林扎绕乡列亚卓糌粑加工有限公司，成立于2020年8月25日，注册资本为32万人民币，工商注册状态为存续，法定代表人为扎西，地址为米林县扎绕乡雪巴村。经营范围包括青稞、小麦磨面、菜籽油加工销售	32万	米林县扎绕乡雪巴村	17708946807	扎西
72	西藏察隅县松卡拉商贸有限责任公司	西藏察隅县松卡拉商贸有限责任公司成立于2018年7月10日，注册地位于西藏自治区林芝市察隅县古玉乡加油站旁，法定代表人为向巴四朗。经营范围包括一般项目：虫草、当归、天麻、三七、松茸、黄柏丹、贝母、灵芝菌、红景天、野生蜂蜜、手掌参、雪莲花、桑黄、桦褐孔菌、羊肚菌收购加工与销售；牛肉、酥油、桃子干、苹果干加工与销售；副食、烟、酒水、饮料、日用百货、日化用品、农机配件、农用机械销售	150万	西藏自治区林芝市察隅县古玉乡加油站旁	13648943350	向巴四朗
73	西藏林芝世肴食品科技有限公司	西藏林芝世肴食品科技有限公司，成立于2014年5月16日，注册资本为500万人民币，工商注册号为54260020000005260，注册地址为西藏林芝市宜区八一镇色宜定村。经营范围包括青稞食品加工、批发及零售；土特产品和种植、收购、加工、批发及零售；食品技术咨询	500万	西藏林芝市巴宜区八一镇色宜定村	13618946720	阿牛
74	西藏林芝大峡谷酿酒有限责任公司	西藏林芝大峡谷酿酒有限责任公司成立于2004年5月20日，法定代表人为彭剑锋，统一社会信用代码为9154040071091456OA，企业地址位于林芝市米林农场，所属行业为酒，饮料和精制茶制造业。经营范围包括：粮食白酒酿制（其他类）；饮料（其他发酵酒）；自营和代理各类商品的进出口	50万	林芝市米林农场	18610310777	彭剑锋

续表

序号	名称	简介	注册资本（元）	地址	联系方式	联系人
75	西藏林芝蕃王酒业有限公司	西藏林芝蕃王酒业有限公司基地坐落于有着"西藏小江南"美誉的林芝地区，是西藏林芝地区目前规模最大、具有实际生产能力的酒厂企业之一。蕃王酒业取得包括生产许可证等在内的全部合法证件，并已在拉萨、蕃王酒业总部设在西藏林芝地区及周转配送仓库，另有包括广州、成都、武汉等城市设有分支运营机构及储藏周转配送中。蕃王酒业已在拉萨、北京在内的27个省级分支机构及储藏周转配送中。建、广东、内蒙古等地区拥有近2000个终端销售网点。福引资企业，由西藏蕃王工贸（集团）有限公司全额投资。一期建于林芝县布久乡，已累计投资近500万，年产规为2亿元人民币，采用现进的自动灌装生产线。主要生产"藏玛"系列生态藏酒、特色果酒及"藏番王""金藏玛"等文字与相投产"藏玛"果园内，占地面积45亩，总投资为4500万元。二期建于林芝新火车站旁的外宿生物科技产业园。一期工已于2014年7月峰值年产能为15亿元。蕃王酒业现已申请注册了包括"青番"番"蕃番王""金藏玛"等文字与相关图形商标10多个类别，外观设计专利4项以及发明专利正在申报中	500万	西藏林芝市巴宜区布久乡（布久小集镇）	0894-5833466	向红
76	加查县冷达乡玛康村扶贫木碗加工农牧民合作社	加查县冷达乡玛康村扶贫木碗加工农牧民合作社，成立于2013年3月20日，注册资本为100万人民币，法定代表人为强巴，经营状态为存续，工商注册号为54229NA0000051，注册地址为加查县冷达乡玛康村。经营范围包括种植、养殖、木碗加工及销售，家具加工及销售，家庭旅馆	100万	加查县冷达乡玛康村	13908930888@163.com	强巴
77	日美炒青稞和糌粑加工店	日美炒青稞和糌粑加工店，成立于2019年8月2日，法定代表人为多布杰，经营状态为存续，工商注册号为542227600014159，注册地址为措美县措美镇当许村。经营范围包括糌粑加工、炒青稞		措美县措美镇当许村		多布杰
78	隆子县聂雄青稞糌粑加工公司	隆子县聂雄青稞糌粑加工公司，成立于2013年10月28日，注册资本为50万人民币，法定代表人为达瓦扎西，经营状态为存续，工商注册号为54223120000138，注册地址为隆子县县城。经营范围包括糌粑、白青稞加工	50万	隆子县县城	70708864@qq.com	达瓦扎西
79	隆子县君巴达热农牧业专业合作社	隆子县君巴达热农牧业专业合作社，成立于2019年6月21日，注册资本为80万人民币，法定代表人为西若多吉，经营状态为存续，注册地址为西藏隆子县加玉乡胖村。经营范围包括藏香制作及销售；青稞加工及销售，菜籽油及糌粑销售；农副产品加工及销售	80万	西藏隆子县加玉乡胖村	17389036111@qq.com	西若多吉
80	山南高原特色农牧产品有限公司	山南高原特色农牧产品有限公司，成立于2016年9月2日，注册资本为100万人民币，法定代表人为白玛加措，经营状态为存续，工商注册号为54220200009104。注册地址为山南市乃东区。经营范围包括香猪养殖、土豆、藏萝卜加工及销售，青稞加工（糌粑产品）及销售，牦牛销售，牦牛肉养、加工及销售	100万	山南市乃东区	zhasang111@sina.com	白玛加措

续表

序号	名称	简介	注册资本（元）	地址	联系方式	联系人
81	西藏隆子县黑青稞种植专业合作社	西藏隆子县青稞种植专业合作社，成立于2013年1月11日，注册资本为50万元人民币，工商注册状态为存续，注册注册号为54232120000108。地址为西藏隆子县日当镇沙琼村。经营范围包括种植收购黑青稞、黑青稞种植技术服务，粉条、粉皮、黑青稞粑、豌豆粉、藏面粉，藏青稞饼干加工与销售；牛肉干、藏式辣椒、奶制品加工与销售，荞麦枕头加工销售；藏鸡蛋销售	50万	西藏隆子县日当镇沙琼村	13908939336	旦增赤列
82	琼结县琼果德庆当食品加工培训有限公司	琼结县琼果德庆当食品加工培训有限公司成立于2016年3月7日，注册地位于西藏山南琼结县琼果白日四村，法定代表人为普布扎西。经营范围包括粮油、青稞、面粉加工和培训	130万	西藏山南琼结县琼果白日四村	15289032224	普布扎西
83	西藏金麦农业开发有限公司	西藏金麦农业开发有限公司成立于2018年9月10日，注册地位于西藏自治区山南市乃东区泽当镇乃东路88号(乃东区财政局4楼)，法定代表人为曹清。经营范围包括保健食品（含保健食品和保健食品），青稞类食品，预包装食品，酒，水果的种植。收购、代理、加工、生产、销售；牲畜和家禽的饲养、收购、代理、加工、生产、销售；广告的设计、制作、代理、发布；文化旅游产业开发；生态修复；房地产开发；信息技术咨询；供应链管理服务；转让；电子商务；餐饮服务；酒店经营；医疗器械代理、销售；日用百货代理 销售	3000万	西藏自治区山南市乃东区泽当镇乃东路88号(乃东区财政局4楼)	0893-7839833	曹清
84	贡嘎晏子青稞食品科技有限公司	贡嘎晏子青稞食品科技有限公司成立于2017年4月12日，注册地位于西藏贡嘎县商务局院内，法定代表人为程金燕。经营范围及农产品食品的研发、收购、加工与销售；预包装食品、散装食品销售（含熟食卤味、冷藏冷冻食品）；进出口贸易；技术咨询、技术开发；青稞及农产品生产技术领域内的技术开发、技术服务、技术转让；仓储服务；肉制品的研发、生产（含发酵肉和预制调理肉制品）	2000万	贡嘎县商务局院内	0893-7397777	程金燕
85	山南隆子县绿色食品有限公司	山南隆子县绿色食品有限公司，成立于2016年1月12日，注册资本为300万元人民币，工商注册号为54232120000278，注册地址为山南隆子县准巴乡哲村。经营范围包括青稞奶制品加工与销售；肉类加工与销售	300万	山南隆子县准巴乡哲村	14728939868	索朗旺庆
86	那曲市金诚青稞食品生产有限公司	那曲市金诚青稞食品生产有限公司成立于2015年04月17日，注册地位于西藏自治区那曲市色尼区滨河路塔格拉姆风景区内金诚青稞产业园基地，法定代表人为李合勇。经营范围包括炒烩食品、青稞面食品，奶制品，牦牛肉制品，咖啡制品的生产与销售；花椒种植销售，茶叶、水果、土特产销售；电子商务	500万	西藏自治区那曲市色尼区滨河路塔格拉姆风景区内金诚青稞产业园基地	144178228@qq.com	李合勇

续表

序号	名称	简介	注册资本（元）	地址	联系方式	联系人
87	那曲县圣熙青稞生产有限公司	那曲县圣熙青稞生产有限公司成立于2017年4月21日，注册地址位于那曲县谿河路(塔恰拉姆景区)，法定代表人为嘎吉。经营范围包括生产销售：青稞、青稞面粉、青稞米、糌粑、调配型糌粑、青稞营养粉、青稞糊附属产品、水果、奶制品、土特产、肉类、粮油、干货、百货、副食、饮料、咖啡豆、烘焙制品、物流运输、电子商务（含以上商品的生产与销售）	1500万	那曲县谿河路(塔恰拉姆景区)	144178228@qq.com	嘎吉
88	那曲牧女联合创业有限责任公司	那曲牧女联合创业有限责任公司成立于2018年11月29日，法定代表人为文措，注册资本为2000万元人民币，企业地址位于西藏自治区那曲市色尼区西藏自治区那曲市色尼区那曲县西藏奶制品含加工业。经营范围包含加工业（不含刀具），民族手工艺品，土特产品，批发及零售，收购及销售；粮食 预包装食品 散装食品、菜籽、莱籽、糌粑、青稞、塑料花、家政服务：手工编织油：草药(不含麻黄)、酥油、针织品、办公用品、日用百货、太阳能路灯；收购及销售：虫草、雪莲花、人参果、莱果、蔬菜、鳕头、水果、文体用品、学习用品、家用电子产品、通信器材、乳制品、糖果、小食品、副食品、饮料；住宿；车辆、绿化；校服、学校教育装备、教学仪器的销售及服务；食品运输（不含危化品）；床单、被子制造及销售、洗化用品、体育器材、床上用品、农资产品	2000万	西藏自治区那曲市色尼区西藏自治区那曲市色尼区那曲县文化局对面(那曲县文化局2-235号)	13628968888@139.com	文措
89	民粮青稞白粮糌粑店	民粮青稞白糌粑店成立于2021年4月29日，经营者为洛曲，统一社会信用代码为92540602MAB04DYW20，企业地址位于色尼区扎空路122号(市民政局劳)，所属行业为食品制造业。经营范围包含糌粑		色尼区扎空路122号(市民政局劳)		
90	西藏尼玛县卡唯热瓦糌粑有限公司	西藏尼玛县卡唯热瓦糌粑有限公司成立于2019年4月23日，统一社会信用代码为91540629MA6TDPGQ88，法定代表人为格热，企业地址位于西藏自治区那曲市尼玛县尼玛色路，所属行业为农副食品加工业。经营范围包含糌粑加工制作；销售；青稞系列种植	500万	西藏自治区那曲市尼玛县尼玛色路	13889015556@136.com	格热
91	西藏彰嘎糌粑商贸有限公司	西藏彰嘎糌粑商贸有限公司成立于2020年12月31日，统一社会信用代码为91540622MAB03LAC2T，法定代表人为索朗多吉，企业地址位于西藏自治区那曲地区比如县夏曲镇城镇扶贫或317国道南侧商品房2栋一楼1个门面。经营范围包含糌粑加工及销售：奶制品、酥油、酸奶；包装材料销售	200万	西藏自治区那曲地区比如县夏曲镇城镇扶贫或317国道南侧商品房2栋一楼1个门面	15289165553@139.com	索朗多吉
92	索县美咪糌粑	索县美咪糌粑成立于2020年9月28日，经营者为王成，企业地址位于索县317国道中国石油加油站斜对面，统一社会信用代码为92540626MAB032BX9C，企业地址位于索县317国道中国石油加油站斜对面，所属行业为食品制造业。经营范围包含糌粑、青稞、青稞皮子		索县317国道中国石油加油站斜对面	18997256457	王成

序号	名称	简介	注册资本（元）	地址	联系方式	联系人
93	申扎普宗亚吉央龙糌粑加工厂	申扎普宗亚吉央龙糌粑加工厂成立于2018年10月25日，经营者为饮占，统一社会信用代码为92540625MA6TCCYQ1X，企业地址位于申扎县马跃乡6村，所属行业为农副食品加工业。经营范围包含青稞糌粑食品加工，糌粑销售		申扎县马跃乡6村	15089062448	饮占
94	羌卓石磨糌粑	羌卓石磨糌粑成立于2020年11月6日，经营者为格达，统一社会信用代码为92540624MAB039FM3X，企业地址位于西藏自治区那曲市安多县沈阳南路完小丁字路口，所属行业为零售业。经营范围包含青稞、青稞皮		西藏自治区那曲市安多县沈阳南路完小丁字路口		格达
95	西藏阿里藏酿青稞酒业有限公司	西藏阿里藏酿青稞酒业有限公司成立于2008年11月13日，法定代表人为李筠，注册资本为150万元人民币，统一社会信用代码为91542500783546746G，企业地址位于西藏自治区阿里地区狮泉河镇狮民路，所属行业为农副食品加工业。经营范围包括：青稞深加工、粮油销售，农畜养殖，青稞酒，酿造，农副产品开发研究，房屋租赁	150万	西藏自治区阿里地区狮泉河镇狮民路	309238917@qq.com	李筠
96	日土县阿里瓦青稞加工厂	日土县阿里瓦青稞加工厂成立于2017年6月16日，注册地位于日土县退休二区，法定代表人为土旦曲培。经营范围包括青稞加工、销售糌粑		西藏自治区阿里地区日土县退休二区	13658977771	土旦曲培
97	阿里地区色桑威洪加青稞精华有限责任公司	阿里地区色桑威洪加青稞精华有限责任公司成立于2018年12月20日，法定代表人为赤来旺布，注册资本为200万元人民币，统一社会信用代码为91542500MA6TCQ617N，企业地址位于西藏自治区阿里地区噶尔县狮泉河镇德吉路14号，所属行业为农副食品加工业。经营范围包括青稞精华、毛绒、牛奶、饮用水，饲料加工及销售；住宿	200万	西藏自治区阿里地区噶尔县狮泉河镇德吉路14号	chidaerlong1988@163.com	赤来旺布
98	普兰西德糌原地食品有限公司	普兰西德糌原地食品有限公司成立于2019年7月29日，统一社会信用代码为91542251MA6TEH119C，企业地址位于西藏自治区阿里地区普兰县普兰镇西德村角入组，注册资本为670.1万元人民币，法定代表人为普布次仁。经营范围包括糌粑种植、青稞销售，青稞加工及销售，面包加工及销售，荞麦产品销售，零食加工及销售，酥油销售	670.1万	西藏自治区阿里地区普兰县普兰镇西德村角入组	13989070321@163.com	普布次仁
99	日喀则市桑珠孜区娘麦青稞种子农民合作社	"娘麦"品牌享誉全区合作社被评为全区农牧民专业合作社先进示范社，国家农民专业合作示范社	34.655万	日喀则市聂日雄乡	2731746268@qq.com	尼玛扎西
100	西藏天地绿色饮品发展有限公司	西藏天地绿色饮品发展有限公司成立于2009年4月28日，法定代表人为蔚成，统一社会信用代码为91540000688018133，企业地址位于拉萨市金珠西路189号，所属行业为生产啤酒（熟啤酒）（仅限厂区内销售）、饮料和精制茶制造业。经营范围包含生产啤酒、农副产品，藏红花系列产品的研究、计算机软硬件、矿泉水、天然水、饮料、农副产品（不含危化品）、机器设备、化工产品（不含危化品）、咖啡、方便食品、茶叶罐、易拉罐、塑料包装容器具塑料防盗瓶盖（材质PE）、塑料瓶坯（材质PET）、聚酯切片（瓶级）、饮水机、热收缩膜、纸箱、建辅材料、电子产品、化妆品销售；进出口业务；物流仓储业务（不含危险化学品和易燃易爆危险品）	3218万美元	拉萨市金珠西路189号	0891-6946660	蔚成

195

续表

序号	名称	简介	注册资本（元）	地址	联系方式	联系人
101	错那县勒布沟特色农产品农牧民专业合作社	错那县勒布沟特色农产品农牧民专业合作社成立于2014年11月25日，注册地位于错那县贡日乡，法定代表人为群增次仁。经营范围包括食品生产；粮食加工食品销售；食品互联网销售；谷物种植；日用木制品制造；日用木制品销售；竹制品制造；竹制品销售；草及相关制品制造；农副产品销售；日用品批发；日用品销售	457.6万	错那县贡日乡	13908935804	群增次仁
102	山南乃东功德农产品开发有限公司	西藏山南乃东县颇章乡雪村三组，注册地位于西藏自治区乃东县颇章乡雪村三组，法定代表人为达娃更参。经营范围包括农副食品加工；饼干及其他焙烤食品制造；酒、饮料和精制茶制造；食品和代理保健食品制造；预包装食品批发零售；各类食物的进出口业务	200万	西藏自治区乃东县颇章乡雪村三组	18898038889	达娃更参
103	昌都市君亲农业科技开发有限公司	昌都市君亲农业科技开发有限公司成立于2015年05月26日，注册地位于西藏昌都市昌都经济开发区A区，法定代表人为刘耀。经营范围包括农产品加工技术开发。转让、咨询，技术服务；农业技术开发、转让、收购，销售；农产品种植，收购，销售；农产品开发技术咨询服务，从事货物与技术的进出口业务	1000万	西藏昌都市昌都经济开发区A区	0895-4816300	刘耀
104	西藏甘语仓特色农产品开发有限责任公司	西藏甘语仓特色农产品开发有限责任公司成立于2009年5月8日，注册地位于西藏昌都市昌都经济开发区A区，法定代表人为贡布多加。经营范围包括青稞种植，虫草收购，虫草加工，膨化食品加工，青稞精粉、青稞系列食品、青稞低度酒的加工和销售；民族手工艺，民族用品（服饰及生活用品）、矿泉水生产销售；特色农产品加工销售（牦牛肉、牦牛绒制品、牦牛角饰品、石榴、核桃、香瓜、葡萄、西瓜、西红柿、橙子、红心柚、蘑菇红花、羊肚菌、松茸、獐子菌、天麻）；玉饰品销售，蔬菜、水果品种及冷冻储藏、销售	1000万	西藏昌都市昌都经济开发区A区	0895-4596691	贡布多加
105	堆龙古荣朗孜糌粑加工有限公司	堆龙古荣朗孜糌粑有限公司日喀则分公司成立于2009年3月30日，负责人为拉巴卓玛，统一社会信用代码为9154020 0MA6T14L04X，企业地址位于日喀则市雪强路（公安局商品房），所属行业为制造业。经营范围包括：青稞糌粑加工，销售；青稞收购；茶类；酥油、垫子		日喀则市雪强路（公安局商品房）	15889087999	拉巴卓玛

196

2. 青海省

序号	名称	简介	注册资本（元）	地址	联系方式	联系人
1	青海华实投资科技管理有限公司	青海华实集团是以高科技产品开发、销售、引进、推广为主业，集食品、医药、房地产、电子产品、化工、建筑、商贸、旅游，农业资源投资开发等多产业链聚合的跨地区、宽领域、规模化的大型民营企业集团。现有核心企业青海华实科技投资管理有限公司，资产总规模 55000 万元。集团母子公司及职工 16 家，员工1800 余人，由北京大学 5 位研究生于西宁市中心商业区大什字南 200 米。青海华实科技信息产业大楼位于西宁市中心商业区大什字南 200 米，建筑面积 5660 平方米。十多年来，公司广泛与国内外著名企业合作，积极探索品牌化与本地化相结合的"中国，西部"青海"三特色营模式，走出了一条超常规、跨越式的科技发展之路。2006 年集团公司营业额已突破 4.7 亿元，纳税 5000 余万元。	6400万	西宁市中心商业区大什字南200米	0971-8216090	李银合
2	青海高健生物科技有限公司	青海高健生物科技有限公司成立于 2012年7月10日。公司和中科院合作主要研发和生产保健食品。公司以打造五星级公司经四路26号3号楼为基本方针。青海高健生物有限公司办公室地址位于青海科技产业园经四路26号3号楼，于2012年6月28日在青海高健生物科技有限公司工商行政管理分局成立，注册资本为2300万元。在公司发展壮大的10年里，始终为客户提供较好的产品和技术支持，健全的售后服务，主要经营饼干、方便食品生产、加工、销售；进出口贸易，种植、收购；农副产品研发、生物科技的技术推广与研发	2300万	青海省西宁市青海生物科技产业园区经四路26号3号楼	0971-5167808	杨寿栋
3	青海大丰生态农业科技发展有限公司	青海大丰生态农业科技发展有限公司，成立于2016年9月，是一家专业从事青稞种植、加工、销售，食品研发的新兴企业。并在此次饮马与国家粮备局在全国范围内展开的"优质粮食工程"中，被确定为青海省级仓储备份产业示范企业。公司以农作物（主要是青稞）种植、加工、技术研究与推广，青稞牧养殖，预包装食品批发零售，食品研发，生产、销售等为主要经营范围。近年来，公司与中国农业科学研究院西北研究所，青海省农科院，青海省畜牧兽医学院，杭州景岸文化食品有限公司，青海江河源投资集团等研究开发合作，仓储及食品生产加工厂，青海农业技术推广总站，国家畜牧兽研发。公司现有员工60人，其中管理人员21人，研究开发青稞品种开发及技术并取得初步成效。公司现有5000吨级仓库1栋，高级农艺师5名，农艺师5名，畜牧兽医师1名，其他单位生产师1名，有20亩工业建设用地，青稞、藜麦、燕麦综合生产线1条，其他食品加工生产线3条	10200万	海西州德令哈市环城西路36号	0971-5567129	甘生智

续表

序号	名称	简介	注册资本（元）	地址	联系方式	联系人
4	青海新丁香粮油有限责任公司	青海新丁香粮油有限责任公司成立于2009年，是青海华实科技投资管理集团的控股子公司，2009年2月华实集团收购原青海丁香粮油（集团）有限责任公司（前身为马坊面粉厂），成立青海新丁香粮油有限责任公司。2014年12月完成新建加工项目搬迁（新址：生物园区经二路北段14号），2015年6月15日正式运营；该项目总投资1.3亿元，占地108亩。公司现有员工148人，内部组织机构包括：销售部、采购部、生产部、品管部、财务部、综合办公室。企业已通过了ISO9001质量体系的认证。新丁香公司先后数列为市级农业产业化龙头企业；2009年被省粮食局认定为省级粮食应急定点加工企业；2012年被省粮食局评为政府平价粮油投放工作先进单位；2012—2014年被省商业联合会评为名优特商品企业，并获得粮油食品金奖；2013年被省商业评选委员会、省商业联合会评为AAA级信用企业。省商业联合会评为名优特商品企业。新丁香由于产品创新意识、市场营销模式、"丁香"牌面粉是省内家喻户晓，妇孺皆知的品牌产品。公司成立以来，始终以"坚持诚信理念、技术是省内家喻户晓，提高工作效率，又注入了新的管理理念和市场营销模式，"丁香"牌面稳定面粉质量，提高工作效率，又注入了新的管理理念和市场营销模式，以满足健康的客对面粉和品质种的需求与为企业生产经营管理目的，公司秉承无添加，更健康的"丁香"品牌核心价值观，力求满足青海人民对健康、放心面粉的需求	13000万	青海生物科技产业园经二路北段14号（装备园区）	0971-5220012	马洪恩
5	青海新绿康食品有限公司	青海新绿康食品有限责任公司成立于2005年8月。是从事以青稞、燕麦、荞麦、苦荞、莜麦等高原特色杂粮种植和深度开发的专业化企业。公司注重产品的科技含量，先后与青海大学、青海省农科院合作，经过多年的发展，现已形成杂粮面饼、杂粮米等，青海省诸多系列产品。为了保证产品质量及原料及原料的供应，公司在湟中县、平安县、乐都建成了6000多亩的杂粮种植基地，成为青海省内具有产业化龙头地位的全产业链企业。农产品加工示范基地，公司五一劳动奖章、市级农业产业化龙头企业。农产品加工示范基地，中国质量诚信企业、重合同守信用单位、青海省质量工作先进单位、文明诚信私营企业。公司生产的杂粮速食面在上海博会上被评为"畅销产品"	3300万	青海省西宁市湟中区鲁沙尔镇马泉村	0971-2232222	朱宪铭
6	青海可可西里生物工程股份有限公司	可可西里食品有限公司成立于2005年，总占地面积120亩，建筑面积7.3万平方米，总投资4.2亿元，设计生产能力7000吨的现代化工厂，现有员工219人。"可可西里"国家级重点龙头企业、"农业产业化管理体系以及诚信管理体系是"中国驰名商标"，企业通过质量管理体系，"食品安全管理体系"有机、有机新技术本企业。公司依托青海省政府"生态农业，绿色农牧业政策，加快推进绿色有机畜产品输出的特色农业，围绕特色牧业区域布局，落实畜牧业政策，建成了南川园区内的牦牛产品加工基地，也是西北地区不持的藏牦牛和青稞精深加工基地牦牛产品加工基地，也是国家重点扶持的藏牦牛和青稞精深加工基地	10547.5万	青海省西宁市大通县朔北藏族乡东峡路699号	13897356229	邵勇

续表

序号	名称	简介	注册资本(元)	地址	联系方式	联系人
7	青海互助青稞酒股份有限公司	青海互助青稞酒有限公司是在原青海青稞酒业(集团)有限责任公司基础上改制组建的法人独资企业,是青海青稞酒的原产地,也是青海省首家通过ISO9001国际质量体系认证的食品企业。公司占地面积30万平方米。主导产品为"互助"牌青稞酒,年生产能力5万吨,是"中华人民共和国原产地保护地理标识产品","互助"牌商标为"中国驰名商标"。主要经营的业务包括白酒研发、生产、销售,其他酒(其他蒸馏酒研发、生产、销售;包装装潢印刷制造;动物养殖(野生动物除外);进口本公司生产的青稞酒系列;谷物种植、生产、销售;饲料原材料、机械设备、仪器仪表零配件;出口本公司自产的青稞酒及其产品研发;科研所需的原材料、粮食收购;植物提取物、食品添加剂、化妆品、预包装食品、散装食品以及其他农副产品类的研发、生产、销售;仓储服务(不含化学危险品及易制毒化学品)	47256.297万	青海省西宁市青海生物科技产业园区经四路26号孵化大楼801室	0971-6307611	范文丁
8	青海汉和生物科技股份有限公司	公司主要从事青稞精深加工系列产品的研发、生产、经营的科技型企业。主要产品有富含γ-氨基丁酸的萌芽青稞粉、红豆粿麦乳、红枣粿麦乳、减肥茶等。汉和生物总建筑面积23280.71平方米;其中十万级食品检测中心所需建筑面积11206.31平方米。公司通过引进、吸收、消化,投资引进全世界第一条"非米富集γ-氨基丁酸"生产线,购置稻谷GABA生产设备48台,企业正式投产后年销售额达4亿元,全彩色功能选机等48台,形成产业规模化,做大、做强青稞相关产品的研发。未来几年公司将不断加大青稞产业布局,公司目前的产业已进入试产阶段,产销运营团队建设已基本完成	10000万	青海生物科技产业园区天峻路与经二路交会处	0971-5368019	邹剑
9	青海雪中缘青稞酩馏酒业有限公司	青海互助县青稞酩馏酒业有限公司成立于2011年。位于美丽的"彩虹之乡"——青海省互助县290号。是一家集白酒酿造、销售为一体的规模化民营企业,多年来企业秉承"酿好酒、做好人"的传统人文精神。公司拥有一批技术纯熟的手工酿造师傅和先进的生产加工设备,公司本着"信誉至上"的宗旨,以"质量为产品生命"、"青稞"为原材料,以"台酩"为生产经营范围,视"质量"为生产命脉,谋求客户经营范围。未来,保留青稞酒的原汁原味,传承古法酿造,发展为现今规模,日深受广大新老客户的好评,被评为青海省青香型酒类流通市场认证和HACCP认证,日深受广大消费者"重合同,守信用"企业。企业已通过ISO"放心酒",是青海省台酒行业协会指定推荐产品。公司主要生产青香型系列酒,主要生产青稞原酒,露酒等系列60多个产品,并已形成以西北地区为重点、辐射全国市场的销售网络	100万	西宁市城西区同仁路2号东湖宾馆三楼西侧拐角	0971-63012989	陆友红
10	青海江宇源青稞醋业有限公司	青海江宇源青稞醋业有限公司成立于2014年6月18日,法定代表人为张婧,注册资本为1500万元人民币,统一社会信用代码为91632223MA81C0C49C,企业位于青海省海北州海晏县西海大道,所属行业为食品制造业。经营范围包括酿造食醋、黄豆酱油、醋饮料、醋健品、醋、醋制品销售;土特产品加工、包装、销售	1500万	青海省海北州海晏县西海大道	13033482827	张婧

续表

序号	名称	简介	注册资本（元）	地址	联系方式	联系人
11	青海高原至诚食品开发有限责任公司	青海高原至诚食品开发有限责任公司成立于2018年5月11日，注册地位于青海省果洛州玛沁县大武镇解放路。经营范围包括食品开发；面包、蛋糕、甜点、藏式点心、肉制品、水果制品、蔬菜制品、食用菌制品加工、销售，进出口贸易（国家明令禁止的除外）；肉制品、土特产品收购、加工、销售，畜禽产品开发、收购、加工、销售，欧茶有机产品收购、加工、销售及以上产品网上销售；黑青稞、白青稞的收购、加工、销售；	1000万	青海省果洛州玛沁县大武镇解放路	0975-8358399	宋志国
12	青海藏禾源青稞资源开发有限责任公司	青海藏禾源青稞资源开发有限责任公司坐落在青海海南藏族自治州同德县扶贫产业园，于2015年2月筹建，注册资金6000万元。公司主要生产经营青稞及青稞米。青稞挂面、青稞糌粑、青稞米、精选青稞、休闲食品、膨化食品及保健养生食品。同时，公司新建了一处专业保鲜库（库容3000吨），能满足青南地区一年四季的冷藏。公司下设研发部、生产技术部、财务部、人事部、行政部、质量监管部、销售部、消防安全部、企业发展规划部等几个机构。已挂面厂生产线即将开发出青稞挂面、青稞糌粑等两个系列五个产品（已经获得QS认证）。挂面厂生产线即将开发出青稞挂面、青稞糌粑等得HACCP管理体系认证	6000万	青海省同德县尕巴松多镇	13195758652	陈巧英
13	青海穗桂滩青稞酒有限责任公司	青海穗桂滩青稞酒有限责任公司经营范围是青稞种植及青稞酿造、开发、销售；预包装食品兼散装食品、乳制品（不含婴幼儿配方乳粉）、土特产、旅游产品销售；农产品、民族服装、针织品、工艺品加工及销售	800万	贵南县过马营镇三角滩	0974-8502577	安如军
14	青海金塔青稞酒业有限责任公司	青海金塔青稞酒业有限责任公司前身是国营酒中县酒厂，始建于20世纪70年代，于1999年改制为民营企业。是生产销售"金塔牌"青稞白酒的专业厂家。公司坐落于青海藏族自治州海东市乐都区洪水乡西南5千米处。二郎剑青稞酒系列，金塔牌"产品有中国青稞酒系列，在系列产品中分任多年的本色青稞酒系列，以"品质优良、诚挚经营"为企业理念，赢得了广大消费者的青睐，成为高原大众良好的口碑。并以独特风格和稳定的质量，得到了广大消费者的青睐，而且产品多次获奖，企业也被居家安饮，款待宾客的饮品，是中国青稞酒之典范，"重合同、守信用单位"等多项称号，授予"青海省利税贡献大户"、"重合同守信用企业""先进私营企业"等荣誉称号，成了青中县财政支柱企业	5530.99万	青海省西宁市湟中县鲁沙尔镇海马泉村	0971-2230655	李童
15	青海西域青海酒有限责任公司	公司成立于2001年8月，主产原浆青稞酒。公司位于青海省东部湟水谷地青山下，所产之酒传承"清蒸清烧四次清"的传统工艺，融合了浓香型酒和酱香型酒的独特酿制工艺，辅之以青稞酒专有技术及配方，生产出了"清雅纯正、怡悦馥合、绵甜爽净、醇厚丰满、香味协调、回味意长"的特色原浆青稞酒	1000万	湟中县上新庄镇青阳坡台村	0971-2217999	安清年

续表

序号	名称	简介	注册资本（元）	地址	联系方式	联系人
16	青海省互助昆仑泉青稞酒业有限公司	青海省互助昆仑泉青稞酒业有限公司（原国营互助酒厂），位于青海省互助县威远镇威北路19号，当时由青海省湟源县、互助县几家手工酿酒作坊组建而成，厂址选在互助县威远镇。公司占地面积1651.85平方米，注册资金1600万元，总资产3000万元。年产白酒3000吨。公司目前拥有3条半自动化白酒生产线，两个生产车间及2000平方米库房。经过三清三蒸酿造而成的清香型白酒，产品具有绵柔、清冽、醇正的清渣法。2011年，为顺应市场发展，着手接入新产品的研发工作。2012年确定了以"昆仑巅"为主打品牌的经营之路，中档白酒有思路，目前，公司主要产品有"昆仑巅""聚顺和一国之和""聚顺和四星""新口味"等10余款低档青稞酒产品。	1600万	互助县威远镇威北路19号	0972-84103988	王结岑
17	青海互助精盛青稞酒业有限公司	青海互助精盛青稞酒业有限公司办公室地址位于河湟间海东、青海省海东市互助县台子乡，于2012年8月21日在互助县市场监督管理局注册成立，注册资本436万元。在公司发展壮大的10年里，始终为客户提供好的产品和技术支持，健全的售后服务。公司主要经营青稞酒，保健品、保健益、饮料生产、包装、散装销售，有好的产品和专业的销售和技术团队。公司属于青海东酒类合作社，法定代表人为保积琴，统一社会信用代码91632126590245967，自成立至今，不断吸取和借鉴国内外先进的经营和管理理念，努力实现公司业务。	300万	青海省海东市互助县台子乡河东村198号	0972-8312199	保积仓
18	青海互助全盛德青稞酒业有限公司	青海互助全盛德青稞酒业有限公司办公室地址位于河湟间海东，现经营厂区坐落于互助县水源源，碧蓝如玉的景区——青海省海东互助县五峰镇下二村，于2005年6月24日在互助县市场监督管理局成立，法定表人为刘玉华，统一社会信用代码91632126757443447，注册资本为150万元。公司以青海本土盛产的青稞为主要原料，传承精湛古法技艺结合现代青稞酒酿制技术，酿造出清香甘甜、醇厚绵爽的"天然居"和"野然居"等知名品牌青稞酒系列产品。互助青稞酒以青稞高原特有的粮食作物，在继承古老传统工艺生产的基础上，引进现代化技术装备，用无污染的天然优质水科学配料，精心酿造，久储不老醇而成。产品具有清香醇厚，绵甜爽净，饮后舒适，产品风格独特。由于其"地理环境独特，酿酒原料独特，酿酒工艺独特，在西部民族地区享有盛名，青稞酒魂传承400年，至今兴盛不衰而被全国酿酒专家誉为"高原明珠，酒林奇葩"，它是青稞清香型白酒的典范，整个生产过程中突出一个"净"字。	150万	青海省互助县五峰镇下二村	13649738169	余源峰

续表

序号	名称	简介	注册资本（元）	地址	联系方式	联系人
19	互助月波井酒业有限公司	互助月波井酒业有限公司办公室位于青海省海东市互助县塘川镇新元村，于2011年6月9日在互助县市场监督管理局登记成立，法定代表人为华澄，统一社会信用代码为91632263108289708，注册资本为100万元（此项目筹建）。互助月波井酒业有限公司自成立以来，在创造企业不断潜心研究、不断进取、完善内部制度，经过不断努力，使其有着融洽和谐的工作环境，积极进取的学习氛围，公司向所有的人敞开大门，为个人提供充分的成长与发展空间。作为一家有限责任公司，秉承着锐意创新的研发理念，并向着本的目标迈进	100万	青海省海东市互助县塘川镇新元村	705972373@qq.com	华澄
20	互助金穗青稞酒有限公司	互助金穗青稞酒有限公司注册地址位于青海省互助县东和乡麻吉村，曾用名天祝雪莲饮料食品有限公司天祝雪莲酒厂，于2003年8月20日在互助县市场监督管理局登记成立，法定代表人李占海，统一社会信用代码为91632126579990733XJ，注册资金为1000万元。公司经营范围有青稞的青稞为原材料，配料，制酒工艺，百分之百纯粮食酿酒，采用水生产，纯青稞青稞，采选稀缺青稞，配以地产的微豌豆。通过独特的打浆，生物圈中经3个月自然老熟，酿出酒香醇厚，绵甜爽口清香型青稞酒，色香一致，曲香纯正。曾荣获CCTV《信用中国》诚信品牌和青稞省名优商品金奖	1000万	青海省互助县东和乡麻吉村	13997323354	李占海
21	青海互助久丰青稞酒酿造有限公司	青海互助久丰青稞酒酿造有限公司注册地址位于青海省海东市互助县塘川工业园区428号，于2007年12月10日在互助县市场监督管理局登记成立，统一社会信用代码为91632126661919671Y，注册资金为100万元。生产、包装、销售。进出口贸易，销售。引用现代技术装备，用无污染的天然互助高原泉水，采用现代先进科学技术精心勾调而成了享誉了大省内外客户，所生产的"钓和"系产品已走出高原，迈向更加广阔的省外大市场，同时也树立了自己公司投放的市场良好的市场信誉。我公司在继承优良酿造工艺的基础上不断创新开发新的适合市场需求的新产品	100万	青海省海东市互助县塘川工业园区428号	15897022927	郭森
22	果洛金稞生态科技发展有限责任公司	果洛金稞生态科技发展有限责任公司位于文成公主与松赞干布举行大婚礼的果洛，果洛藏族自治州玛沁县"三江源"有机产业园区，于2016年08月02日在青海省果洛州工商行政管理局成立，法定代表人为孔少芹，统一社会信用代码为91632600MA752LMD9U。注册资本为1000万元。主营业务黑青稞酒，保健酒，预包装食品及散包装食品及饮料的加工及销售；土特产；物业管理及服务；对外贸易。企业本着：①拉动当地经济发展+解决就业+打造果洛州新品牌效应；②生态效益；③生态环保理念，循环经济理念，产业链运行"技术创新""产品创意"④"生态种养""循环经济""农产同步"，"商产业链运行""绿色，有机的产品，大数据电商链接"。利用当地资源，打造原生态，绿色，有机的放心产品	1000万	青海省果洛州玛沁县"三江源"有机产业园区	18997281739	孔少芹

续表

序号	名称	简介	注册资本（元）	地址	联系方式	联系人
23	青海天境青稞酒酿造有限公司	青海天境青稞酒酿造有限公司办公室地址位于为青海省西宁经济技术开发区金达路30号，于2007年1月30日在青海省东川工业局区工商行政管理分局注册资本为800万元，在公司发展壮大的15年里，始终为客户提供好的产品和技术支持，健全的售后服务。经营范围包括酒、啤酒，瓶装饮用矿物质水、野酸蜜饮料制的生产，销售（以上经营范围须国家专项规定的凭许可证经营）等，主营业务为青稞酒	100万	西宁经济技术开发区金达路	13997140137	余建忠
24	青海圣域食品有限公司	青海圣域食品有限公司，属于列入《青海省"十二五"粮食与流通发展规划》重点建设项目之一。公司始创于2010年。在各位股东及各界同仁的共同努力下，几经改革，发展，于2014年3月份正式注册。人民币1000万元。公司地址位于西宁市城北区大堡子镇"青驿校"北侧。地处西格高速公路沿线，交通便捷，周围环境优美，空气清新，是加工生产"青驿校"食品之地。公司占地面积5300多平方米，其中青藏高原青稞食品研发生产，包装车间及检验等建筑面积为1800多平方米，年设计生产能力为6000吨，是目前青海省境内添加工青稞系列食品的生产企业。公司产品有：青稞酸奶饼、青稞胡麻饼、青稞枸杞饼、青稞蕨麻（即人参果）饼、青稞桃酥、青稞糌粑饼、青稞月饼		青海省西宁市城北区大堡子镇子镇吧浪村	13897588101	关亚奇
25	青海各拉丹冬青稞虫草酒业有限公司	青海各拉丹冬青稞虫草酒业有限公司是一家集白酒生产、销售为一体的民营企业，注册资金108万，企业位于青海省西宁市城北区柴达木路188号。公司自成立以来以青藏高原无污染的生态环境为主题。以国家产业政策为发展导向，相继开发出具有青稞金酒、绵甜柔和、雪域爽口的醇厚爽口的雪域青稞系列酒、全家福系列酒的青稞金银酒、青稞金酒，雪域软件设施，年产青稞白酒、保健青稞酒2000吨。公司具有自动化程度很高的干检测加工、灌装等硬件设施，以海拔3000米以上生长的高寒作物青稞为酿造原料，经年融化雪水为酿造水源，以现代生物发酵技术与传统酿造工艺相结合，精心酿造而成。具有酒液清亮透明，酒香酷馥清爽之佳品，馈赠亲友之佳品，是居家饮用，赠亲送友，是青稞酪馏酒技术与现代生物发酵技术为一体的民营企业。青海各拉丹冬酿造历史，广访民间土酒酿造之人，集传统正后味绵甜芳香的特点，均由青海省西宁市动物保护协会提供，鹿血、鹿茸、鹿鞭、驼峰所用的熊胆、追求健康的一种自然饮品，以上产品所用的能胆、鹿茸、鹿鞭、驼峰，均由西宁市动物保护协会提供，以上产品被青海省食物保护局指定为"夏都旅游必备礼品""西宁市旅游饭店类推荐产品"，是消费者可以信赖的礼品保健酒		青海省西宁市城北区柴达木路188号	0971-8244859	殷女士

续表

序号	名称	简介	注册资本（元）	地址	联系方式	联系人
26	青海黄河嘉酿啤酒有限公司	青海黄河嘉酿啤酒有限公司成立于2004年8月，是兰州黄河企业股份有限公司、丹麦嘉士伯啤酒有限公司、丹麦发展中国基金会和青海生物产业园开发建设有限公司合资经营大型现代化啤酒企业。主要股东兰州黄河企业股份有限公司现拥有31个经济实体，是西北最大的上市啤酒企业。总固定资产总额15亿元，无形资产18.15亿元，"黄河"商标被国家工商行政管理总局认定为中国驰名商标。丹麦嘉士伯啤酒厂有限公司是世界五大啤酒集团之一，为全球行业百强品牌，品牌价值达10.8亿美元。现分别在全球40多个外国家和地区设立啤酒厂。拥有110个生产厂基地，产品近销全国各国家。公司位于青海生物产业园，总投资1.35亿元，占地187亩，地理位置优越，交通便利，装备精良。主要设备属国内外引进。车生产啤酒能力达10万吨，公司引进丹麦嘉士伯的先进生产工艺。关键设备由国计、工艺流程合理，技术先进。装备精良，改革、攀特"务实创新，奉献社会"的经营理念，发扬黄河集团"团结、拼搏、改革、攀高"的企业精神，坚持"务实创新，奉献社会"的经营理念。成为目前现代化的大型啤酒企业。生态环保化，管理现代化生态环保化，技术先进化，装备一流化，生		青海省西宁市青海生物科技产业园区经四路2号	0971-5316280	杨世江
27	西宁荷凤轩食品有限公司	西宁荷凤轩食品有限公司注册于2014年3月17日，法定代表人为周惠峰，注册资本为10万元人民币，统一社会信用代码为91630105091604562K，登记机关为西宁市城北区市场监督管理局，企业办公室地址位于青海省西宁市城北区马坊村198号，交通便利。所属行业为食品制造业，经营范围包含其他酒（其他发酵酒）（醪糟、甜醅）加工销售		青海省西宁市城北区马坊村198号	13897202810	周惠峰
28	青海万元工贸实业基地	青海万元工贸实业基地，2000年6月2日成立，注册资本680万元，法定代表人为路万元，统一社会信用代码91630122X245216XM，登记机关为湟中县市场监督管理局。青海万元工贸实业基地开设于处于典型的高寒干燥大陆性气候区小区藏青稞酒魂青稞酒等服务。经营范围：农作物、花卉、苗木种植，畜禽养殖，经营，提供青稞。金酒青稞酒酿造，农副产品加工，畜禽养殖，食醋制造；白酒；青稞酒酿造，水泥预制构件销售，荒山治理，粮食收购，劳务服务，道路普通货物运输五金加工，水泥预制构件销售，荒山治理，粮食收购，道路普通货物运输		湟中县西堡镇羊圈村	13107581145	高起倍
29	青海可可西里青稞酒业有限公司	青海可可西里青稞酒业有限公司办公室地址位于西海镇钥，青海省的西宁大通县朔北藏族乡东峡路699号，于2014年12月8日在大通回族自治县食品药品和市场监督管理局成立，注册资本为10530万元。公司隶属农业产业化国家重点龙头企业，是以高原生态青稞为主要原料，结合青稞酒传统工艺，酿料精青稞，辅料精青稞，森林泉暖为主要原料，红枸杞果酒产区生态青稞，亿万年冰川融水及原始蒸发酵、原之羚、美之羚藏高原质养生产品牌。可可西里藏高寒产区生态青稞，青稞酒。公司旗下拥有青稞酒，黑枸杞酒及原之羚、美之羚、等六大品牌，以青稞酿造非物质文化遗产"原料精青稞、辅料精青稞，青糟发酵（青稞酒）的清香甘美、醇厚爽口相结合，酿造出以"净""甘""醇"为特色的可可西里高原青稞精系列青稞酒		青海省西宁市大通县朔北藏族乡东峡路699号	18997188780	邵勇

续表

序号	名称	简介	注册资本（元）	地址	联系方式	联系人
30	青海蓝雁酒业有限公司	青海蓝雁酒业有限公司成立于2016年4月21日，法定代表人为陈学，注册资本为300万元人民币，企业地址位于西宁市城中区创业路10号。如今蓝雁酒业在众多酒醋酿造公司中脱颖而出，选用青藏高原海拔3000米以上的纯天然无污染的青稞、枸杞，经过传统工艺和现代科技相结合酿造而成，将有色有香酿变成无色白酒，经过酿造、储存而成，入口甘甜顺畅，产品不加任何添加剂、调味剂，是一款纯天然健康商务用酒，具有青香浓雅、杞香味的青稞白酒。"我们打造的是中国高端青稞酒品牌，是世界了解高原的纯净香雁酒，也想通过此次品牌文化节让全国甚至高端用酒。"蓝雁酒业有限公司相关负责人表示。在中国青稞行业树立新的高端风格，打造健康、青春的青稞枸杞酒。蓝雁酒业力争从青稞行业树立新的变风格，打造健康、青春的青稞枸杞酒，投入2亿多元打造青稞的青稞枸杞酒及国内外知名品酒师团队作为研发团队，从而发团队，跨清西北大学教授团队及国内外知名品酒师团队作为研发团队，从而提升青稞酒的品质及口感风格。同时，蓝雁酒的品质及口感风格，跨越世界的欣赏角度，打破了传统区域特性的包装，满足世界水平及口感，目前已销售在欧洲、东南亚、中国香港等地区		西宁市城中区创业路10号	0971-8083960	陈学
31	青海唐古拉酒业有限公司	青海唐古拉酒业有限公司，2003年11月10日成立，公司是专业生产青稞酒的企业。从2003年以来，不断努力进取，发扬传统，积极创新；应用科学的方法，提高产品质量，现生产三大系列16种品种特色青稞酒。其产品自投放市场以来，深受欢迎！青稞酒有着悠久的历史和深厚的文化底蕴，在青藏高原等民族地区人们都会献上青稞酒，以青稞美酒，以表达对亲朋好友最诚挚的欢迎和祝福！每逢喜庆节日亲朋相聚或迎宾送客时，奉上青稞酒受惠于唐古拉冰川水，得益于青藏独特的气候，以青稞酒酿造之精华，以青藏最优质之青稞美酒，为宾客敬上"三口一杯"，以表达对亲朋好友最诚挚的欢迎。其酒清爽甘醇，甘冽清香、饮后余味绵长，香味健身，实为馈赠亲友、宴请宾客之佳品		青海省生物科技产业园经一路50号	13524554570	马建华
32	青海互助龙的青稞酒业有限公司	互助青稞酒源产于青海省互助土族自治县。青海互助青稞酒有限公司是全国最大的青稞酒生产基地，也是全国青稞酒的发祥地。青海互助青稞酒的唯一拥有者和使用者，是中华青稞酒传承者源绵不绝，因此，互助民间就有"家有万斗粮，先娶酿酒郎"的传统。近在400余年的明末清初以前，互助酒业随着社会的发展，当地盛行用土法酿造工艺进一步改革，开太干里以土当地盛产的青稞为主要原料酿造出了清香甘美、醇厚爽口清香的"天佑德"。该酒配方科学工艺独特，并逐步形成实力雄厚的"天佑德"酿造酒坊系列产品"天佑德""世义德""互助""文魁""义成"等品牌，各地青绍赶春卖马、翻山越岭各品种，民间曾流传着"驮青千里路香，开坛十里游人醉"的"互助"牌青稞系列品。目前，青稞酒形成青海互助青稞酒股份有限公司系国有大型集团。占地面积30万平方米，资产总值3.27亿元，职工2180人。其中以"天佑德"为主导产品是该公司主导产品，配套产品有瓶盖、纸箱（盒）印刷品、畜产品等。"互助"牌青稞三大系列40余个品种，饮料酒是该公司主导产品，年生产能力达50000吨，已发展成为目前健康，在深圳中小板上市。公司于2011年12月22日在深圳中小板上市。股票代码002646		青海省海东市互助县威远镇吐谷浑大道24号	1020402371@qq.com	张海春

续表

序号	名称	简介	注册资本（元）	地址	联系方式	联系人
33	青海互助成丰酒业有限公司	青海互助成丰酒业有限公司位于青海省互助县林川乡贺尔村，于1999年12月9日在互助县市场监督管理局登记成立，法定代表人为陈远明，统一社会信用代码为916321267104397 8XR，生产销售：酒类分装，酒类经营范围包括酒类白酒（清香型），其他酒（配制酒），生产销售青稞系列（包括青稞韵系列、青稞散白酒系列、青稞王子系列、青稞散高原系列、青稞原浆酒系列），成丰青稞藏高原青稞酒以古老传统的青稞酿造工艺，手工操作，纯粮酿造，产品在饮用后有头疼、不增香物质，酒香幽雅，因生产工艺独特，"高原明珠、酒林奇葩"产品自然纯正，原汁原味，饮后不头疼、不口干、不醒酒等为"高原明珠"品牌，具有青稞酒独特的风格，是一种系列酒，系列青稞酒口感好。"互助"牌青稞系列青稞酒		青海省互助县林川乡贺尔村	15909788881	陈金龙
34	互助威远青稞酒业酿造有限公司	互助县威远青稞酒业酿造有限公司注册地址位于青海省互助县威远镇南街6号，于2007年3月21日在互助县市场监督管理局登记成立，法定代表人刘有忠，统一社会信用代码为91632126226922 1523H，注册资金8000万元。公司经营范围包括白酒、其他酒（配制酒）生产、销售；酒瓶回收等。该公司前身为办公及辅助生产车间占地7850平方米，有300余座花岗岩发酵地，具有先进的工艺设备、检测设备，现有气相色谱仪等全套设备。公司占地2万平方米，其中生产办公及辅助生产线3条，有立的产品研发部门和企业管理人员，拥有专业技术和企业管理人员工百余人，其中专业技术和企业管理人员工百余人，年生产能力达1000吨，产品分为：神仙不落地系列、威远头曲系列三大系列共计20多个品种		青海省互助县威远镇南街6号	15597455979	刘有忠
35	青海互助庆丰青稞酿造酒业有限公司	青海互助庆丰青稞酿造酒业有限公司注册地点位于青海省海东市互助县台子乡下台一村18号，于2000年6月5日在互助县市场监督管理局登记成立，法定代表人王炯耀，统一社会信用代码为91632126226820984P，注册资金100万元。该公司经营范围包括青稞酒生产、包装、批发、零售，青稞系列散饮料等。本着"打造中国高原生态原稞酒"的理念，自始至终以"诚实、守信、求真、务实"为指导思想，让广大消费者鉴到真正原始、纯正、放心的青稞酒。2010年公司聘请青海省著名青稞酒酿造师任公司生产技术厂长，从生产原料到成品，层层严格把关，在继承古法生产工艺的基础上，引用现代化技术改造，采用现代化蒸馏技术，将该公司特有的山泉水做二次进化处理以达到入口绵柔、无尖气、易醒酒的特点。公司现生产的以"龙盛窖"为品牌的系列青稞酒深受广大消费者的喜爱		青海省海东市互助县台子乡下台一村18号	1936003414@qq.com	王炯耀

序号	名称	简介	注册资本（元）	地址	联系方式	联系人
36	青海宏都青稞酒业有限公司	青海宏都青稞酒业有限公司位于青海省乐都县，隶属于青海宏都集团。始建于1958年，占地面积近万平方米，年生产能力为6万吨，有中、初级专业技术人员10名，省级评酒员5名。在特有的红土壤、天然的松桦泉水、奇特的高原气候等得天独厚的自然环境下，以优质青稞为主要原料，传承传统酿酒工艺，结合现代生物工程技术，创新研制出具有地方特色的青稞酒、创新研制出具有地方特色的青稞酒、绵甜爽净、酒体醇厚、回味悠长。随着人们多元化的需求，青海宏都青稞酒业有限公司率先采用国际先进的"个性化定制服务营销策略"。推行个性化的营销，做酒就做健康酒"的宗旨，以品质为国优和国际金奖的荣誉称号。酒厂自成立以来，秉承"做酒就做健康酒"的宗旨，以品质及发展为准则，以弘扬务实及服务意识，打造名优白酒品牌，不断为广大消费者奉献中尽心用，强生产品质量及服务消费者，回报社会。		青海省海东市乐都区碾伯镇水磨营79号	13709701196	梁小平
37	互助县鑫源酒厂	互助县鑫源酒厂地位于青海省互助县威远镇，以海拔3000米以上的高原特有作物青稞酒为主要酿酒原料，传承百年土族青稞酒酿造工艺，加上现代科学调酒技术，使青稞酒香气清雅，余味爽净。互助县鑫源酒厂纯粮酿造的原生态青稞酒历经千日恒温窖藏，不仅消除了温度对酒化水和醇香透人，稳定了酒体品质，使酒体极度纯净，加上现代科学调酒更加醇香透人，清酒厂生产的"锦青稞""天锦稞""圣稞坊""锦源青稞粮液"等系列青酒厂生产的"锦稞坊""天锦稞"的赞誉，互助县鑫源酒深受广大消费者和经营者的赞誉。下一步，互助县鑫源酒厂酿秘书继续秉承诚信经营理念，酿良心省各优质经营者的"圣稞坊"。企业也因此被评为"青海酒，做诚信人，让广大消费者喝上纯正的青稞酒		青海省海东市互助县威远镇余家村	15291229567	梅林春
38	青海互助精盛青稞酒业有限公司	青海互助精盛青稞酒业于2011年筹建，2013年开始投产，2013年产品同世。生产基地位于青海互助台子乡威远镇区198号，距互助县威远镇10千米，这里三面环山，空气清新，无污染，是生产好酒的好地方。水好、酒更好，已成为这里十里八乡的佳话。青海互助的这里最大的绿色产品青稞生产基地和青稞酒原产地，300多年的酿酒传承使这里成为名副其实的酒乡。"添"牌、"添盛坊"牌青稞酒是以生长在海拔3000米以上青藏高原独有农作物青稞为主要原料，配料为豌豆、小麦，经麦芽等，工艺基础上，用纯净无污染的高原矿厂家水精心酿造而成。在生产工艺方面，在继承传统酿酒、清澈透明，清雅纯正，绵甜柔和，醇爽可口，具有独特的风格，饮用后余味悠长，口不干，酒香回味悠长。给全今五彩斑斓的白酒市场上添加了浓重的一笔，特别是互助的绿色产品"添盛坊"牌，西北青稞酒，为高原青稞增添了新颖的佳酿。"添盛坊"牌、"添盛坊"牌青稞酒业目前已注册"添"牌、"馨世家"牌、"康"牌、"复源"牌、精盛青稞酒业有限公司五和商标。特别是"添"牌在广大消费者中有良好的声誉		青海省海东市互助县台子乡河东村198号	0972-8312199	保继琴

续表

序号	名称	简介	注册资本（元）	地址	联系方式	联系人
39	互助七彩青稞酒酿造有限公司	互助七彩青稞酒酿造有限公司坐落于青海省互助土族自治县威远镇。公司自2011年成立以来，自始至终以"诚实、守信、求真、务实"为指导思想，本着"打造中国高原生态青稞酒"的理念，严抓产品质量。以合格率为基本原则，让广大消费者鉴到真正原始、纯正、放心的高原生态青稞酒，七彩青稞酒，酷爱青稞酒。公司跨省青海省各青稞酒酿造师为公司生产青稞酒。从生产原料到成品，层层严格把关。在继承青海古代生产工艺的基础上，引用现代化技术及设备，采用现代化蒸馏技术，将位于公司特有的山泉古代二次净化处理以达到人口绵柔、无公害、易醒酒的特点。公司现生产的以"七彩土乡"为品牌的系列青稞酒深受广大消费者的喜爱，赢得了省内外广广的好评，为"大消费者奉上真正的"放心酒"		青海省海东市互助县威远镇台子路26号	0972-8399036	辛易洋
40	青海高原雪山青稞酒股份有限公司	青海高原雪山青稞酒股份有限公司位于中国、青海、互助南郊（农业示范园），企业注册资本3000万元，公司占地面积43亩，建筑面积52000平方米。项目计划投资1.2亿元，现已完成投资7680万元。公司现有枸杞、白刺果预处理车间、酒油加工研发中心等设施，以及酿酒加工车间，后熟车间、厂区道路、供水、供热、排水、厂区绿化、文化墙等设施，形成年产500吨的供电、以及全套配套的研发和推广等特色果浆和运营模式，进行枸杞、白刺果、青稞酒等系列产品的研发特色，充分利用青藏高原雪山独有的生产能力。取全新的现代企业管理制度和运营模式，进行枸杞、白刺果、优质白、白刺酒。同时，公司将深度挖掘互助当地优质矿物质含量较高的泉水资源，并尽力填补青海省内白兰地优质资源，在互助县建立龙沟国家森林公园利用利用中药水泉资源，建设高原环保型饮料及青稞酒生产线		青海省海东市互助威远镇南郊	0971-8815878	袁瑜
41	青海互助天泰青稞酒业有限公司	青海互助天泰青稞酒业有限公司位于青藏高原东北部青海省互助县。互助县是青稞古原特产青稞和互助县威远镇深井水为主要原料，秉承古老青稞传统生产工艺的基础上。西北域青藏高原雪山，精心酿造了多个高品质青稞酒，如西域典藏系列等。产品属青稞福8系列，头曲系列，安兆历系列，天泰青稞古酒及青稞古酒系列等。产品属清香型白酒，清亮透明，清香纯正，绵甜爽口，诸调柔和，余味悠长，温感方香类口。饮后头不痛，口不干，醒酒快		青海省互助县威远镇兰家村	13997169503	戴植礼
42	青海省红青稞酒厂	青海红青稞酒厂地处青藏高原东部——乐都县。青稞酒厂采用传统的固态发酵工艺。结合现代酿酒技术。酒体香气纯正，醇厚绵甜、自然协调，余味绵净，具有青稞酒独特的风格。红青稞酒厂产的优质青稞酒现已形成五大系列50多个品种，适合全国各地饮酒消费者的口味特征。现已形成一个成品包装厂，三个酿造基地和健全的销售网络体系，在同行业中占有一席之地，是地方诚信企业和知名品牌		青海省海东市乐都区碾伯镇七里店村	0972-8647797	晁正锦

续表

序号	名称	简介	注册资本（元）	地址	联系方式	联系人
43	青海互助威达青稞酒有限责任公司	青海互助威达青稞酒厂始建于1985年，是互助县最大的民营酿酒企业。建厂33年来，企业在传承400余年古法酿造技艺基础上，不断融合现代先进科学技术，以青藏高原特有的粮食作物青稞为原料，在继承古老传统"烧、蒸、清"生产工艺的基础上，引进现代技术装备，用威远镇无污染天然优质矿泉水经科学配料，精心酿造、久储自然老熟而成。酿造出的青稞酒具有清香醇厚、绵甜爽净、饮后不头痛、口不干的独特风格，在强手如林的青稞酒类行业中独树一帜。旗下产品天顺德、燕麦烧、名流坊的发展历程中，企业始终奉行"质量第一、诚信赢得市场、圣义德等人本主义第一，在30多年来获"质量回馈市场，连续多年被评为"青海地区知名商标"、中求生存，在发展中求突破，以诚信终身奉行"质量第一"的经营宗旨，力求在竞争诚信私营企业，2003年被评为"青海省名牌商品"，2007年获"海东地区知名商标"，2012年被评为"青海省著名商标"		青海省海东市互助县威远镇兰家村320号（现代农业示范园区）	0972-835878	车发芳
44	青海互助金泉青稞酒酿造有限公司	青海互助金泉青稞酒酿造有限公司位于青海省互助县威远镇西村48号，是一家集白酒酿造、销售为一体的规模化民营企业，多年来企业秉承"酿好酒、做好人"的传统人文精神，稳步成长。公司拥有一批技术纯熟的手工酿造师傅和先进的生产汁原味，以生产经营的目的，视"酿造"为生命，"青稞"为原材料，"白酒"为生产经营方式，"信誉至上"的宗旨，以诚信谋求客户的原则，发展为现今白规模、且深受广大新客户的好评。企业已通过ISO9001认证和HACCP认证。荣获"重合同、守信用"企业；被评为青海省酒类流通市场"放心酒"；是青海省白酒行业协会唯一指定推荐产品，产品有青稞原酒、青稞源味酒、虫草青稞等四大系列青稞系列酒，并已形成以西北地区为重点，辐射全国市场的销售网络		互助县威远镇西街48号	13649738169	张凤玉
45	青海互助县天路青稞酒厂	青海天露春青稞酒销售有限公司位于青海互助县，是一家专注从事生产加工及弘扬青稞酒养生文化的专业企业。厂房占地面积为4895平方米，建筑面积3600平方米。资产总额5030万元，年生产值达500吨原酒。公司先后取得全国工业产品生产许可证，GB/T 19001—2008/ISO9001：2008质量管理体系认证，青海省质量信用企业A级，青海省企业信用协会常务理事单位等荣誉。多年来企业秉承手工酿造师傅和先进的生产设备，传承古法酿造，稳步成长。公司拥有"信誉至上"的宗旨，视"质量为产品生命"，以诚信谋求客户的原则，求以质量赢取市场，以诚信谋求客户的发展。料、"白酒"为生产经营范围，谋求以质量赢取市场，"青稞"为原材为现今规模，产品目前拥有"天露春"老客户的好评"密酿""古道工坊"四大品牌系列酒，企业目前深受广大新老客户的好评		青海省互助县林川乡保家村	0972-8392899	滕亚雷

续表

序号	名称	简介	注册资本（元）	地址	联系方式	联系人
46	青海互助醉仙坊青稞酒业有限公司	青海互助醉仙坊青稞酒业有限公司位于美丽的"彩虹之乡"——青海省海东市互助县威远镇北郑6号。法定代表人为范增秀，成立于2017年10月26日。统一社会信用代码为91632126MA7587x740，所属行业为酒类销售、道路普通货物运输（不含危险货物）。经营范围包括配制酒生产（不含白酒，青稞酩馏酒生产），包装及销售，酒类产业的需求下创办酒坊酿造（依法须经批准的项目，经相关部门批准后方可开展经营活动）。公司朋有"古窖名馏"和"古窖酩馏"两个商标		青海省海东市互助县威远镇北郑6号	13639723966	范增秀
47	互助县神峰青稞酒业有限公司	青海省互助县神峰青稞酒业有限公司成立于2017年，位于互助县南门峡镇麦川，现注册资金1000万元，有员工58人，企业前身为省级农牧业式接轨青稞酒行业。精选当地优质山泉水酿泉为例，存储燕麦青稞的有机燕麦、青稞以上种植的有机燕麦、青稞为主要原料，配用依质的质地支持15年，并在当地处青藏高原肉肉，生态环境优良，酒曲，精选当地优质山泉水酿泉为例，采百家之长，精良食配方，纯粮秘酿，酒体醇厚，郁馥清香，回味悠长，醉而能醒，醒而长乐，万酒之珍品，企业经过多年酿酒经验的打磨，去芜存菁，酿造出各种系列10余种酒类产品推向市场		青海省海东市互助县南门峡镇老虎沟村195号	18997023087	苏全孝
48	青海互助久丰青稞酿造有限公司	青海互助久丰青稞酿造有限公司位于青海互助县土族自治县内塘川工业园区，该公司成立以来，已将发扬青藏高原独特的农作物酿制的青稞酒的协作为己任，在继承古法生产工艺的基础上，再经先进科学技术精心勾调而成了广大省内外市场，引用现代技术装备，用无污染的天然泉水，科学配方的以"钧和"为品牌的青稞酒赢得了广大省内外客户，所生产的"钧和"的产品已走出高原，迈向更广广阔的省外大市场，同时也树立了自己公司的整体形象，并以"钧和"牌在继承优良酿造工艺的基础上不断创新的适合市场需求的新产品，并以"中华神奇"姿态跨越古今人文差异异的系列白酒行业中		青海省海东市互助县塘川工业园区428号	15352905553	郭森
49	互助县酩源青稞酒业有限公司	互助县酩源青稞酒业有限公司成立于2011年，位于青海省互助县290号，是一家集白酒酿造、销售为一体的规模化民营企业，多年来企业秉承"酿好酒，做好人"的传统，公司朋有一批先进完善的手工酿造师傅和先进的生产设备，公司本着"信誉至上"的宗旨视"质量为产品生命"理念，保留青稞源材料，"白酒"为生产法酿造范围，传承古法酿造，以"酿造"为生产经营的目的，谋求以质量赢得市场，以诚信谋求客户的青睐，"放心酒"，发展为现今规模，且深受广大新老客户的好评，被评为青海老字产们的好评，本企业已通过ISO9认证和HACCP认证，荣获"重合同、守信用"企业。公司主要生产青稞型青稞系列酒，主要生产青稞白酒行业。是青海青稞白酒、露青酒等系列60多个产品。并已形成以西北地区为重点，辐射全国市场的销售网络		青海省海东市互助县威远镇白崖村	13639724835	文培德

续表

序号	名称	简介	注册资本（元）	地址	联系方式	联系人
50	互助九天青稞酒酿造有限公司	互助九天青稞酒酿造有限公司成立于2013年5月28日，法定代表人为柳国业，注册资本为100万元人民币，统一社会信用代码为91632126059132489l，企业地址位于青海省互助县台子乡上台村，所属行业为酒，饮料和精制茶制造业。经营范围包含分装配制酒的生产、包装、销售、散装酒零售。公司有"五合金樽""五合银樽""五合"产"九天酩鼎"七个商标		青海省互助县台子乡上台村	15897102600	柳国业
51	青海贵德清青稞酒业酿造有限责任公司	青海贵德清青稞酒业酿造有限公司，成立于2004年12月3日，注册资本为870.75万元，法定代表人为郑晓军，经营状态为存续，工商注册号为632523100000082，注册地址为青海省海南州贵德县河阴镇棚门河56号。经营范围包括白酒、果酒、配制酒生产和销售。出口；业务冷藏、保鲜；货物运输；酒糟销售。公司有"贵德清青稞河"和"清天下"七个商标苇""贵德清小黄河""贵德清""黄河至尊""黄河清"和"清天下"七个商标		青海省海南州贵德县河阴镇棚门河56号	0974-854408	郑晓军
52	青海祁连山青稞酒业有限公司	青海祁连山青稞酒业有限公司是一家提供制造业的公司，总部位于青海省，成立于2015年1月5日。公司主要成员3人，全体员工共同努力，本着诚信为本，积极开拓，优质服务的精神专业，在制造业中前行，在创新中前行。用我们的专注和专业为客户带来更多的价值，帮助中国的企业进入"质量"与"品牌"并重的质量时代，业务涵盖沙棘系列产品研究与开发、单一饲料研究与开发、加工、销售、白酒、销售、保健酒、果酒制造、销售、黄河至尊、加工、纯净水加工、销售等		青海省海北州门源县浩门镇（海北州生物园区）	0970-7672336	王有忠
53	青海万元工贸实业基地	青海万元工贸实业基地自1985年成立以来，创造性地将优势资源的深度开发与现代科技的大力创新相结合，毫不动摇一元为主，多元发展，以"如意、如意"的战略，本着诚信为本始创于青海万元工贸实业基地，现占地420余亩。青海万元工贸实业基地，流动资金5000万元，诚信为本。职工总数430余人，拥有固定资产7500万元。竖持"质量，一切服从质量"的宗旨，用实际行动履行"顾客至上，诚信为本"的诺言，得到了各级领导与社会各界的肯定与认可。如意堡"商标被评为"第十届中国绿色食品博标"西宁市知名商标"金奖"；基地被评为"六好企业""青海省知名企业""诚信私营企业""文明诚信私营企业""保护消费者合法权益先进单位""守合同，重信用，重合同，守信用""青海省公众形象范企业""青海省农牧订产业化重点企业""农业产业化重点企业""全国诚信守合同""全国龙头企业""全国诚信守法龙头企业""农业产业化重点企业"以及"非公有制私营企业"等业标"青海省农牧订产业化示范企业"		湟中县西堡镇羊圈村	13997220741	路万元
54	青海黄河嘉酿啤酒有限公司	青海黄河嘉酿啤酒有限公司成立于2004年8月，位于青海生物科技产业园，总投资1.35亿元，占地187亩，地理位置优越，交通便利。公司由国内领先水平、具备国际水引工艺流程合理、技术先进、装备精良、主要设备属国内外引进丹麦嘉士伯的先进管理经验和管理模式，年生产啤酒能力达10万吨。公司引进丹麦嘉士伯的"勇于创新、改革、攀高"的企业精神，坚持"务实创新，奉献社会"发扬黄河集团"团结、拼搏、攀高"的经营理念，成为目前啤酒生产行业控制自动化、技术先进化、生态环保化，管理现代化的大型啤酒企业		青海省西宁市青海生物科技产业园区经四路2号	971-5316280	杨世江

3. 甘肃省

序号	名称	简介	注册资本（元）	地址	联系方式	联系人
1	甘肃奇正实业集团有限公司	奇正集团创建于1993年，现已发展成为拥有1家上市公司（证券代码002287），30多家子公司，2800多名员工，涉及藏药、中药、医疗、保健品、特色食品、文化产业、康养服务等多领域的集团化公司。在优势水土优势环境条件，开发了三大系列：青稞及高原农物系列、健康食品系列，"药食同源"有机系列产品，建有片剂、胶囊、阿卫胶囊生产线，开发出包括骨碎补钙片、红景天当归人参果百合胶囊、朗醇胶囊、阿卫胶囊等在内的10余种系列产品，可年生产胶囊2亿粒、片剂2亿粒，拥有13个保健食品批文等	1000万	甘肃省兰州市城关区（高新开发区）张苏滩808号	电话 0931-2171027 邮箱 919088040@qq.com	雷菊芳
2	甘肃祁连农庄有机农业发展有限公司	甘肃祁连农庄有机农业发展有限公司成立于2017年3月1日，注册地位于甘肃省金昌市永昌县红山窑镇山头村九社。法定代表人为孙惠宇。经营范围包括农产品种植、加工及销售，羊、鸡养殖加工，有机肥加工，饲料加工、销售，食品生产、销售，住宿、餐饮，农业观光旅游服务；农副产品，土特产，手工制品互联网销售	300万	甘肃省金昌市永昌县红山窑镇山头村九社	44608919@qq.com	孙惠宇
3	甘南藏族自治州扎西那青稞酒业有限公司	甘南州扎西那青稞酒业有限公司是甘南藏族自治州传承藏家秘制统酿造工艺青香型白酒的生产企业之一，甘南藏族自治州青稞酒业成立2015年6月30日，注册地位于甘肃省甘南州造部县电永镇吉爱那村（原良种场院内），法定代表人为冯舟华。经营范围包括白酒，生产，批发，零售，农产品深加工，厂区包括储藏及粉碎车间，制曲车间，罐装车间，酿造车间，酒库等，占地面积60余亩，青稞种植面积1200亩。企业践行着"敬业、诚信、担当、奉献"的企业宗旨，进一步拓宽对农牧民的帮扶渠道，建立企业群众共同发展，实现村企合作，以促进群众就近就地发展，增加群众收入	1000万	甘肃省甘南州造部县电永镇吉爱那村（原良种场院内）	13884063586	冯舟华
4	造部县藏家坊青稞酒业有限责任公司	造部县藏家坊青稞酒业有限责任公司成立于2015年7月22日，注册地位于甘肃省甘南州造部县腊子口乡术立村。法定代表人为安生。经营范围包括青稞酒酿收购，青稞酒酿造、包装、销售	10万	甘肃省甘南州造部县腊子口乡术立村		安生
5	卓尼县甘露高原青稞食品开发有限责任公司	卓尼县甘露高原青稞食品开发有限责任公司成立于2018年2月7日，注册地位于甘肃省甘南州卓尼县木耳镇秋古村秋古自然村32号。法定代表人为石玉霞。经营范围包括青稞添加工，青稞面饼工，青稞方便面，青稞八宝粥，青稞藏茶，青稞面食，青稞精粉，青稞营养粉	600万	甘肃省甘南州卓尼县木耳镇秋古村秋古自然村32号	86729767@qq.com	石玉霞
6	兰州雪顿生物乳业有限公司	兰州雪顿生物乳业有限公司成立于2001年7月11日，注册地位于甘肃省兰州市七里河区彭家坪路16号。法定代表人为达尔吉。经营范围包括许可项目：食品销售；生鲜乳收购；乳制品生产；饮料生产；食品互联网销售	2000万	兰州市七里河区彭家坪路16号	0931-2885888	达尔吉
7	西和县润泉食品有限公司	西和县润泉食品有限公司成立于2014年3月27日，注册地位于甘肃省陇南市西和县石堡乡循环经济园区。法定代表人为卢润武。经营范围包括青稞面花色挂面、普通挂面生产销售；米、面粉、粉条、杂粮及其制品、食醋、粉条、蜂产品、花椒、胶糖销售；粮油、农副产品购销；电子商务	260万	甘肃省陇南市西和县石堡乡循环经济园区	13909397206	卢润武

续表

序号	名称	简介	注册资本（元）	地址	联系方式	联系人
8	甘肃古河州酒业有限责任公司	甘肃古河州酒业有限责任公司成立于2003年2月18日，注册地位于甘肃省临夏州临夏市民主西路299号，法定代表人为朱殿昶。经营范围包括白酒、饮料、含酒精浓汁及各类酒、黄酒、矿泉水生产、销售，花椒烘加工、停车、住宿、餐饮服务。甘肃古河州酒业有限责任公司对外投资2家公司，具有1处分支机构	2000万	甘肃省临夏州临夏市临夏市民主西路299号	0930-6222638	朱殿昶
9	张掖金宰电子商务有限公司	张掖金宰电子商务有限公司成立于2015年10月30日，注册地位于甘肃省张掖市甘州区东北郊工业园区俄博岭峰路北侧，法定代表人为李海腾。经营范围包括食品、预包装食品、土特产品的批发零售及网上销售，面类食品的加工及销售；电子商务服务；餐饮服务	1000万	甘肃省张掖市甘州区东北郊工业园区俄博岭峰路北侧	18219969606	李海腾
10	甘肃阴平酒业有限公司	甘肃阴平酒业有限公司成立于2012年10月29日，注册地位于甘肃省陇南市文县中寨镇花庄坝村，法定代表人为高水利。经营范围包括白酒、其他酒（其他发酵酒）生产、销售	200万	甘肃省陇南市文县中寨镇花庄坝村	18139967217	高水利
11	甘肃深谷坊石磨制粉食品有限公司	甘肃深谷坊石磨制粉食品有限公司成立于2015年9月9日，注册地位于甘肃省张掖市经济技术开发区生态科技产业园，法定代表人为富全海。经营范围包括面粉、谷类、豆类加工、销售；食品的销售	1000万	甘肃省张掖市经济技术开发区生态科技产业园	18909367586	富全海
12	天祝藏族自治县藏韵酒厂	天祝藏族自治县藏韵酒厂于2001年12月5日成立，经相关部门批准的项目，法定代表人查和堂。经营范围包括：白酒制造、销售（依法须经批准的项目，经相关部门批准后方可开展经营活动）等	200万	甘肃省武威市天祝藏族自治县安远镇	83521586@qq.com	查和堂
13	卓尼县老六青稞酒酿制坊	卓尼县老六青稞酒酿制坊成立于2017年8月10日，注册地位于甘肃省甘南州卓尼县洮砚乡古路坪村古路坪自然村55号，法定代表人为卢英明。经营范围包括青稞酒酿造、零售	100万	甘肃省甘南州卓尼县洮砚乡古路坪村古路坪自然村55号		卢英明
14	甘南莲花山电子商务有限公司	甘南莲花山电子商务有限公司成立于2019年9月11日，注册地位于甘肃省甘南州临潭县八角镇八角村后街社32号，法定代表人为杨国林。经营范围包括许可项目：食品生产；食品经营。一般项目：粮食加工品零售；烟草制品零售；食品互联网销售	100万	甘肃省甘南州临潭县八角镇八角村后街社32号	39062983@qq.com	杨国林
15	甘肃青稞地文化旅游发展有限责任公司	甘肃青稞地文化旅游发展有限责任公司成立于2016年4月26日，注册地位于甘肃省张掖市肃南裕固族自治县祁丰藏族乡红山村，法定代表人为张乾龙。经营范围包括旅游开发，代理、制作、设计、发布广告，会议服务，户外装备租赁，体育运动项目经营，体育赛事承办，马匹租动，马术活动，旅游线路策划，旅游休闲服务，户外探险服务，露营，农家乐，商品零售，水上娱乐，旅游零售、漂流等探险徒步，户外装备租赁、旅游拓展服务、农家乐、旅游运动等	100万	甘肃省张掖市肃南裕固族自治县祁丰藏族乡红山村		张乾龙

4. 四川省

序号	名称	简介	注册资本（元）	地址	联系方式	联系人
1	贝玛食品（上海）有限公司	贝玛食品（上海）有限公司成立于2015年2月12日，注册地位于上海市宝山区联泰路63号3幢5楼5102室，法定代表人为苏淳莹。经营范围包括食品销售（销售、玉米、小麦除外）；从事货物及技术的进出口业务，佣金代理（除拍卖外）及相关配套服务	25万美元	甘孜县青稞文化产业园	13816789423	吴建华
2	四川阿坝懋功青稞酒业有限公司	四川阿坝懋功青稞酒业有限公司成立于2015年9月10日，注册地位于四川阿坝州小金县沃日乡农场，法定代表人为胡永洪。以古老的酿酒方法，坚持高标准严格要求，遵循人与自然相融的原则，所酿"懋功"系列青稞酒深受川西高原各民族的喜爱	1500万	四川阿坝州小金县沃日乡农场	13699062779	胡永洪
3	阿坝县高原黑青稞天然生物开发有限公司	阿坝县高原黑青稞天然生物开发有限公司成立于2016年6月29日，注册地位于阿坝县，经营范围包括种植黑青稞，开发、生产、销售及销售黑青稞食品；贝母、大黄、甘松、玛咖、藏香、藏茶、旅游产品、果蔬、肥料，佛教用品、工艺品销售；农畜牧土特产品收购及销售，有机肥料销售	2800万	四川省阿坝藏族羌族自治州阿坝县	18283778777	共曲甲
4	康定市青稞液酒业有限公司	康定市青稞液酒业有限公司成立于2018年6月21日，注册地位于四川省甘孜藏族自治州康定市炉城镇新市前街13号，法定代表人为索郎尼玛，产品为青稞酒。经营范围包括面包制造及销售	2000万	四川省甘孜藏族自治州康定市炉城镇新市前街13号	13111818766	索郎尼玛
5	互功青稞酒股份有限公司	互功青稞酒股份有限公司成立于2016年10月10日，注册地位于泸州市龙马潭区春雨路一段191号，法定代表人为孙华丰。产品为青稞酒，白酒生产；销售；批发兼零售；预包装食品、散装食品	5000万	泸州市龙马潭区春雨路一段191号	13183875999	孙华丰
6	阿坝县黑青稞农业种植有限公司	阿坝县黑青稞农业种植有限公司成立于2017年1月19日，注册地位于四川省阿坝藏族羌族自治州阿坝县上塔哇路28号，法定代表人为东周。经营范围为青稞种植、青稞制品加工、销售，割青稞和除草服务	1100万	四川省阿坝藏族羌族自治州阿坝县上塔哇路28号	15884088188	东周
7	康定朗萨青稞酒业有限公司	康定朗萨青稞酒业有限公司成立于2018年04月13日，注册地位于四川省甘孜藏族自治州康定市东大街2号，法定代表人为余晓谦。经营范围包括酒类生产、销售，青稞及系统产品销售	1000万	四川省甘孜藏族自治州康定市东大街2号	13551138127	余晓谦
8	泸定县桑吉卓玛青稞酒业有限责任公司	泸定县桑吉卓玛青稞酒业有限责任公司成立于2002年3月27日，注册地位于四川省甘孜藏族自治州泸定县冷碛镇甘露寺村三组，法定代表人为罗卫。经营范围包括青稞系列产品；收购粮食、青稞；批发零售；预包装、包装、酒类生产；烟酒零售；烟酒包装材料，日用杂品，文化用品、体育用品、观光、水果种植；茶馆服务，一般旅游服务；正餐服务；小吃服务；网络服务、健身服务，年产青稞酒能力达5000吨，所生产的"桑吉卓玛"青稞酒系列，在继承和弘扬丁藏酿传统的发酵工艺基础上，给合现代科学技术，采用独特的制作方法和现代科学技术，保留青稞优良，保留青稞获等特点，所生产产品口感醇厚、香甜滋润，饮后不涌、不冲、不口，醒酒获等特点	1000万	四川省甘孜藏族自治州泸定县冷碛镇甘露寺村三组	18030918999	罗卫

续表

序号	名称	简介	注册资本（元）	地址	联系方式	联系人
9	稻城县青稞食品有限责任公司	稻城县青稞食品有限责任公司成立于2015年12月28日，注册地位于稻城县桑堆乡吉乙村三组，法定代表人为曾纪明。经营范围包括青稞食品加工、零售	500万	稻城县桑堆乡吉乙村三组	13698147558	曾纪明
10	甘孜州康定德喜青稞酒业有限责任公司	甘孜州康定德喜青稞酒业有限责任公司成立于2004年07月16日，注册地位于四川省甘孜藏族自治州康定市炉城镇道子坝村，法定代表人为王赛。经营范围包括青稞藏酒、青稞保健酒生产销售	500万	四川省甘孜藏族自治州康定市炉城镇道子坝村	15082311111	王赛
11	甘孜州德吉琼青稞酒业有限责任公司	甘孜州德吉琼青稞酒业有限责任公司成立于2013年10月11日，注册地位于康定县炉城镇西大街23号1-3-3号，法定代表人为侯晓德。属于科技和科学研究技术服务业。经营范围为科学研究和技术服务业。经营范围青稞酒的研发	500万	康定县炉城镇西大街23号1-3-3号	18090134567	侯晓德
12	阿坝州九寨生物科技有限公司	四川阿坝州九寨生物科技有限公司成立于2004年7月，紧邻九黄机场，在成都设有办事处。公司依据藏医药学藏医药养生理论，结合现代高新技术手段，采用青藏高原严寒缺氧、强辐射、零污染，特有的动植物为原料，研发生产"甲蕃王"牌系列产品羊胎虫草酒、红景天口服液、红景天原液，红景天含片；"甲蕃王"牌系列产品羊胎素胶囊、羊胎素胶囊、托牛骨髓高钙片、青稞食品系列。经营范围包括青稞蛋白粉、青稞鲜化饼、青稞麦条	8000万	松潘县川主寺镇尼玛路	13980777210	尕让彭措

5. 其他省份

序号	名称	简介	注册资本（元）	地址	联系方式	联系人
云南	迪庆香格里拉藏青稞酒业有限公司	迪庆香格里拉藏青稞酒业有限公司于2012年9月24日在迪庆藏族自治州工商行政管理局登记成立。法定代表人和星妍。公司经营范围包括青稞酒、泡制酒、果酒的生产及销售	1690.0万	迪庆香格里拉经济开发区松园桥	0887-8388888	和星妍
	云南藏纯青稞酒业有限公司	云南藏纯青稞酒业有限公司成立于2019年11月7日，注册地位于云南省昆明市西山区南亚风情园第壹城堡河苑5幢2单元2002室，法定代表人为王兴文。经营范围包括预包装食品兼散装食品的销售；企业管理咨询；企业形象策划及营销策划；商务信息咨询	1000万	云南省昆明市西山区南亚风情园第壹城堡河苑5幢2单元2002室	18083830169	王兴文
	迪庆州迪姆生态高新产业股份有限公司	迪庆州迪姆生态高新产业股份有限公司成立于1999年12月27日，注册地位于云南省香格里拉市坛城广场南区4-3-1，法定代表人为张建红。经营范围包括生态科技研究开发、生态技术推广服务；畜产品养殖销售、农产品销售、中药材销售	10000万	云南省香格里拉市坛城广场南区4-3-1	0887-8297799	张建红
	香格里拉藏雄青稞食品有限公司	香格里拉藏雄青稞食品有限公司成立于2014年3月31日，注册地位于云南省迪庆州香格里拉经济开发区木蓉湾工业片区，法定代表人为刘天云。经营范围包括食品生产、加工、销售	2000万	云南省迪庆州香格里拉经济开发区木蓉湾工业片区	0887-8338349	刘天云
	保山市巴珠龙泉青稞酒业有限公司	保山市巴珠龙泉青稞酒业有限公司成立于1993年5月24日。经营范围包括白酒、果酒生产销售；家畜、家禽、淡水鱼的养殖销售；中草药、人工菌、野山菌种植、加工、销售	500万	保山市隆阳区龙泉路5号	13987581367	乔连万
	香格里拉市好旺卓玛青稞食品开发有限公司	香格里拉市好旺卓玛青稞食品开发有限公司成立于2017年5月24日，注册地位于云南省迪庆藏族自治州香格里拉市建塘镇池慈卡街坛城亚角1-2-501室，法定代表人为罗应江。经营范围包括食品生产、销售	50万	云南省迪庆藏族自治州香格里拉市建塘镇池慈卡街坛城亚角1-2-501室	13988789216	罗应江
内蒙古	克什克腾旗龙泉青稞酒业有限公司	克什克腾旗龙泉青稞酒业有限公司成立于2001年7月25日，注册地位于克旗土城子镇把什营子，经营范围包括白酒项目经营许可经营生产、销售	300万	克旗土城子镇把什营子	0476-5120009	张亚茹
	呼伦贝尔青稞牧业科技发展有限责任公司	呼伦贝尔青稞牧业科技发展有限责任公司成立于2020年11月16日，注册地位于内蒙古自治区呼伦贝尔市鄂温克族自治旗民族文化产业园4-133，法定代表人为柯睿。经营范围包括住宿服务；道路货物运输（不含危险货物）；旅游业务；食品销售（仅销售预包装食品）；鲜肉批发；鲜肉零售；技术服务、技术开发、技术咨询、技术交流、技术转让、技术推广；农副产品销售（仅销售不再分装的包装种子）；园林绿化工程施工；农业机械销售；畜牧机械销售；畜牧兽医服务；会议及展览服务	5100万	内蒙古自治区呼伦贝尔市鄂温克族自治旗民族文化产业园4-133	17701330214	柯睿
江苏	无锡珠峰青稞酒业有限公司	无锡珠峰青稞酒业有限公司成立于2015年4月1日，注册地位于无锡市钱胡路乌径桥门面房20号，法定代表人为张志军。经营范围包括预包装食品的批发与零售；卷烟、雪茄烟的零售	500万	无锡市钱胡路乌径桥门面房20号	13023322588	张志军

续表

序号	名称	简介	注册资本（元）	地址	联系方式	联系人
浙江	浙江高源青稞酒业有限公司	浙江高源青稞酒业有限公司成立于2011年10月20日，注册地位于浙江省义乌市北苑街道丹溪三区香樟苑27幢1单元，法定代表人为杨建宝。经营范围包括批发兼零售：预包装食品兼散装食品；货物进出口，技术进出口	500万	浙江省义乌市北苑街道丹溪三区香樟苑27幢1单元	15268660011	杨建宝
安徽	临泉县青稞农作物种植专业合作社	临泉县青稞农作物种植专业合作社成立于2012年8月27日，注册地位于安徽省阜阳市临泉镇高塘中心小学路口西侧，法定代表人为李存明。经营范围包括农作物种植、销售；组织收购销售成员的产品；引进新技术、新品种，开展技术交流和咨询服务	100万	安徽省阜阳市临泉县高塘镇高塘中心小学路口西侧	18226899666	李存明
江西	寻乌县青稞酒业有限公司	寻乌县青稞酒业有限公司成立于2018年1月5日，注册地位于江西省赣州市寻乌县寻乌商业中心B栋26号，法定代表人为陈丽艳。经营范围包括酒、烟、茶叶批发、零售	300万	江西省赣州市寻乌县寻乌商业中心B栋26号	15180260816	陈丽艳
湖北	湖北天之福青稞酒业有限公司	湖北天之福青稞酒业有限公司成立于2019年2月15日，注册地位于大冶市新冶大道铜都国际A栋1单元10903号，法定代表人为石义洁。经营范围包括白酒销售	1500万	大冶市新冶大道铜都国际A栋1单元10903号	0714-3052081	石义洁
河南	想念食品股份有限公司	想念食品股份有限公司成立于2008年，"想念"是"想念"品牌引领"农业全产业链一体化"的中外合资企业。公司总部位于全国优质小麦核心生产区、南水北调中线渠首，世界地质公园——河南省南阳市。想念食品旗下拥有河南康元粮油食品加工有限公司、镇平想念食品有限公司、河南想念电子商务有限公司等8家子公司。公司目前拥有24条挂面生产线和3条面粉生产线，实现年加工挂面38.6万吨、面粉43.8万吨；2020年实现营业收入19.5亿元，净利润1.88亿元	10726.2万	南阳市龙升工业园龙升大道	0377-60195777	孙君庚
山西	山西普硒金农业科技有限公司	生物技术的研发、技术开发、技术转让、技术推广及转让；土地复垦；荒山治理；农业技术开发；营养健康咨询（不含医疗诊断）；企业营销策划；会展展示；会展服务；食品、水果、蔬菜、化妆品、日用品（除危险品）、农机具、地膜、化肥、化工产品（不含危险品）的销售；苗木、花卉的种植及销售；中草药的种植	1500万	太原市小店区晋阳街86号(恒大华府)6幢2单元17层1701号		申豫玲

参考文献

[1] Izydorczyk, M.S. and Dexter, J.E., Encyclopedia of Food Grains (Second Edition), Academic Press, Oxford, 2016, pp.434–445.

[2] Lin, Z.et al., "Effects of damaged starch on glutinous rice flour properties and sweetdumpling qualities", International Journal of Biological Macromolecules, 2021, 181:390–397.

[3] Qin, Wet al., "Influence of damaged starch on the properties of rice flour and quality attributes of gluten– free rice bread", Journal of Cereal Science, 2021, 101:103296.

[4] Tong, L.et al., "Effects of semidry flour milling on the qualityattributes of rice flour and rice noodles in China",Journal of Cereal Science, 2015, 62:45–49.

[5] Wang, Q.et al., "A review of milling damaged starch:Generation, measurement, functionality and its effect on starch–based foodsystems", Food Chemistry, 2020, 315:126267.

[6] Wu, T. et al., "Effect of milling methods on the properties of rice flourand gluten–free rice bread", LWT, 2019, 108:137–144.

[7] 蔺泽雪：《基于半干法磨粉的粒度及破损淀粉对糯米粉性质及汤圆品质的影响》，陕西科技大学2021年硕士学位论文。

[8] 赵波：《青稞适度加工稳定化关键技术及制品品质改良机制研究》，中国农业科学院2020年博士学位论文。

[9] 杜木英：《西藏青稞酒发酵微生物及酿造技术研究》，西南大学2008年博士学位论文。

[10] 唐东恒等：《"曲粮合一"的天佑德青稞酒生产工艺》，《酿酒》，2021年第4期，第50—54页。

[11] 刘冲冲：《青稞原料对青稞酒发酵过程微生物菌群演替的影响》，江南大学2019年硕士学位论文。

[12] 李玉英等：《青稞酒生产工艺优化研究进展》，《酿酒》，2018年第5期，第50—52页。

[13] 张海涛：《多酶法酿造青稞清酒的工艺研究》，齐鲁工业大学2016年硕士学位论文。

[14] 池福敏等：《西藏青稞酒纯液态发酵工艺研究》，《食品工业》，2014年第6期，第26—29页。

[15] 陈祖乙等：《青稞精酿啤酒酿造工艺优化》，《中国酿造》，2022年第4期，第174—179页。

[16] 罗中原：《复配脂肪替代物在新型青稞糙米片的应用研究》，武汉轻工大学2019年硕士学位论文。

[17] 林长青：《青稞曲奇饼干配方优化及货架期质量稳定性研究》，海南大学2021年硕士学位论文。

[18] 李瞳慧：《青稞酸奶冰激凌的研究》，天津商业大学2014年硕士学位论文。

[19] 袁聪：《青稞β-葡聚糖与益生菌共微胶囊化及其在巧克力中的应用研究》，南昌大学2022年硕士学位论文。

[20] 王丛丛等：《青稞米对空腹血糖受损患者血糖波动的影响及其相关因素分析》，《中华灾害救援医学》，2017年第10期，第561—565页。

[21] 王东：《青稞米的加工工艺及麸皮中营养成分的研究》，河南工业大学2014年硕士学位论文。

[22] OBADI M et al., "Highland barley: chemical composition, bioactive compounds, health effects, and applications", Food Research International, 2021, 140: 110065.

[23] 赵萌萌：《青稞麸皮加工特性研究及开发应用》，青海大学2021年硕士学

位论文。

[24] 耿宁宁：《鲜食玉米苞叶不溶性膳食纤维改性及功能性质》，江苏大学2022年硕士学位论文。

[25] 罗龙龙：《青稞麸皮脂溶性提取物辅助降血糖效果的研究》，西北民族大学2022年硕士学位论文。

[26] Hanzhen Qiao et al., "Modification of sweet potato (Ipomoea batatas Lam.) residues soluble dietary fiber following twin-screw extrusion", Food Chemistry, 2021, 335:127522.

[27] Weimin Zhang et al., "Properties of soluble dietary fiber-polysaccharide from papaya peel obtained through alkaline or ultrasound-assisted alkaline extraction", Carbohydrate Polymers, 2017, 172:102-112.

[28] 李双元：《WTO框架下青藏高原特色农业国际竞争力研究》，西北农林科技大学2007年硕士学位论文。

[29] 张文会：《西藏青稞加工产业研究》，中国农业科学院2014年硕士学位论文。

[30] 刘新红：《青稞品质特性评价及加工适宜性研究》，青海大学2014年硕士学位论文。

[31] 松芳：《青稞糌粑及其社会文化意义研究》，西南民族大学2020年硕士学位论文。

[32] 熊玮彦：《蒸煮和湿热处理对杂豆细胞内淀粉结构及体外消化性的影响机制研究》，华南理工大学2018年硕士学位论文。

[33] 何海：《基于高压均质环境中不同类型多酚化合物调控大米淀粉消化性能的分子机制探讨》，华南理工大学2020年学位论文。

[34] 范玉艳：《挤压联合酶法制备慢消化淀粉及理化性质研究》，山东理工大学2019年硕士学位论文。

[35] 徐雪娣：《糖尿病患者专用低升糖指数馒头制备技术的研究》，山东农业大学2017年硕士学位论文。

[36] 邓娜：《青稞全谷物降血糖活性及作用机制研究》，华南理工大学2021年博士学位论文。

[37] 夏雪娟：《青稞全谷粉对高脂膳食大鼠胆固醇肝肠代谢的影响机制研究》，西南大学2018年博士学位论文。

[38] 姚豪颖叶：《青稞、燕麦中β－葡聚糖和阿拉伯木聚糖的理化性质、溶液性质和结构特征》，南昌大学2021年博士学位论文。

[39] 李婷玉：《萌发青稞降糖、降脂、降压活性研究及其理化性质研究》，江南大学2021年博士学位论文。

[40] 梁雨荷：《萌发对青稞加工品质、营养化学成分及生物活性的影响》，青海大学2019年博士学位论文。

[41] Izydorczyk MS et al., "The enrichment of Asian noodles with fiber-rich fractions derived from roller milling of hull-less barley",Journal of the Science of Food and Agriculture, 2007,85(12):2094-2104.

[42] 冯朵等：《青稞功效成分和保健功能研究进展》，《食品科技》，2021年第9期，第57—61页。

[43] 陆培等：《青稞营养成分研究进展及其应用现状》，《酿酒科技》，2022年第7期，第110—116页。

[44] 陶涛等：《多国人口老龄化路径同原点比较及其经济社会影响》，《人口研究》，2019年第5期，第28—42页。

[45] 王珊珊：《探究青稞的营养价值和功效作用 促进青稞产业的健康可持续发展》，《中国食品》，2021年第15期，第124—125页。

[46] 吴雨晴等：《加工对青稞营养成分及生物活性影响的研究进展》，《食品工业科技》，2023年。

[47] 荆娴：《基于绿色建筑理念的沈阳老旧住宅适老化改造研究》，沈阳大学2022年博士学位论文。

[48] 易晓成等：《响应面法优化益生菌发酵青稞饮料工艺》，《中国酿造》，2018年第1期，第116—120页。

[49] Yongzhu Zhang et al., "Effects of chitosan on the physicochemical properties, in vitro starch digestibility, antimicrobial potentials, and antioxidant activities of purple highland barley noodles", LWT, 2020, 132:109802.

[50] International Diabetes Federation, IDF Atlas 10th edition, Brussels, Belgium: International Diabetes Federation, 2022.

[51] Chen, Y. et al.,"Quality characteristics of fresh wet noodles treated with nonthermal plasma sterilization", Food Chemistry, 2019, 297: 124900.

[52] Hong, T.T. et al.,"Effect of sodium alginate on the quality of highland barley fortified wheat noodles", LWT, 2021, 140: 110719.

[53] Deng, X.Q. et al.,"Nutritional components, in vitro digestibility, and textural properties of cookies made from whole hull−less barley", Cereal Chemistry, 2020, 97(1): 39−52.

[54] Mariona Martínez−Subirà et al.,"Purple, high β−glucan, hulless barley as valuable ingredient for functional food", LWT, 2020, 131: 109582.

[55] Choi, I. et al.,"Bread quality by substituting normal and waxy hull−less barley (Hordeum Vulgare L.) flours", Food Science and Biotechnology, 2011, 20(3): 671−678.

[56] Liu J. et al.,"Effects of the addition of waxy and normal hull−less barley flours on the farinograph and pasting properties of composite flours and on the nutritional value, textural qualities, and in vitro digestibility of resultant breads", Journal of Food Science, 2020, 85(10): 3141−3149. .

[57] Liu S. et al.,"Functional drink powders from vertical−stone−milled oat and highland barley with high dietary fiber levels decrease the postprandial glycemic response", Journal of Functional Foods, 2021, 83: 104548.

[58] Rebello C.J. et al.,"Whole grains and pulses: a comparison of the

nutritional and health benefits", Journal of Agricultural and Food Chemistry, 2014, 62(29): 7029-7049 .

[59] He M.A. et al.,"Whole-grain, cereal fiber, bran, and germ intake and the risks of all-cause and cardiovascular disease-specific mortality among women with type 2 diabetes mellitus", Circulation, 2011, 123(9): 266-266.

[60] Koh-Banerjee P. and Rimm E.B.,"Whole grain consumption and weight gain: a review of the epidemiological evidence, potential mechanisms and opportunities for future research", Proceedings of the Nutrition Society, 2003, 62(1): 25-29.

[61] De Munter, Jeroen S. L. et al.,"Whole grain, bran, and germ intake and risk of type 2 diabetes: A prospective cohort study and systematic review", Plos Medicine, 2007, 4(8): 1385-1395.

[62] Pereira, M.A.et al.,"Effect of whole grains on insulin sensitivity in overweight hyperinsulinemic adults", American Journal of Clinical Nutrition, 2002, 75(5): 848-855.

[63] 《饮料通则国家标准（GB/T 10789—2015）》，中国标准出版社2015年版。

[64] 《谷物类饮料（QB/T 4221—2011）》，中国标准出版社2011年版。

[65] 杜亚飞等：《芸豆青稞复合蛋白饮料的研制》，《饮料工业》，2020年第23期，第29—33页。

[66] 万萍、易晓成、侯静：《响应面法优化益生菌发酵青稞饮料稳定剂配方的研究》，《食品与发酵科技》，2017年第53期，第31—36页。

[67] 陈丹硕等：《青稞紫米谷物饮料原淀粉复合抗老化剂配比优化研究》，《饮料工业》，2011年第14期，第22—24页。

[68] 张文会：《青稞面粉挤压膨化前后成分变化分析》，《食品加工》，2017年第42期，第72—73页。

[69] 王盛莉、郑宇、李庆龙：《青稞饮料的味觉分析》，《粮食与饲料工业》，2013年第318期，第32—35页。

[70] 白超杰：《青稞谷物类饮料工艺研究》，南昌大学2015年硕士学位论文。

[71] 崔丁维：《复合酶水解法制备青稞固体饮料》，《发酵科技通讯》，2022年第51期，第73—76页。

[72] 李庆龙、王盛莉、郑宇：《高发芽率青稞饮料试制研究初报》，《粮食与食品工业》，2013年第20期，第38—41页。

[73] 《饮料酒术语和分类国家标准（GB/T 17204-2021）》，中国标准出版社2021年版。

[74] 刘学文、冉旭、王文贤：《半固态发酵法酿制咂酒生产工艺开发研究》，《酿酒》，2003年第30期，第84—85页。

[75] 赵生元、宋柯：《青稞营养型发酵饮料酒的试验研究》，《酿酒科技》，2008年第174期，第82—83页。

[76] 胡江校等：《添加不同预处理的青稞对益生菌酸乳理化特性影响的研究》，《食品科技》，2019年第6期。

[77] 李凯玲、段治：《干酪乳杆菌LcS发酵青稞植物饮料研究》，《中国酿造》，2022年第6期。

[78] 潘云峰等：《青稞绿豆格瓦斯的制备及其抗氧化活性研究》，《四川理工学院学报（自然科学版）》，2019年第2期。

[79] 蒋朋丽等：《青稞米酒生产工艺的研究》，《高原农业》，2018年第2期。

[80] 易晓成等：《青稞干黄酒传统发酵工艺研究》，《中国酿造》，2018年第8期。

[81] 王佳欣等：《不同粒径对青稞麸皮结构与功能特性及冲调稳定性的影响》，《食品科学》，2022年第43期。

[82] Xi H et al., "The structural and functional properties of dietary fibre extracts obtained from highland barley bran through different steam explosion-assisted treatments", Food Chemistry, 2023, 406: 135025

[83] 杨希娟等，《不同粒色青稞酚类化合物含量与抗氧化活性的差异及评价》，《中国粮油学报》，2017年第9期。

[84] 杨希娟、党斌、樊明涛：《溶剂提取对青稞中不同形态多酚组成及抗氧化活性的影响》，《食品科学》，2018年第24期。

[85] 丁秀芳：《青稞病虫害绿色防控现状及对策》，《农业与技术》，2019年第18期。

[86] 董嫚：《甘肃省青稞产业现状及发展建议》，《农机使用与维修》，2020年第9期。

[87] 格茸取次、赵鸭桥、张新蕾：《基于云南省迪庆青稞产业发展的现代农业多功能研究》，《云南农业大学学报（社会科学版）》，2020年第1期。

[88] 和增宏等：《迪庆州青稞产业发展存在的问题及对策》，《现代农业科技》，2020年第17期。

[89] 刘廷辉等：《甘孜州青稞产业发展现状及对策》，《现代农业科技》，2016年第9期。

[90] 刘新红：《青稞品质特性评价及加工适宜性研究》，青海大学2014年硕士学位论文。

[91] 孙致陆等：《我国青稞市场与产业调查分析报告》，《农产品市场》，2021年第15期。

[92] 唐琳等：《青海青稞制品发展现状与展望》，《现代食品》，2020年第16期。

[93] 王凤忠等：《西藏青稞产业发展现状及对策建议》，《西藏农业科技》，2019年第2期。

[94] 吴昆仑等：《多元化用途背景下青稞品种选育的思考与实践》，《西藏农业科技》，2018年第S1期。

[95] 吴雨晴等：《加工对青稞营养成分及生物活性影响的研究进展》，《食品工业科技》，2023年。

[96] 张华国、侯亚红：《速效水溶性肥结合水肥一体化技术在藏青2000上的应用效果研究》，《现代化农业》，2019年第10期。

[97] 阎莹莹、孟胜亚、张文会：《剥皮率对藏青27青稞粉营养成分、抗氧化能力及面条品质的影响》，《食品与机械》，2021年第10期。

[98] Zeng Yawen et al., "Molecular mechanism of functional ingredients in barley to combat human chronic diseases", Oxidative Medicine and Cellular Longevity, 2020, pp.1−26.

后　记

为贯彻落实中共中央、国务院《关于实现巩固拓展脱贫攻坚成果同乡村振兴有效衔接的意见》《关于全面推进乡村振兴 加快农业农村现代化的意见》《乡村振兴责任制实施办法》，全面推进乡村振兴。中国乡村发展志愿服务促进会（以下简称促进会）全面贯彻落实党的二十大精神，在农业农村部、国家乡村振兴局及有关部委指导下，联合地方政府、行业协会、龙头企业、科研院所、金融机构等共同开展"乡村振兴特色优势产业培育工程"，遴选出产品有特色、发展有空间、带富效果好的特色优势产业进行促进帮扶。

青稞是青藏高原藏民族集居地区的第一大粮食作物，主要分布在我国西藏、青海及四川的甘孜州和阿坝州、云南的迪庆、甘肃的甘南等地，包括海拔4200～4500米的青藏高寒地区。作为藏族地区农牧民赖以生存的主要食粮，被誉为"生命之粮""致富之粮"。青稞是麦类作物中β–葡聚糖含量最高的作物，富含酚类化合物等功能因子，且具有低血糖生成指数的特征。在我国人均GDP突破1万美元，对营养健康食品消费不断升级的大背景下，青稞食品成为满足消费者高品质饮食需求、促进身体健康的理想选择。

我国对青稞保健功能的认识和现代食品加工产业起步较晚，青稞产业发展缓慢。《中国青稞产业发展蓝皮书（2022）》是落实国家产业高质量发展战略的重要实践，是发挥乡村振兴优势的具体探索。本书从青稞产业基本现状分析、青稞产业市场情况分析、青稞产业科技创新发展分析、青稞产业典型发展模式与代表性企业分析、产业发展预测及投资机会分析等方面入手，全面、准确梳理青稞产业发展的卡脖子问题，形成对产业发展现状的全局性和系统性认知。明确青稞产业发展方向，探讨我国青稞特色产业高质量发展的路径与方法，提出新时期引领产业发展的对策建议。

2023年3月，中国乡村发展志愿服务促进会委托中国农业科学院农产品加工研究所王凤忠研究员牵头组织编写《中国青稞产业发展蓝皮书（2022）》。围绕乡村振兴特色优势产业培育工程蓝皮书系列丛书编撰宗旨，王凤忠研究员整理总体思路、设计撰写方案，召开专题研讨会，组织产业调研，统筹撰写工作。编写组成员团队作战、分工合作，经过文献调研，对相关产业园、产业强镇和产业集群等进行产业调查，以及对国家统计局、海关总署、农业农村部等部门发布的相关数据进行数据分析等环节，最终完成了首部《中国青稞产业发展蓝皮书》，在此向倾情付出的所有撰稿和评审专家同仁表示感谢。

《中国青稞产业发展蓝皮书（2022）》各章节撰写人员如下：

第一章：吴昆仑（青海大学农林科学院作物育种栽培研究所副所长、研究员）

　　　　刘廷辉（甘孜藏族自治州农业科学研究所高级农艺师）

　　　　张文会（西藏农科院农产品开发与食品科学研究所研究员）

　　　　曹芳芳（中国农业科学院农业经济与发展研究所助理研究员）

　　　　孙致陆（中国农业科学院农业经济与发展研究所副研究员）

第二章：佘永新（中国农业科学院农业质量标准与检测技术研究所研究员、国家大麦青稞产业技术体系岗位科学家）

　　　　陈　静（中国科学院成都生物研究所研究员）

　　　　焦　逊（中国农业科学院农业质量标准与检测技术研究所助理研究员）

　　　　唐亚伟（西藏自治区农牧科学院农业研究所副所长）

第三章：佟立涛（中国农业科学院农产品加工研究所研究员）

　　　　包奇军（甘肃省农业科学院经济作物与啤酒原料研究所副研究员）

　　　　郝建秦（中国食品发酵工业研究院教授级高级工程师）

　　　　刘丽娅（中国农业科学院农产品加工研究所副研究员）

　　　　孙　晶（中国农业科学院农产品加工研究所副研究员）

　　　　孙培培（中国农业科学院农产品加工研究所助理研究员）

第四章：杨希娟（青海大学农林科学院作物育种栽培研究所研究员）

张文会（西藏自治区农牧科学院农产品开发与食品科学研究所
研究员）

刘廷辉（甘孜藏族自治州农业科学研究所正高级农艺师）

曾亚文（云南省农业科学院生物技术与种质资源研究所研究员）

包奇军（甘肃省农业科学院经济作物与啤酒原料研究所副研究员）

党　斌（青海大学农林科学院科研处副处长、副研究员）

史定国（迪庆香格里拉青稞资源开发有限公司总经理）

第五章：孙致陆（中国农业科学院农业经济与发展研究所副研究员）

曾亚文（云南省农业科学院生物技术与种质资源研究所研究员）

李敏权（甘肃省农业科学院原副院长、研究员）

李雪萍（甘肃省农业科学院植物保护研究所副研究员）

周素婷（迪庆藏族自治州农业科学研究院高级农艺师）

曹芳芳（中国农业科学院农业经济与发展研究所助理研究员）

在中国乡村发展志愿服务促进会的全程指导、协助推动下，《中国青稞产业发展蓝皮书（2022）》编写工作顺利完成。在此向蓝皮书统筹规划、篇章写作和参与评审的专家们表示感谢！本书由编委会主任刘永富审核。正是由于大家的辛勤努力和付出，保证了本书的顺利出版。此外，中国出版集团及研究出版社也对本书给予了高度的重视和热情的支持，在时间紧、任务重、要求高的情况下，为本书的出版付出了大量的精力和心血，在此一并表示衷心的感谢！

希望《中国青稞产业发展蓝皮书（2022）》的发布，能够使更多人了解和关注青稞产业发展，得到政府更多支持，吸引更多产业链企业加大产业布局，推动青稞产业新品种、新技术、新装备的研发与升级，促进青稞产业高质量发展，维护藏族地区长治久安。由于时间紧迫、内容信息量大等，《中国青稞产业发展蓝皮书（2022）》还存在不足之处有待完善，真诚欢迎专家学者和广大读者批评指正。

本书编写组

2023年6月